"十三五"国家重点图书出版规划项目
材料科学研究与工程技术系列（应用型院校用书）

热处理设备

主　编　王淑花
副主编　刘爱莲　钱兵羽

哈尔滨工业大学出版社

内 容 提 要

本书注重各种热处理设备的结构特点、应用特性、应用领域和常用热处理炉的设计内容和设计方法的讲解。主要内容包括:传热理论,筑炉材料,热处理电阻炉,热处理浴炉及流动粒子炉,可控气氛热处理炉,真空热处理炉,感应加热设备,热处理冷却设备,热处理辅助设备,热处理炉温度测量与控制装置,热处理炉设计计算实例。

本书适用于高职高专及相关专业本科生使用,还可作为科研人员、教师和技术人员的参考书。

图书在版编目(CIP)数据

热处理设备/王淑花主编. —哈尔滨:哈尔滨工业大学出版社,2010.10(2021.6 重印)
ISBN 978 - 7 - 5603 - 3103 - 4

Ⅰ.①热… Ⅱ.①王… Ⅲ.①热处理设备-高等学校-教材 Ⅳ.①TG155

中国版本图书馆 CIP 数据核字(2010)第 211233 号

策划编辑	张秀华 杨 桦
责任编辑	刘 瑶
封面设计	卞秉利
出版发行	哈尔滨工业大学出版社
社　　址	哈尔滨市南岗区复华四道街10号　邮编150006
传　　真	0451 - 86414749
网　　址	http://hitpress.hit.edu.cn
印　　刷	肇东市一兴印刷有限公司
开　　本	787mm×1092mm　1/16　印张 12.25　字数 291 千字
版　　次	2011 年 2 月第 1 版　2021 年 6 月第 5 次印刷
书　　号	ISBN 978-7-5603-3103-4
定　　价	28.00 元

(如因印装质量问题影响阅读,我社负责调换)

前　言

《热处理设备》是为金属材料工程专业本科学生编写的教材。本书在编写过程中主要注重于各种热处理设备的结构特点、应用特性、应用领域和一些常用热处理炉的设计内容和设计方法的讲解。

本书共分11章。第1章介绍了传热基本原理,在热处理设备中存在的传热形式及其传热量的计算方法。第2章介绍了制造热处理炉所用的各种耐热材料、保温材料和金属材料。第3章介绍了热处理电阻炉的基本分类、结构特点、应用及设计内容和设计方法。第4章介绍了热处理浴炉的特点、分类、设计内容及设计方法。第5章介绍了各种控制气氛的特点、制备方法及其应用领域,碳势的控制原理,各种控制气氛炉的结构特点及生产特点。第6章介绍了真空热处理炉的分类、特点和简单的设计内容。第7章介绍了感应加热装置的加热原理、设备频率、功率的选取,不同加热设备的特点及应用。第8章介绍了各种类型热处理用冷却设备的结构特点及应用。第9章介绍了各种辅助设备的用途及工作原理。第10章介绍了温度测量与控制装置的工作原理、结构组成及性能特点。第11章介绍了热处理电阻炉和热处理盐浴炉的设计实例,通过实例讲解,让学生掌握其基本的设计方法。

本书由王淑花担任主编,并负责全书统稿和修改工作,由刘爱莲和钱兵羽担任副主编。其中绪论、第1章至第3章由王淑花编写,第4章至第6章由刘爱莲编写,第7章至第11章由钱兵羽编写。王振廷审阅了本书并提出宝贵意见。此外,本书在编写过程中还得到了黑龙江科技学院的王振玲、徐家文老师的大力支持并付出许多辛勤的劳动。书中引用的一些资料、图样取自各书刊、手册和有关设计单位编写的工程师培训指导书,在此特向引用各种资料的原著者表示感谢。

由于作者水平有限,书中难免有不妥之处,希望读者给予批评指正。

编者
2010年10月

目 录

绪论 ………………………………………………………………………………… 1
第1章 传热理论 …………………………………………………………………… 3
　1.1 概述 …………………………………………………………………………… 3
　1.2 传导传热 ……………………………………………………………………… 5
　1.3 对流传热 ……………………………………………………………………… 9
　1.4 辐射传热 ……………………………………………………………………… 11
　1.5 综合传热 ……………………………………………………………………… 17
　思考题 …………………………………………………………………………… 20
第2章 筑炉材料 …………………………………………………………………… 21
　2.1 炉衬材料 ……………………………………………………………………… 21
　2.2 炉用金属材料 ………………………………………………………………… 28
　思考题 …………………………………………………………………………… 29
第3章 热处理电阻炉 ……………………………………………………………… 30
　3.1 热处理电阻炉的类型及结构 ………………………………………………… 30
　3.2 热处理电阻炉的设计步骤 …………………………………………………… 42
　3.3 炉型的选择与炉膛尺寸的确定 ……………………………………………… 42
　3.4 炉体结构设计与材料选择 …………………………………………………… 45
　3.5 热处理电阻炉功率的计算 …………………………………………………… 47
　3.6 电热元件材料及其性能 ……………………………………………………… 52
　3.7 电热元件的设计计算及安装 ………………………………………………… 55
　3.8 热处理电阻炉的性能试验 …………………………………………………… 63
　3.9 热处理电阻炉的安全操作与维护 …………………………………………… 65
　思考题 …………………………………………………………………………… 66
第4章 热处理浴炉及流动粒子炉 ………………………………………………… 67
　4.1 浴炉的特点及类型 …………………………………………………………… 67
　4.2 电极盐浴炉的设计 …………………………………………………………… 70
　4.3 电极的设计 …………………………………………………………………… 74
　4.4 盐炉变压器的选用、抽风装置及盐炉启动 ………………………………… 78
　4.5 浴炉的使用、维修和安全操作 ……………………………………………… 82
　4.6 流动粒子炉 …………………………………………………………………… 84
　思考题 …………………………………………………………………………… 85
第5章 可控气氛热处理炉 ………………………………………………………… 86
　5.1 可控气氛的类型及制备 ……………………………………………………… 86

  5.2 碳势的控制和氧势的控制 ································· 92
  5.3 可控气氛热处理炉综述 ····································· 98
  5.4 可控气氛炉的安全操作与维护 ····························· 102
  思考题 ··· 104

第6章 真空热处理炉 ·· 105
  6.1 概述 ··· 105
  6.2 真空热处理炉的分类 ······································· 107
  6.3 电热元件材料及设计简介 ·································· 114
  6.4 真空炉主要部件的设计 ····································· 116
  6.5 真空炉的真空系统 ·· 119
  6.6 真空炉的使用与维护 ······································· 121
  思考题 ··· 124

第7章 感应加热设备 ·· 125
  7.1 概述 ··· 125
  7.2 感应加热的基本原理 ······································· 126
  7.3 感应加热电源 ··· 127
  7.4 感应淬火机床 ··· 129
  7.5 感应器 ··· 131
  思考题 ··· 135

第8章 热处理冷却设备 ··· 136
  8.1 淬火槽及淬火介质的循环冷却系统 ······················· 136
  8.2 冷处理设备 ·· 145
  思考题 ··· 147

第9章 热处理辅助设备 ··· 148
  9.1 清理设备 ·· 148
  9.2 清洗设备 ·· 150
  9.3 校正与校直设备 ·· 151
  思考题 ··· 152

第10章 热处理炉温度测量与控制装置 ······················· 153
  10.1 热电偶 ·· 153
  10.2 常用温度显示与调节仪表 ································ 157
  10.3 炉温的自动控制 ··· 162
  思考题 ··· 166

第11章 热处理炉设计计算实例 ································· 167
  11.1 热处理电阻炉的设计计算实例 ··························· 167
  11.2 热处理盐浴炉的设计实例 ································ 177

附　录 ··· 180

参考文献 ·· 187

绪 论

随着科技的不断进步，对机械制造、冶金等行业中需要热处理的工件数量也不断增加，并且其质量要求也不断提高，为此先进的热处理技术也不断涌现。要想实现先进的热处理技术则必须有先进的热处理设备来保证。热处理设备是完成热处理工艺的重要保证，能够设计或选用先进合理的热处理设备，充分满足热处理工艺参数的要求，是提高产品质量的关键。

在实际生产车间中使用的热处理设备有很多种，根据其在热处理生产过程中所完成的任务不同，通常分为加热设备、冷却设备、辅助设备和温度控制设备。

热处理加热设备主要包括各种加热炉和加热装置（如感应加热装置、火焰加热装置等）。其中热处理炉是热处理车间普遍使用的加热设备，不同生产车间所具备的加热炉种类各不相同，对于产品品种较多，工艺方法也比较多，但生产量比较少的车间，一般采用周期作业加热设备，主要炉型有箱式电阻炉、井式电阻炉、周期式控制气氛炉、盐浴炉、感应加热装置等。如果有大型工件的车间，还要设有台车炉。对于产品类型比较少，生产批量较大、热处理工艺种类较少的车间，大多采用连续作业炉，如推杆炉、输送带炉、滚动底式炉等，同时配有一些周期作业的普通作业炉。对于生产工具、模具类的热处理生产车间，主要具备的热处理设备应为各种浴炉，同时配有一些普通热处理加热设备。对于渗碳、渗氮以及要求无氧化的热处理工件，其车间应具备各种连续或周期的渗碳炉、渗氮炉和真空炉等。

总之，不同热处理车间生产的产品类型不同，完成的热处理工艺也不同，要根据其实际情况适当购置和选用相应的热处理加热设备，以保证所处理产品的质量。

热处理冷却设备主要包括各种淬火设备、缓冷设备和冷处理设备。其中淬火设备包括各种淬火槽，主要有一般淬火槽、机械化淬火槽，其中机械化淬火槽又包括周期作业和连续作业。具体采用哪种类型的淬火槽取决于所处理产品的批量的大小。对于薄壁类零件，为了防止在淬火过程中产生变形，一般采用淬火机床，即在淬火的同时加压，然后及时进行回火，对于精度要求较高的工件，回火加热及冷却时也要采用回火机床进行。

缓冷设备主要用于退火冷却、正火冷却及渗碳后缓冷，这些工艺要求工件冷却速度较慢。采用的缓冷设备主要有热处理炉和缓冷室（或坑）。有时为了防止工件在缓冷过程中发生氧化或脱碳，需要在缓冷设备内通入保护气氛进行保护加热。

有些淬火工件需要冷至室温以下，使钢中的残余奥氏体继续转变为马氏体，进一步提高钢件的硬度，稳定组织，对于这类零件要达到其热处理的目的，需要采用冷处理设备来实现。常用的冷处理设备有干冰冷处理设备、冷冻机式冷处理设备和使用液化气体的冷处理设备。其中在热处理车间应用最普遍的是采用液氮气化降低温度来实现对工件的冷处理。

要完成热处理工件的整个热处理工序，除了需要热处理加热、冷却设备外，还需要一些辅助设备的协助才能完成，比如装卸料用的起重运输设备，清理热处理后工件表面的氧化皮、盐渣、油污等污物使用的清理设备和清洗设备以及对于在淬火过程中发生变形的工件进行校正的校正设备等。在热处理车间常用的辅助设备由喷砂或喷丸机、机械滚筒、抛丸机、清洗机，各种酸洗槽、手动及机动校正机、起重运输设备等。

在热处理工艺执行过程中,能否准确控制好热处理加热温度,是影响热处理工艺能否顺利完成的关键。因此要选择合适的温度控制装置。温度控制装置主要由具有不同温度调节功能的测温仪表、感温元件以及各种调节器等组成。目前,热处理设备中使用的感温元件主要是各种类型的热电偶,温度测量仪表大多采用数字式或数显式温度仪表、动圈式温度仪表、电子自动平衡指示仪表等,在使用过程中配有具有连续调节功能的调节器,实现对温度进行自动控制。

"热处理设备"是金属材料工程专业的一门专业课程,通过对这门课程的学习使学生掌握有关热处理设备的工作原理、设备的结构特点、应用领域等方面的知识。结合实习和本课程的课程设计等实践教学环节,掌握简单热处理设备的设计内容及设计方法,为今后从事热处理方面的技术工作打下坚实的基础。

第1章 传热理论

1.1 概　述

热处理炉的主要任务是加热金属工件,完成热处理工艺过程,使工件性能达到使用的技术要求,保证生产率,并且在热处理过程中具有低的散热损失、加热速度快、降低生产成本的能力。热处理炉对工件的加热是通过传热来实现的,而在热处理炉内的传热过程是很复杂的,因此有必要掌握传热的基本规律,对于炉子的设计及其操作是很重要的。

热量传递有三种基本形式,即传导、对流和辐射。在炉内实际进行的热交换过程也是由这三种基本形式组成的综合传热过程。

1.1.1 传热的三种基本形式

1. 传导传热

热量直接由物体的一部分传至另一部分,或由一个物体传向另一个与它直接接触的物体,而无需宏观的质点移动的传热现象,叫做传导传热。传导传热所进行的热量传递过程是通过物体内做热运动的微观粒子在相互碰撞时进行动能传递来实现的,宏观上表现为热量从高温部分传至低温部分。工件在炉内加热时的均温以及炉墙散热等均属于传导传热过程。

传导传热在固体、液体和气体中都可进行,其中在液体和非金属固体中热量的传导依靠分子的振动,在气体中则依靠原子或分子的扩散,在金属中则主要依靠自由电子的运动。

2. 对流传热

当流体(气体和液体)中存在温度差时,流体的各部分之间发生相对位移,冷热流体相互掺混所引起的热量传递方式,称为对流。

对流仅能发生在流体中,在对流的同时必然伴随着导热。在传热过程中,既有流体质点的导热作用,又有流体质点位移产生的对流作用。因此在工程上常遇到的不是单纯的对流方式,而是对流和导热联合作用的方式,为区别于对流,常称之为对流传热。因此,对流传热同时受导热规律和流体流动规律的支配。例如,炽热的炉气将热量传递给工件的表面,或工件在盐浴炉中被加热均属于对流传热。

3. 辐射传热

具有一定温度的任意物体都会通过电磁波向外传递能量,这种能量传递的方式称之为辐射。

当物体受热后会向各方向发出辐射能,当辐射能投射到另一物体上时将有一部分被吸收而转化为热能使其温度升高。这种热量传递的过程称为辐射传热。辐射传热与前两种传热方式有很大的不同,它不仅产生能量的转移,而且在热量交换时伴随着能量形式的转化。热辐射不需任何介质,而传导和对流需要传热物体间的直接接触。例如,工件在高温炉中加热时,辐射传热就占有主要地位。

在实际生产中,上述三种传热方式并不是单独存在的,大多数传热过程是同时存在两种或三种传热方式的综合传热过程。

1.1.2 温度场和温度梯度

1. 温度场

传热过程与温度的分布密切相关,因此,研究传热必须了解物体的温度变化情况。正如重力场一样,在传热过程中,物体或传热体系内温度在空间和时间上的分布情况称之为温度场。在一般情况下,物体内某点的温度 t 是空间坐标和时间坐标的函数,即

$$t = f(x, y, z, \tau) \tag{1.1}$$

式中　x, y, z——该点的空间坐标;

　　　τ——时间坐标。

这个函数称为温度场函数。如果物体各点温度不随时间变化,此时的温度场称为稳定态温度场。这时温度分布函数简化为

$$t = f(x, y, z) \tag{1.2}$$

这种传热过程叫做稳定态传热,如长时间保温状态下通过炉壁的传热。

如果物体各点的温度随时间的变化而变化,此时的温度场称为不稳定态温度场,这种传热过程叫做不稳定态传热,如升温状态下炉壁的传热。

2. 温度梯度

只要物体内存在温度差或物体温度不同,传热过程就会存在。在物体内或物体之间沿着等温面上任意点的法线方向上的温度变化率称为温度梯度。也就是物体内相邻两等温面间的温度差 Δt 与两等温面法线方向上的距离 Δn 的比例极限。其表示式为

$$\mathrm{grad}\, t = \lim_{\Delta n \to 0} \frac{\Delta t}{\Delta n} = \frac{\partial t}{\partial n} \tag{1.3}$$

温度梯度(单位为℃/m)是表示温度变化强度的一个向量,其数值等于和传热面相垂直的单位距离上温度的变化值,并规定由低温到高温为正,反之为负。对于稳定态温度场,各点的温度梯度不随时间而变化。

1.1.3 热流密度、热流和总热量

只要物体之间存在温度差,热量就会从高温物体传向低温物体,所传递的热量多少分别用热流密度、热流和总热量来表示。

热流密度(q)表示单位时间内通过单位面积所传递的热量,其单位为 W/m²。

热流(Q)表示单位时间内通过一定传热面积 A 所传递的热量,其单位为 W。即

$$Q = qA \tag{1.4}$$

总热量($Q_{总}$)表示在 τ 时间内通过一定传热面积 A 所传递的总热量,其单位为 J。即

$$Q_{总} = qA\tau \tag{1.5}$$

以上三个量都是向量,正负方向与温度梯度方向相反。

1.2 传导传热

1.2.1 傅里叶定律

1822年法国科学家傅里叶在综合实验数据的基础上指出:在导热过程中,单位时间内通过单位面积截面所传导的热量(即热流密度),与该截面法线方向上的温度梯度成正比。这就是傅里叶定律。其数学表达式为

$$q = -\lambda \frac{dT}{dn} \tag{1.6}$$

式中　q——热流密度,W/m^2;

λ——热导率,$W/(m \cdot K)$;

$\frac{dT}{dn}$——温度梯度,K/m。

1.2.2 热导率

热导率也叫做导热系数,它代表物体导热能力的大小。它的物理意义为:当截面的温度梯度为一个单位时,在单位时间内通过单位面积所传递的热流量,用 λ 表示,单位为 $W/(m \cdot K)$。

热导率的大小与材料的种类、物质结构、杂质含量、密度、气孔、温度和湿度等因素有关,而与几何形状无关。

绝大多数材料的热导率都随着温度的变化而变化,对于大多数金属材料的热导率均随温度的升高而减小;固体非金属材料的热导率低于金属材料的热导率,但对于大多数非金属材料来说,当温度升高时,热导率随之增加。对于相同的材料,其体积密度不同,热导率也有很大的差异,密度小的材料,热导率也小。保温材料属于多孔材料,由于其小孔内空气的热导率很小,阻碍热量的传递,从而使其具有较小的热导率。工程上常把 λ 小于 $0.25\ W/(m \cdot K)$ 的材料称为保温材料。

温度对材料热导率的影响很大。材料的热导率与温度的变化一般近似呈线性关系,即

$$\lambda = \lambda_0 + bT \tag{1.7}$$

式中　λ——$t\,^\circ\!C$时材料的热导率;

λ_0——$0\,^\circ\!C$时材料的热导率;

b——材料的热导率温度系数,因材料而异。

在工程实践的计算中,为了简化计算,一般取物体算术平均温度下的热导率代表物体热导率的平均值 λ_m。其计算公式为

$$\lambda_m = \lambda_0 + b\frac{T_1 + T_2}{2} = \frac{\lambda_1 + \lambda_2}{2} \tag{1.8}$$

1.2.3 平壁炉墙的导热

1. 单层平壁炉墙的导热

图1.1为一单层平壁炉墙,其壁厚为s,材料的热导率 λ 与温度的关系式已知,平壁内、外表面温度分别为t_1和t_2($t_1 > t_2$),并保持恒定。若平壁面积很大,则可忽略端面导热的影响,误差不大于1%。因而平壁温度只沿垂直于壁面x轴方向变化,所以它是单向稳定态导

热问题。为了求出通过这一平壁炉墙的热流密度，在平壁内取一厚度为 dx 的单元薄层，设其两侧的温度差为 dt，根据导热基本定律，可求得通过这一单元薄层的热流密度 q 为

$$q = -\lambda \frac{dt}{dx} = -\lambda \frac{d(T-273)}{dx} = -\lambda \frac{dT}{dx} \tag{1.9}$$

又

$$\lambda = \lambda_0 + bT \tag{1.10}$$

将式(1.10)代入式(1.9)，进行分离变量积分后得

$$q = \frac{T_1 - T_2}{\dfrac{s}{\lambda_m}} \tag{1.11}$$

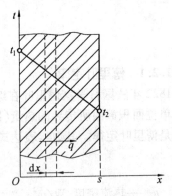

图 1.1　单层平壁炉墙的导热

若平壁炉墙的面积为 A，而且内外表面积相等，则在单位时间内通过 A 面积所传导的热流量为

$$Q = qA = \frac{T_1 - T_2}{\dfrac{s}{\lambda_m A}} \tag{1.12}$$

在式(1.11)和式(1.12)中，$\dfrac{s}{\lambda}$ 为单位面积的平壁热阻；$\dfrac{s}{\lambda A}$ 是面积为 A 的平壁热阻。由此可见，热流量与温度 (T_1-T_2) 成正比，与热阻 $\dfrac{s}{\lambda A}$ 成反比。

但实际的平壁炉墙如箱式炉的炉墙，表面积并不是很大，而且内外表面积也不相等，所以其导热面积是变化的。这时式(1.12)中的导热面积应该用平均面积代替。一般按式(1.13)近似计算。

当 $\dfrac{A_{外}}{A_{内}} \leq 2$ 时，用算术平均面积，即

$$A_m \approx \frac{A_{外} + A_{内}}{2} \tag{1.13}$$

当 $\dfrac{A_{外}}{A_{内}} > 2$ 时，用几何平均面积，即

$$A_m \approx \sqrt{A_{内} A_{外}} \tag{1.14}$$

式中　$A_{内}, A_{外}$——单层平壁炉墙的内外表面积，m^2。

2. 多层平壁炉墙的导热

一般热处理炉的炉墙，大多数为两层或三层的多层炉墙。现有一个三层的平壁炉墙，各层炉墙的材料已知，炉墙内外表面温度分别为 $t_1, t_4(t_1 > t_4)$，并保持恒定不变；各层炉墙的厚度分别为 s_1, s_2, s_3。假定各层之间紧密接触，各层的平均热导率分别用 $\lambda_{m1}, \lambda_{m2}, \lambda_{m3}$ 表示。试计算通过三层平壁炉墙的热流密度及各层的交界面温度 t_2 和 t_3。

在稳定态导热时，通过各层炉墙的热流是相等的，如果不等，则各层炉墙内任意一点的温度都是不恒定的，要随时间发生变化。

根据单层平壁炉墙导热公式可知

第一层　　$q = \dfrac{\lambda_{m1}}{s_1}(T_1 - T_2)$ （1）

第二层　　$q = \dfrac{\lambda_{m2}}{s_2}(T_2 - T_3)$ （2）

第三层　　$q = \dfrac{\lambda_{m3}}{s_3}(T_3 - T_4)$ （3）

由上述三个方程，可以求出三个未知量 q, T_2, T_3（其中 T 为开氏温度），进而求得 t_2, t_3（t 为摄氏温度）的计算值。由于 λ 是温度的函数，所以上述三个方程式组成一个三元二次方程组，一般用迭代法计算较为简单。由式（1）~（3）可得到热流密度 q 的计算表达式

$$q = \frac{T_1 - T_4}{\dfrac{s_1}{\lambda_{m1}} + \dfrac{s_2}{\lambda_{m2}} + \dfrac{s_3}{\lambda_{m3}}} \qquad (1.15)$$

未知界面温度的计算可通过将式（1.15）代入式（1）~式（3）计算求得

$$T_2 = T_1 - q\frac{s_1}{\lambda_{m1}} \qquad (1.16)$$

$$T_3 = T_2 - q\frac{s_2}{\lambda_{m2}} \qquad (1.17)$$

或

$$T_3 = T_4 + q\frac{s_3}{\lambda_{m3}} \qquad (1.18)$$

迭代法的计算过程：首先假设未知界面的温度 t_2, t_3 为某一具体值，然后先计算出各层炉墙平均热导率的第一次近似值，再由式（1.15）计算求得通过炉墙的热流密度，再将热流密度值代入式（1）~（3）中计算求得各未知界面温度的第一次计算值，如果各界面的第一次计算值与假设值之间的误差率大于5%，则再将各界面温度的第一次计算值作为假设值，重复上述计算过程，直到各界面温度前后两次计算值的误差率小于5%时为止。

同理，可推导出 n 层面积不同平壁炉墙的导热公式为

$$Q = \frac{T_1 - T_{n+1}}{\sum\limits_{i=1}^{n} \dfrac{s_i}{\lambda_{mi} A_{mi}}} \qquad (1.19)$$

界面温度为

$$T_n = T_1 - Q\sum_{i=1}^{n-1} \frac{s_i}{\lambda_{mi} A_{mi}} \qquad (1.20)$$

式中　A_{mi}——各层炉墙的平均面积。

平均面积的具体值按式（1.13）、式（1.14）近似计算求得。

1.2.4　圆筒壁炉墙的导热

1. 单层圆筒壁炉墙导热

由于圆筒壁炉墙的传热面积沿半径方向变化，半径不同的地方其热流密度也不相同。这时平壁炉墙的导热计算公式就不适合于圆筒壁炉墙。

设单层圆筒壁炉墙的内外半径分别为 r_1, r_2，高度为 $L(L \gg r_2)$，这时可以忽略炉墙端头导热的影响，此时单层圆筒壁炉墙导热是沿半径方向的单向导热问题，内外表面温度分别为 t_1 和 t_2，且 $t_1 > t_2$（图 1.2），炉墙温度保持恒定不变。炉墙材料的热导率 λ 的关系式为已知。在圆筒壁炉墙半径为 r 处，根据傅里叶定律，在单位时间内通过此单层圆筒壁炉墙传导的热流量为

$$Q = -\lambda \frac{dT}{dr} A = -\lambda \frac{dT}{dr} 2\pi r L \quad (1.21)$$

$$Q = -(\lambda_0 + bT) \frac{dT}{dr} A = -(\lambda_0 + bT) \frac{dT}{dr} 2\pi r L$$

因为 Q, L, λ 为常数（不随 r 变化），分离变量后积分

$$\int_{t_1}^{t_2} (\lambda_0 + bT) dT = -\frac{Q}{2\pi L} \int_{r_1}^{r_2} \frac{dr}{r}$$

积分后得

$$Q = \frac{2\pi L (T_1 - T_2)}{\frac{1}{\lambda_m} \ln \frac{r_2}{r_1}} \quad (1.22)$$

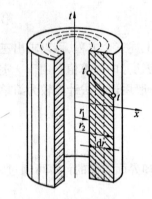

图 1.2　单层圆筒壁炉墙的导热

为了便于与传热一般方程和平壁炉墙的导热公式进行比较，式(1.22)可改写为

$$Q = \frac{T_1 - T_2}{\dfrac{s}{\lambda_m A_m}} \quad (1.23)$$

式中，$A_m = (A_2 - A_1) / \ln \dfrac{A_2}{A_1}$，是圆筒壁炉墙的对数平均面积，其中 A_1 和 A_2 分别为内、外表面积，s 为单层圆筒炉墙的厚度。

2. 多层圆筒壁炉墙的导热

对于井式炉一般都采用两层或三层圆筒壁炉墙。假设有一台由 n 层炉墙组成的多层圆筒壁炉墙，若已知其内、外表面的温度分别为 t_1 和 t_{n+1}（$t_1 > t_{n+1}$），并保持恒定。各层的内、外半径以及各层的材料和圆筒壁炉墙的高度 L 也已知，并假定各层间紧密接触。求通过此多层圆筒壁炉墙的导热热流及各界面温度。根据单层圆筒壁炉墙的计算公式及迭代法可求出通过多层圆筒壁炉墙的导热热流量，即

$$Q = \frac{2\pi L (T_1 - T_{n+1})}{\sum_{i=1}^{n} \dfrac{1}{\lambda_{mi}} \ln \dfrac{r_{i+1}}{r_i}} \quad (1.24)$$

如果圆筒壁炉墙各层的内、外高度不等，则热流量用式(1.25)计算

$$Q = \frac{T_1 - T_{n+1}}{\sum_{i=1}^{n} \dfrac{s_i}{\lambda_{mi} A_{mi}}} \quad (1.25)$$

式中　$s_i / (\lambda_{mi} A_{mi})$——第 i 层圆筒壁炉墙的热阻，其计算方法与单层圆筒壁炉墙相同。

各层的界面温度按式(1.20)计算，但这时公式中各层的热阻为圆筒壁炉墙各层的热阻。其迭代方法和要求与多层平壁炉墙相同。

1.3 对流传热

对流传热不仅在流体中发生,在流体与固体表面相接触时也会产生对流传热。例如,在热处理炉内,炉气、盐浴炉中的盐浴或流动粒子炉中流动粒子与工件表面和炉子内表面之间的传热,以及炉墙外表面与车间空气之间的传热等均属于对流传热。在热处理工艺操作过程中,淬火工件在淬火时与淬火介质之间的传热也属于对流传热。

1.3.1 对流传热量的计算

1701 年,英国科学家牛顿提出了对流传热量的计算公式(即牛顿公式),即对流传热所传递的热流量正比于流体和固体表面间的温度差以及两者的接触面积。其数学表达式为

$$Q = \alpha(T_1 - T_2)A \tag{1.26}$$

或

$$q = \alpha(T_1 - T_2) \tag{1.27}$$

式中 Q——单位时间内对流传热量,即热流量,W;

q——单位时间内,在单位传热面积上的对流传热量,即热流密度,W/m²;

$T_1 - T_2$——流体与固体表面的温度差,K;

A——流体与固体的接触面积,m²;

α——对流传热系数,表示当流体与固体表面之间的温度差为 1 K 时,每秒钟通过 1 m² 面积所传递的热量,W/(m²·K)。

牛顿公式在形式上似乎很简单,但它并没有提供任何实质性的简化,只是将影响对流传热的各因素都集中在对流传热系数上。因此,对流传热量的计算关键是要求出各种具体条件下的对流传热系数 α 的计算公式。

1.3.2 影响对流传热的因素

计算对流传热量的关键在于确定不同对流条件下的对流传热系数的大小,而对流传热系数的大小与流体流动产生的原因,流体的流动状态,流体的物理性质,流体与固体接触表面的几何形状、大小、放置位置、粗糙程度以及固体表面与流体的温度等因素有关。下面对其进行简单分析。

1. 流体流动产生的原因

按引起流体流动的不同原因,流体流动可分为自然流动和强制流动(或强迫流动)。自然流动是由于流体内不同部位的温度不同,从而使各部位密度不同而引起的流动。在自然流动下进行的对流传热称为自然对流传热,其传热强度主要取决于流体内部的温度差。由于自然对流时流体的流动速度一般都很小,所以自然对流传热强度比较低。

而流体受外力(如风机或泵等)作用时产生的流动称为强制流动。在强制流动下所进行的对流传热称为强制对流传热。

2. 流体的流动状态

按流体流动的状态不同可将其分为层流和紊流(或湍流)两种(图 1.3)。当流体流动的状态是层流时,流体内部的各个质点都平行于固体表面而流动,没有垂直于壁面的分速度,这时流体与固体表面之间的热量传递主要靠层流的导热来实现,热流方向垂直于流体

的流动方向。由于气体与液体的导热性都很差,所以在层流状态时对流传热强度很小,并且换热量主要取决于流体的性质,而与流速无关。

紊流流动时流体质点不仅沿前进方向流动,而且还向其他方向做不规则的曲线运动(图1.3(b)),这时,流体内各质点产生急剧混合但流体在宏观上还是向前流动着的。流体在管道中成紊流流动时,只有在紧靠近壁面的薄层中仍然是层流流动,称为层流底层。在此层中热量的传递是靠传导传热来实现的。此层流底层以外的部分是紊流核心。在紊流核心内热量传递主要靠流体质点的急剧混合作用来实现,所以它是传导传热和流体质点混合作用共同作用的结果。但传热的快慢主要受层流底层的控制。由于层流底层很薄,故紊流时的对流传热系数比层流时要大得多。

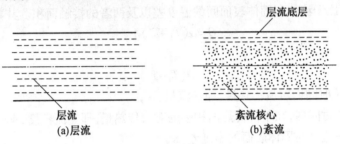

图1.3 流体的流动状态

3. 流体的物理性质

流体的物理性质不同,其对流传热过程也不相同。直接影响对流传热的流体物理参数主要是导热系数、比热容、密度和黏度。其中导热系数影响边界层的导热,比热容影响热交换量,黏度影响边界层厚度(黏度越大边界层越厚),密度大有利于减少边界层厚度。所以密度大,对流传热系数大,黏度大,对流传热系数小。另外,流体的密度和黏度还会影响流体的流动状态。

4. 固体的表面形状、大小和放置位置

固体表面的形状、大小不同或放置位置的改变,都会使流体的流动情况发生变化,从而改变对流传热条件。例如,炉底、炉顶和侧墙,由于它们的位置不同,其自然对流的传热系数也不同。当固体表面垂直放置时(图1.4(a)),沿固体表面即炉墙高度的对流传热系数 α 值是不同的。在炉墙下部由于气流边界层刚刚形成,并且很薄,所以此处的对流传热系数 α 值较大。沿着炉墙往上边界层逐渐加厚,α 值也随着减少。当边界层厚度达到最大值后,空气的流动性质发生了变化,由层流转变为紊流,α 值也开始增加。最后流动性质变为紊流时,α 值保持不变。水平放置的固体表面(如炉顶)与空气自然对流传热时,固体表面附近的气体被加热后上升,上升的气体与补充的冷气相遇,它们相互作用形成一个上升的气流(图1.4(b)),此时的对流传热系数 α 值显然比垂直炉墙与空气自然对流时大。若水平放置的平壁,其传热面向下(如炉底)时,除了在固体表面上有一薄层气体流动外,其他部分的气体基本保持静止不动(图1.4(c)),此时 α 值显然是比较小的,从而使其散热损失也是最小的。

1.3.3 强化热处理炉内对流传热的措施

(1)适当提高热处理加热温度,加大传热温差,可以增加对流传热量,缩短加热时间。

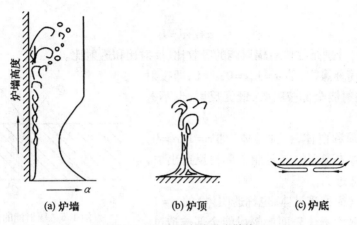

图 1.4 炉墙的自然对流散热

但是由于受热处理工艺限制,温度不能提高太大,否则容易造成废品。

(2)提高流体的流动速度,使其处于强制流动状态,增大对流传热系数,从而增大其换热量。

1.4 辐射传热

1.4.1 辐射传热的基本概念

物体通过电磁波传递能量的方式称为辐射。当物体受热后引起物体内部的分子、原子或离子振动或电子激发时向周围各个方向发射辐射能并以电磁波的形式向外放射,当它落到其他物体上时,有一部分被吸收并转变为热能而使物体加热。辐射传热与传导和对流传热有本质的不同。传导和对流传热必须通过中间介质才能进行。而辐射传热不需要任何中间介质,而且在热量交换的同时,还伴随着能量形式的转化。

电磁波是辐射能的载体,并且电磁波的波长从 1 μm 到若干米,它包括可见光、紫外线、X 射线、红外线和无线电波等。波长不同的电磁波具有不同的性质,并且各种电磁波都能被物体吸收并转化为热能,这种因为热的原因而发出辐射能的现象称为热辐射。

热辐射的强度主要取决于温度,在自然界中存在的物体,不论是高温物体还是低温物体都会发出辐射能,只是物体温度不同其辐射热量不同。如果两物体温度不同并与外界隔绝,这样高温物体由于辐射出的热量大于低温物体辐射出的热量,而低温物体吸收的热量大于高温物体吸收的热量,从而使高温物体的温度降低,低温物体的温度升高,最后两物体达到相同的温度。即使两物体的温度相同,热辐射也仍在进行,只不过处于相对平衡状态而已。

投射到物体表面上的热辐射和可见光一样,也有吸收、反射和透过现象。

设落到物体表面上的总辐射能为 Q,其中一部分 Q_a 被吸收,一部分 Q_r 被反射,另一部分 Q_d 透过该物体(图 1.5),按能量平衡关系,则有

$$Q_a + Q_r + Q_d = Q$$

或

$$\frac{Q_a}{Q} + \frac{Q_r}{Q} + \frac{Q_d}{Q} = 1$$

或

$$a+r+d=1 \tag{1.28}$$

式中 a,r,d——分别是物体对辐射能的吸收比、反射比和透射比。

绝对黑体(简称黑体)的 $a=1,r=0,d=0$,即投射到物体表面的辐射能全部被吸收,既无反射,也不透过。

绝对白体(简称白体,也称镜体)的 $r=1,a=0,d=0$,即投射到物体表面的辐射能全部被反射出去,既无吸收,也不透过。

绝对透过体(简称透过体,也称透明体)的 $d=1,a=0,r=0$,即投射到物体表面的辐射能全部被透过,既无吸收,也不反射。

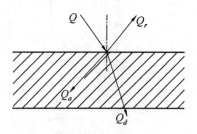

图1.5 辐射能的分配

在自然界中,并不存在绝对黑体、绝对白体和绝对透过体,它们都是假定的理想物体。对每一种实际物体来说,其 a,r,d 的数值总是小于1,它不仅取决于物体的属性,还与它的表面状态、温度以及投入射线的波长等因素有关。

实际上,大部分固体和液体对热射线都是不透过体,除了反射一部分外,其余部分则被固体或液体表面下很薄的一层物质所吸收。所以,大多数固体和液体的 $d=0,a+r=1$。这说明,如果固体和液体的吸收率高,则其反射率就必然低,而气体对辐射线没有反射能力。各种金属材料对热射线的吸收率,随着金属的性质和表面状态的不同也有很大差别。

1.4.2 辐射传热的基本定律

1. 普朗克定律

普朗克于1900年根据量子理论导出了黑体在不同温度下的单色辐射能量随波长分布的规律(下标"0"表示黑体),即

$$I_{0\lambda}=\frac{C_1\lambda^{-5}}{e^{\frac{C_2}{\lambda T}}-1} \tag{1.29}$$

式中 λ——波长,m;

T——黑体表面的热力学温度,K;

C_1,C_2——均为常数,$C_1=3.743\times10^{-16}$ W·m², $C_2=1.4387\times10^{-2}$ m·K。

式(1.29)称为普朗克定律,它可以用图1.6表示。从图1.6中可以得到以下规律:

(1)黑体在每一温度下都可以辐射出波长从0到∞的各种射线,当 λ 趋近于0或∞时,$I_{0\lambda}$ 值也趋近于0。对于所有波长的辐射线,其 $I_{0\lambda}$ 都随着温度的升高而增大,并且在短波范围内,$I_{0\lambda}$ 随温度的增长速度比长波范围要快。

(2)在每一温度下,$I_{0\lambda}$ 随着波长的变化都有一个最大值。

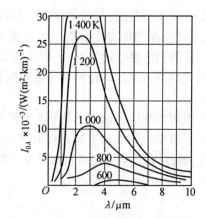

图1.6 黑体的单色辐射能力的分布图

若将公式(1.29)对 λ 进行微分并令其微分值等于 0,即可求出对应于最大辐射强度的波长与温度的关系,即

$$\lambda_m T = 2.896 \times 10^{-3} \tag{1.30}$$

式(1.30)称为维恩位移定律,它表达了波长与热力学温度成反比的规律。根据该定律可知,对最大单色辐射力的波长 λ_m 与绝对温度成反比。如果测得物体表面最大单色辐射力的波长,便可求出辐射体的表面温度。

2. 辐射的四次方定律

一定温度的物体在单位面积上,单位时间内发射出各种波长的辐射能量的总和称为物体在该温度下的辐射能力,用 E 表示。黑体的辐射能力用 E_0 表示,即

$$E_0 = \int_0^\infty I_{0\lambda} d\lambda = \int_0^\infty \frac{C_1 \lambda^{-5}}{e^{\frac{C_2}{\lambda T}} - 1} d\lambda$$

积分后得

$$E_0 = C_0 \left(\frac{T}{100}\right)^4 \tag{1.31}$$

式中 C_0——黑体辐射系数,其值为 $5.675 \text{ W}/(\text{m}^2 \cdot \text{K}^4)$。

式(1.31)表明,黑体的辐射能力与绝对温度的四次方成正比,因此称为四次方定律。该定律由斯蒂芬于 1879 年根据实验的方法确定的,而后玻尔兹曼在 1884 年用理论给予了证明,所以又称为斯蒂芬-玻尔兹曼定律。

3. 灰体的辐射

一切物体的辐射能力 E 都小于同温度下绝对黑体的辐射能力 E_0。如果某物体的辐射能力都等于同温度下绝对黑体辐射能力乘以同一系数,这种物体就叫做理想灰体,简称灰体。因此

$$E = \varepsilon E_0 \tag{1.32}$$

式中 ε——灰体的黑度,或者称为辐射率,其值小于 1。

由此可见,某物体的黑度乃是该物体的辐射能力与同温度下绝对黑体的辐射能力之比。理想灰体的黑度不随温度而变,因此,它的辐射能力与温度的四次方成正比,即

$$E = \varepsilon E_0 = \varepsilon C_0 \left(\frac{T}{100}\right)^4 = C \left(\frac{T}{100}\right)^4 \tag{1.33}$$

式中 C——灰体的辐射系数,只与灰体的黑度有关,不随温度和波长而变,$\text{W}/(\text{m}^2 \cdot \text{K}^4)$。

灰体黑度值的大小,说明了该灰体接近于黑体的程度,当 $\varepsilon = 1$ 时即为黑体。

实际物体的黑度与材料的性质、表面状态和表面温度等因素有关。一般来说,温度升高,大多数材料的黑度都增加,表面越粗糙黑度越大。关于各种物体的黑度可查有关的手册和书籍。

4. 克希荷夫定律

物体的辐射和吸收是物体同一性质的两种形式。克希荷夫定律揭示了物体的辐射力和吸收率之间的理论关系,即灰体的辐射能力越大,它的吸收率也越大。

假设有两个相距很近的无限大平行平面(图 1.7)。两者温度相同,中间为完全可以透过辐射力的空间,由一个平面辐射的能量全部落到另一平面上,1 平面为任意灰面,黑度为

ε；吸收率为 a；2 平面为黑体，吸收率为 $a_0=1$。

1 平面辐射出的热量为 E，到达 2 平面后，因 2 平面是黑体，辐射来的能量全部被吸收。此时 2 平面辐射出去的热量为 E_0。到达 1 平面时，1 平面只吸收了一部分 aE_0。剩下的部分 $(1-a)E_0$ 被反射回去，重新落在 2 平面上，又被 2 面全部吸收。这时 1 平面支出的热量为 E，收入的热量为 aE_0，由于 1、2 两平面的温度相等，两个平面在辐射热交换过程中没有热量损失，因此 1 平面支出的热量一定等于 1 平面收入的热量，即

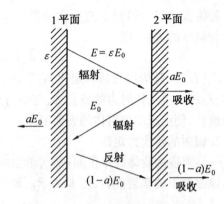

图 1.7　灰体与黑体的辐射热交换

$$E = aE_0 = \varepsilon E_0$$

故

$$a = \varepsilon \tag{1.34}$$

式(1.34)即为克希荷夫定律的数学表达式，它可以表述为任意灰体的黑度等于它对同温度下的黑体辐射能的吸收率。这就是灰体的黑度与吸收率的关系。对于一般的工程材料来说，在热辐射的范围内与灰体具有相近的性质。因此，在热辐射范围内克希荷夫定律可以适用于一切实际物体，即对于一切物体在热辐射的范围内，其吸收率等于同温度下的黑度。

由克希荷夫定律可以得出如下重要推论：

(1)在相同温度下，一切物体的辐射力以黑体的辐射力为最大。

(2)物体的黑度越大，其吸收率也就越大，即善于辐射的物体必善于吸收。

(3)克希荷夫定律也适用于单色辐射，即 $a_\lambda = \varepsilon_\lambda$。

1.4.3　两物体间的辐射热交换

在实际热处理炉中都存在发热体与工件之间，发热体与炉气，炉墙之间，炉墙与工件之间的辐射热交换，这些辐射热交换都是发生在两个或两个以上物体之间。两个物体之间的辐射热交换不仅与两个表面的温度和黑度有关，而且与两物体的表面形状、大小及二者在空间的相互位置等几何因素有关，而两物体之间的相互位置可以用角度系数来描述。在热处理内两物体之间的辐射换热可以看作是两个相距很近的平行物体之间的辐射换热，此时两物体之间的角度系数可以看作 1。

要想讨论封闭体系内两个平行平面之间的辐射热交换情况，首先要从最简单的黑体平面之间的辐射热交换入手进行探讨。假设有两个相距很近互相平行的大平面，并且都是黑体表面，表面温度分别为 T_1 和 $T_2(T_1>T_2)$，并保持均匀恒定（图 1.8(a)）。假设 1 平面辐射出的能量为 E_1，全部投射到 2 平面并全部被吸收。同时 2 平面辐射出的能量为 E_2，也全部投射到 1 平面并全部被吸收。因为 $T_1>T_2$，1 平面辐射给 2 平面的热量较多，最终 2 平面获得的热量等于两个平面所辐射出的热量之差，即

$$q_{12} = E_1 - E_2 = C_0\left[\left(\frac{T_1}{100}\right)^4 - \left(\frac{T_2}{100}\right)^4\right] \tag{1.35}$$

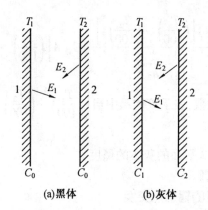

图 1.8 平行平面间的辐射热交换

如果两个辐射面的面积相等,均为 A,则由 1 平面传给 2 平面的热量为

$$Q_{12}=C_0\left[\left(\frac{T_1}{100}\right)^4-\left(\frac{T_2}{100}\right)^4\right]\cdot A \tag{1.36}$$

如果两个平面都是灰体(图 1.8(b)),灰体表面对投入辐射只能部分地吸收,其余部分则反射出去。正是由于这个原因,使灰体之间的辐射传热比黑体间的辐射传热要复杂得多,它存在灰体多次反射、多次吸收的现象。为了使分析和计算得到简化,在这里引入有效辐射和投入辐射的概念。

投入辐射定义为单位时间内投射到表面单位面积上的总辐射能,记为 G;有效辐射为单位时间内离开表面单位面积的总辐射能,记为 J。有效辐射不仅包括了表面本身的辐射 E,而且还包括投入辐射中被表面反射的部分 rG。这里的 r 为表面的反射率,即 $r=1-a$。现有一平面 1,表面温度均匀,表面辐射特性为常数。根据有效辐射的定义,平面 1 的有效辐射 J_1 为

$$J_1=E_1-r_1G_1=\varepsilon_1 E_{01}+(1-a_1)G_1 \tag{1.37}$$

外界能感受到的表面辐射就是有效辐射。

当两个灰体平面的面积均为 A 时,两物体之间的辐射传热量为

$$Q_{12}=A(J_1-J_2) \tag{1.38}$$

又由于表面 1 失去的净热量可以表示为

$$Q_1=A(J_1-G_1)$$

利用此式与式(1.37)消去 G_1,并注意灰体的 $a_1=\varepsilon_1$,可得

$$Q_1=\frac{\varepsilon_1 A}{1-\varepsilon_1}(E_{01}-J_1) \tag{1.39}$$

同理,由表面 2 得到的净热量可以表示为

$$Q_2=\frac{\varepsilon_2 A}{1-\varepsilon_2}(J_2-E_{02}) \tag{1.40}$$

由于 $Q_1=Q_2=Q_{12}$,在由式(1.38)、式(1.39)和式(1.40)可以得到两个平行灰体平面间的辐射传热为

$$Q_{12}=\frac{C_0 A\left[\left(\frac{T_1}{100}\right)^4-\left(\frac{T_2}{100}\right)^4\right]}{\frac{1}{\varepsilon_1}+\frac{1}{\varepsilon_2}-1}=C_导 A\left[\left(\frac{T_1}{100}\right)^4-\left(\frac{T_2}{100}\right)^4\right] \tag{1.41}$$

式中 $C_导$——导来辐射系数,表示该体系中当 $\left[\left(\frac{T_1}{100}\right)^4-\left(\frac{T_2}{100}\right)^4\right]$ 为 1 时单位面积上的差额热流;

$\varepsilon_1,\varepsilon_2$——1 平面和 2 平面的灰体的黑度;

C_0——黑体辐射系数。

1.4.4 有隔板存在时的辐射热交换

为了减少两个辐射面之间的辐射传热量,通常采用在两个辐射面之间加设隔热板的方法。隔热板对整个换热体系不会引入或带走任何热量,而只是在热量传递的途径上增大热阻。比如有些真空炉,采用多层金属隔热屏做炉衬,来减少炉壳的散热损失。

如果在两个平行放置的辐射表面之间插入一块面积相同的隔热板(图1.9),并且插入的隔热板很薄,且导热系数很大,这时可以认为隔板两侧的温度相等。假设两个平行辐射面的表面温度分别为 T_1 和 T_2,且 $T_1>T_2$,隔热板的温度为 T_3,三层板的材料相同,面积也相等,均为 A。根据式(1.41)可知由 1 平面传给隔热板 3 的热量为

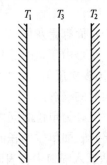

图 1.9 有隔热板时的辐射传热

$$Q_{13}=C_{13}A\left[\left(\frac{T_1}{100}\right)^4-\left(\frac{T_3}{100}\right)^4\right] \tag{1.42}$$

隔热板 3 传给 2 平面的热量为

$$Q_{32}=C_{32}A\left[\left(\frac{T_3}{100}\right)^4-\left(\frac{T_2}{100}\right)^4\right] \tag{1.43}$$

式(1.43)中的两个导来辐射系数是相等的,即

$$C_{13}=C_{32}=C_导$$

当体系达到稳定态时,$Q_{13}=Q_{32}$,由式(1.42)和式(1.43)可以计算得

$$Q_{13}=Q_{32}=\frac{1}{2}C_导 A\left[\left(\frac{T_1}{100}\right)^4-\left(\frac{T_2}{100}\right)^4\right] \tag{1.44}$$

从上述计算可知,如果在两个辐射面之间放置一层隔热板,并且隔热板的黑度与两个辐射面的黑度相同时,则辐射传热量可以减少一半。进而可以推出,如果在两个辐射面之间放置 n 层隔热板时,其辐射传热量为原有传热量的 $\frac{1}{n+1}$,即

$$Q_n=\frac{1}{n+1}Q \tag{1.45}$$

式中 Q_n——在两个辐射面之间放置 n 层隔热板时的辐射传热量;

Q——未放隔板时的辐射传热量。

由式(1.45)可知,在增加隔热板的层数时,各层所起的隔热作用并不相同,随着层数的增加其隔热作用迅速下降。

1.4.5 通过热处理炉口的辐射散热

在热处理生产的过程中,当打开炉门装出料时,炉膛内都会通过炉口向外辐射散热,装出炉次数越多,此项热损失就越大。因此在热处理炉的设计计算中,不能忽略这项热量损失。

由于热处理炉的炉墙比较厚(图1.10),通过孔口辐射出去的热量有一部分要落到孔口周围的炉衬表面上,然后被它吸收和反射,不能全部辐射到孔口之外。在这种情况下,孔口的辐射热损失可用黑体与黑体之间的辐射热损失的计算公式进行计算,但要对其进行修正,其修正系数为孔口的遮蔽系数。设孔口的面积为A,炉内膛温度为T_1,炉外温度为T_2,则通过孔口的辐射热损失为

$$Q = C_0 \phi A \left[\left(\frac{T_1}{100}\right)^4 - \left(\frac{T_2}{100}\right)^4 \right] \tag{1.46}$$

式中 ϕ——为孔口的遮蔽系数,它是小于1的值。ϕ值可根据孔口的形状、大小及炉墙厚度确定(图1.11)。

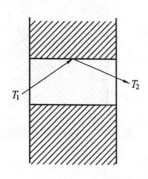

图1.10 通过孔口的辐射散热

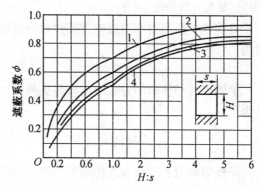

图1.11 孔口的遮蔽系数(1,2,3,4为孔口形状)
1—拉长矩形;2—1:2矩形;3—方形;4—圆形

1.5 综合传热

前面分别讨论了传导传热、对流传热和辐射传热。但在实际的热处理炉中,各种传热方式并非单独存在,而是以不同形式同时进行的。

1.5.1 对流和辐射同时存在的传热

当气体(或液体)流经固体表面时,不仅有对流热交换,同时也伴随着辐射热交换。例如,热处理炉的外壁与车间环境之间就存在对流与辐射的综合热交换。此时,气体与热处理炉外壁表面的总传热量等于对流和辐射两者之和,即

$$Q_{总} = Q_{对} + Q_{辐} = \alpha_{对}(T_1 - T_2)A + C_{导}\left[\left(\frac{T_1}{100}\right)^4 - \left(\frac{T_2}{100}\right)^4\right]A$$

上式可改写成为

$$Q_{总} = (\alpha_{对} + \beta_{辐})(T_1 - T_2)A = \alpha_{综}(T_1 - T_2)A \tag{1.47}$$

式中　$\alpha_{综}$——综合传热系数，$\alpha_{综} = \alpha_{对} + \alpha_{辐}$；

　　　$\alpha_{对}$——对流传热系数；

　　　$\alpha_{辐}$——辐射传热系数，即

$$\alpha_{辐} = \frac{C_导\left[\left(\dfrac{T_1}{100}\right)^4 - \left(\dfrac{T_2}{100}\right)^4\right]}{T_1 - T_2}$$

1.5.2 通过平壁炉墙的综合传热

在工作着的热处理单层平壁炉墙的两侧存在着温度不同的气体，这时炉膛内炽热的炉气通过炉墙要向车间内散热。炉膛内的热炉气以辐射和对流的方式将热量传给炉壁内侧，这部分热量又以传导的方式从内壁传到外壁，然后炉壁外表面又以辐射和对流的方式将热量传到车间的空气中。

已知平壁炉墙两侧气体的温度分别为 t_1 和 t_2，炉墙的厚度为 s，导热系数为 λ，平壁炉墙的内外表面温度各为 t_1' 和 t_2'（图 1.12）。以单位时间、单位面积的传热量为计算单位，则有

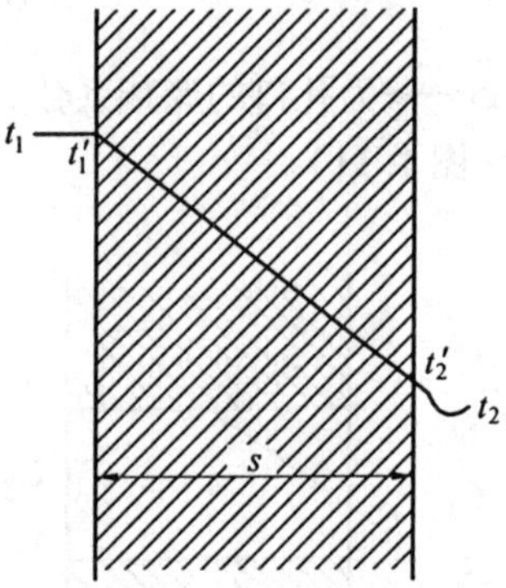

高温气体以辐射和对流的方式传给内壁的热量为

$$q_1 = \alpha_{综1}(T_1 - T_1')$$

炉墙以传导传热的方式由内壁传到外壁的热量为

$$q_2 = \frac{\lambda_m}{s}(T_1' - T_2')$$

图 1.12　通过单层平壁的传热

外壁以辐射和对流方式传给车间空气的热量为

$$q_3 = \alpha_{综2}(T_2' - T_2)$$

因为是稳定态传热，所以

$$q_1 = q_2 = q_3 = q$$

将以上三式整理后得

$$q = \frac{T_1 - T_2}{\dfrac{1}{\alpha_{综1}} + \dfrac{s}{\lambda_m} + \dfrac{1}{\alpha_{综2}}} \tag{1.48}$$

式中　q——炉气通过炉墙向车间空气中的散热量，W/m^2；

　　　$\alpha_{综1}$——炉气对炉墙内表面的综合传热系数；

　　　$\alpha_{综2}$——炉墙外表面对空气的综合传热系数（表 1.1）；

　　　s——炉墙厚度，m；

　　　λ——炉墙材料的导热系数。

表1.1　炉墙外表面对车间的综合传热系数 $\alpha_{综2}$（车间温度为20℃）　　W/(m²·K)

炉墙外表面温度	侧墙		水平面			
			炉顶		架空炉底	
	钢板或涂灰漆表面	铝板或涂铝粉漆表面	钢板或涂灰漆表面	铝板或涂铝粉漆表面	钢板或涂灰漆表面	铝板或涂铝粉漆表面
30℃	9.48	7.26	10.72	8.51	7.82	5.61
35℃	10.09	7.82	11.47	9.20	8.26	5.99
40℃	10.59	8.27	12.07	9.75	8.63	6.30
45℃	11.04	8.65	12.60	10.21	8.96	6.57
50℃	11.44	8.99	13.08	10.63	9.26	6.81
55℃	11.81	9.30	13.52	11.00	9.55	7.04
60℃	12.71	9.59	13.93	11.35	9.83	7.25
65℃	12.50	9.86	14.32	11.68	10.09	7.45
70℃	12.83	10.12	14.69	11.98	10.35	7.65
75℃	13.14	10.37	15.05	12.27	10.61	7.84
80℃	13.45	10.61	15.40	12.55	10.86	8.02
85℃	13.75	10.84	15.74	12.82	11.11	8.20
90℃	14.04	11.06	16.07	13.08	11.35	8.37
95℃	14.34	11.28	16.40	13.34	11.60	8.54
100℃	14.62	11.49	16.72	13.59	11.84	8.71
105℃	14.91	11.70	17.04	13.83	12.09	8.88
110℃	15.20	11.91	17.35	14.07	12.33	9.05
115℃	15.48	12.11	17.66	14.30	12.58	9.21
120℃	15.76	12.32	17.97	14.53	12.82	9.38
125℃	16.04	12.52	18.28	14.76	13.07	9.54
130℃	16.33	12.71	18.59	14.98	13.31	9.70

由于 $\alpha_{综1}$ 的值较大，所以 $1/\alpha_{综1}$ 的值就很小，可以忽略不计。另外，炉墙外壁温度一般要低于60℃，此时 $\alpha_{综2}$ 的值较小，因此，公式(1.48)可写成

$$q = \frac{T_1 - T_2}{\dfrac{s}{\lambda_m} + \dfrac{1}{\alpha_{综2}}} \tag{1.49}$$

如果平壁炉墙的内表面积为 $A_内$，外表面积为 $A_外$，则通过炉墙的综合传热量为

$$Q = \frac{T_1 - T_2}{\dfrac{s}{\lambda_m A_m} + \dfrac{1}{\alpha_{综2} A_外}} \tag{1.50}$$

对于 n 层平壁，可用下式计算

$$Q = \frac{T_1 - T_2}{\sum\limits_{i=1}^{n} \dfrac{s_i}{\lambda_{mi} A_{mi}} + \dfrac{1}{\alpha_{综2} A_外}} \tag{1.51}$$

1.5.3　通过圆筒壁炉墙的综合传热

已知圆筒壁炉墙两侧气体的温度分别为 t_1 和 t_2，炉墙的内外半径分别为 r_1 和 r_2，导热系数为 λ，炉墙的深度为 L，圆筒壁炉墙的内外表面温度各为 t_1' 和 t_2'。通过圆筒壁炉墙的综合传热量可以参考平壁炉墙的计算方法，求得其计算公式为

$$Q = \frac{2\pi L(T_1 - T_2)}{\frac{1}{\lambda_m}\ln\frac{r_2}{r_1} + \frac{1}{\alpha_{综2} r_2}} \tag{1.52}$$

思考题

1. 试分析热量传递的三种形式的主要区别。
2. 试解释温度场与温度梯度的含义。
3. 试分析影响对流传热的主要因素,并分析其影响原因。
4. 在一平壁炉墙内侧温度为950℃,炉墙采用115 mm黏土砖和230 mm硅藻土砖砌筑,炉墙外壁温度为50℃。各温度保持恒定。试计算通过炉墙的热流密度和两层炉墙之间的界面温度。(已知黏土砖的热导率为 $0.23+0.212\times10^{-3}T_m$ W/(m·K),硅藻土砖的热导率为 $0.25+0.23\times10^{-3}T_m$ W/(m·K))
5. 试分析如何强化热处理炉内的传热效果?
6. 热处理炉外表面的温度为60℃,车间环境温度为20℃,试计算炉墙的对流散热损失。
7. 有一台热处理炉内膛温度为850℃,车间环境温度为20℃,炉门每小时打开10 min,炉门口的尺寸为300 mm×400 mm,炉墙的厚度为450 mm,试计算每小时通过炉门口的辐射热损失。

第2章 筑炉材料

制备热处理炉及设备时,需使用各种材料,包括耐火材料、隔热材料、炉外和炉内用的金属材料、炉子的地基材料等,这些材料统称为筑炉材料。合理选择筑炉材料并进行科学施工及维修对提高炉子的使用寿命、降低生产成本等具有重要作用。

2.1 炉衬材料

2.1.1 耐火材料

耐火材料是指能够抵抗高温并承受在高温下产生的物理与化学作用的材料。耐火材料一般占炉体总质量的60%以上。

对于一般热处理炉来说,炉衬基本上是由耐火层和保温层组成,其中耐火层一般为耐火材料,保温层一般为保温材料。低温炉(温度低于300℃)一般只采用一层保温层,无耐火层。

热处理炉通常是在高温条件下作业,所以耐火材料直接承受炉内高温作用,并承受一定载荷,所以耐火材料必须是能够抵抗高温作用,并能抵抗炉内介质破坏作用的材料。

耐火材料的性能可分为物理性能和技术性能。耐火材料的物理性能主要包括体积、密度、吸水率、气孔率、比重、透气性、耐压强度、热膨胀性、导电性、导热性及热容量等。这些物理性能又将会影响着耐火材料的技术性能。耐火材料的技术性能指标包括耐火度、高温结构强度、高温化学稳定性、热震稳定性、高温体积稳定性等。这些性能指标可为热处理炉的设计者提供一定的选择依据。

1. 耐火材料的技术性能指标

(1)耐火度。耐火度是耐火材料抵抗高温作用而不熔化的性能,指的是耐火材料受热后软化到一定程度时的温度。耐火度的测定方法为:将耐火材料磨碎到粒度小于0.2 mm,用糊精调配并制成等边三角锥形体,在规定的加热条件下加热,直到试锥顶部将因为受温度和自身质量的影响而弯倒,当其弯到刚接触底平面时对应的温度作为耐火度(图2.1)。耐火度高于1 580℃的材料才称为耐火材料。

根据耐火度的高低,耐火材料可分为:普通耐火材料,耐火度为1 580~1 770℃;高级耐火材料,耐火度为1 770~2 000℃;特级耐火材料,耐火度大于2 000℃。

耐火材料的耐火度,主要取决于它的化学成分和材料中易熔杂质如FeO和Na_2O等的含量。耐火材料的耐火度既不是材料的熔点,也不是材料的实际使用温度。由于在高温条件下耐火材料承受载荷作用时会使其软化承载能力下降,所以实际使用温度要低于材料的耐火度。

(2)高温结构强度(荷重软化点)。耐火材料在实际使用中要承受一定的载荷,因此,

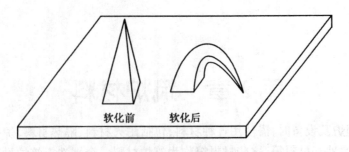

图 2.1 耐火度的测量

高温结构强度(又称为荷重软化点)是耐火材料的一个重要的技术性能指标,常用荷重软化点来评定。荷重软化开始点是指在一定压力(重质材料 196 kPa,轻质材料为 98 kPa)下,以一定的升温速度加热,测出耐火制品开始变形(0.6%)时的温度,即为荷重软化开始点。

(3)高温化学稳定性。高温化学稳定性是指耐火材料在高温下抵抗熔渣、熔盐、金属氧化物和炉内气氛等的侵蚀作用的能力。它包括化学侵蚀和物理溶解,常用抗渣性来评定,目前多数仅以定性指标来表示。根据耐火材料与熔渣、熔盐等所发生的化学反应不同,可把耐火材料分成酸性、中性和碱性三类。

高温化学稳定性与组成物的化学性质及其物理结构有密切关系。例如,黏土砖和高铝砖对酸性和碱性熔渣都具有一定的抗蚀作用;而硅砖只能具有抗酸性熔渣作用,不能具有抗碱性熔渣作用;镁砖只能具有抗碱性熔渣作用。

制造无罐渗碳气氛热处理炉时,炉墙内衬的耐火材料要选用抗渗碳砖,即含氧化铁小于1%(质量分数)的耐火砖,这是由于渗碳气氛对普通耐火砖具有很强的破坏作用。

(4)热震稳定性。热震稳定性又称为耐急冷急热性,是指耐火制品对急冷急热的温度反复变化时抵抗破坏和剥落的能力,热震稳定性取决于耐火制品的化学成分和组织结构等因素。其测定方法是将重质耐火材料加热至850℃,然后在流动的冷水中冷却,反复进行直至耐火制品破碎或剥落至质量损失达到20%时所经历的加热冷却循环次数作为重质耐火制品的热震稳定性指标。对于周期作业炉经常承受这种温度的急变,如果耐火材料没有足够的热震稳定性,就会过早地损坏。

轻质耐火制品热震稳定性的测定,是将标准砖加热至1 000℃,在静止空气中冷却,反复进行,直至砖体的质量损失为20%时的加热冷却循环次数作为热震稳定性指标。

(5)高温体积稳定性。高温体积稳定性是指耐火制品在高温下长期使用而保持体积稳定不变的性能。耐火材料在高温下使用时,其化学成分不断发生变化,产生再结晶或进一步烧结的现象,使耐火制品产生了不可逆膨胀或收缩。这种变化通常以热膨胀系数和重烧线收缩率来表示。如果这种体积变化过大,会影响砌体的强度,严重时可以造成砌体的倒塌,为防止这种现象的产生,一般情况下要求各种耐火制品的体积变化不超过 0.5% ~ 1.0%。

2. 常用的耐火材料

热处理炉常用的耐火材料有耐火黏土砖、高铝砖、抗渗碳砖、耐火混凝土、碳化硅制品、各种耐火纤维及耐火涂料等。其中耐火黏土砖在热处理炉中用得最多。

(1)耐火黏土砖。耐火黏土砖的原料主要是耐火黏土和高岭土。耐火黏土砖的化学成

分为 Al_2O_3(质量分数为 30%~40%)、SiO_2(质量分数为 50%~65%),其余为各种金属氧化物。普通黏土砖属于弱酸性,其荷重软化点为 1 350 ℃,具有较小的膨胀系数、热导率和比热容,具有较好的热振稳定性,最高使用温度为 1 300~1 400 ℃。

普通黏土砖在热处理炉中使用最多,一般用于砌筑炉顶、炉底、炉墙、燃烧室等。在热处理炉中铁铬铝合金与黏土砖之间会发生化学反应,黏土砖会使铁铬铝合金受腐蚀而损坏。黏土砖在控制气氛中易受 CO、H_2 的侵蚀而被破坏。

(2)高铝砖。高铝砖中 Al_2O_3 的质量分数大于 48%,其余主要是 SiO_2,杂质很少。普通高铝砖按照 Al_2O_3 的质量分数分为三个等级,即 Al_2O_3 的质量分数大于 48%,Al_2O_3 的质量分数大于 55%,Al_2O_3 的质量分数大于 65%。高铝砖具有耐火度高、高温结构强度好和化学稳定性好等优点,但价格昂贵,多用于高温热处理炉及电阻丝或电阻带的搁砖、热电偶导管、马弗炉的炉芯等。

(3)抗渗碳砖。在含有 CO 和 H_2 和还原气氛中,耐火黏土砖或耐火高铝砖中的 Fe_2O_3 会与气氛发生如下反应

$$Fe_2O_3 + 3CO = 2Fe + 3CO_2 \tag{2.1}$$

$$Fe_2O_3 + 3H_2 = 2Fe + 3H_2O \tag{2.2}$$

生成金属铁。而铁又是下述反应

$$2CO = CO_2 + C \tag{2.3}$$

的催化剂,加速了 CO 的分解,析出炭黑,沉积于砖体内部。

铁的形成及随后铁又形成 Fe_3C 均使砌砖体变得疏松。同时,砌砖体内炭黑的沉积使砖的体积膨胀。这将导致普通耐火黏土砖或耐火高铝砖炉衬过早损坏。因此,抗渗碳砖中 Fe_2O_3 的质量分数要求在 1% 以下。

(4)碳化硅耐火制品。碳化硅耐火制品的化学成分主要是 SiC。它具有较高的耐火度和高温结构强度,很好的耐磨性、热震稳定性、导热性及导电性。根据其制造工艺的不同,可用做高温炉的电热元件、高温炉的炉底板等。碳化硅制品在 1 300 ℃ 以上时易被氧化,并易被碱性炉渣所侵蚀。

(5)轻质耐火砖。耐火砖按其体积密度不同可分为重质耐火砖、轻质耐火砖与超轻质耐火砖。轻质黏土砖的主要原料与黏土砖相同,但在其中加入了木屑、无烟煤或焦炭末,这些物质都属于可燃物,在耐火砖制备烧结过程中被烧掉,从而耐火砖的孔隙度增大,体积密度变小,保温性增强。也可以在配料中加入化学发泡剂,使砖的体积密度变小。

采用轻质或超轻质砖做炉衬时,可以减少炉衬的蓄热损失,节省能源,同时可以缩短空炉升温的时间。但轻质砖和超轻质砖也存在很多不足,由于其体积密度小而使其耐压强度降低,荷重软化点也降低;因为其孔隙率增大使其残余收缩(或膨胀)增大,抗化学侵蚀能力下降。

(6)耐火纤维。耐火纤维又称陶瓷纤维,是一种新型的耐火材料,兼有耐火和保温作用。根据原料不同有硅酸铝、石英、氧化铝和石墨耐火纤维。耐火纤维具有质量轻、比热容小、耐高温、热震稳定性好、化学稳定性好等优点,可以散状填充,也可以制成毡、板、绳、砖等成品使用,还可用于炉墙内侧或耐火层与保温层中间的过渡层。

(7)不定型耐火材料。不定型耐火材料既可以制成各种形状的预制块,便于机械化施工,也可在加热炉上整体浇捣,加强炉体的整体性,同时便于改进炉型结构。例如,制造盐

浴炉的盐槽坩埚,也可以制造炉顶与炉衬的预制件。不定型耐火材料按照制作方法不同可分为浇注料、可塑料、喷涂料、捣打料、涂抹料、投射料等。常用的不定型耐火材料有耐火浇注料、耐火可塑料、耐火捣打料、耐火涂料和耐火水泥等。

耐火混凝土是热处理炉常用的一种不定型耐火材料,可分为硅酸盐耐火混凝土、铝酸盐耐火混凝土、磷酸盐耐火混凝土和水玻璃耐火混凝土等种类。耐火混凝土是由胶结料、骨料和掺和料三部分组成,有时还加入促凝剂。其优点是可以浇捣成整体炉衬,便于制造复杂构件,修炉和砌炉的速度快,炉子寿命长,成本低;缺点是耐火度低于耐火砖。

(8)耐火泥浆。耐火泥浆是在采用成形砖砌筑炉体时用来填充砖缝使其相互黏结而固定的,同时使砌砖体具有一定的强度和气密性的一种耐火材料。耐火泥由熟料和黏结剂组成,其耐火度由原料的耐火度及其配料比决定,一般稍低于所砌耐火砖的耐火度。为了使耐火泥浆和砖体具有相同的工艺性能,所选用的耐火泥浆的成分及性能应接近于所砌耐火砖的相应性能,即各种耐火砖应使用其规定的耐火泥浆。例如,在砌筑黏土砖时,一般采用质量分数为50%~70%的黏土熟料粉和质量分数为30%~50%的结合黏土(生黏土)做耐火泥浆,其中生黏土起到黏结加固作用,但是量不能用得太多,因为生黏土量用多了,在烧结时体积收缩较大,容易使砌缝开裂。

有时为了提高砌砖体的气密性也可以采用掺有水玻璃的可塑性泥浆。另外,磷酸盐耐火泥浆在高温下具有较高的黏结强度、很好的高温体积稳定性和化学稳定性,所以在砌筑高温盐浴炉的浴槽时,可以使用磷酸盐耐火泥浆作为填缝材料,也可以使用高铝熟料粉做耐火泥浆。

热处理炉常用耐火材料的主要性能指标见表2.1、表2.2。其他耐火材料的性能指标可查阅筑炉工手册或有关标准。

表2.1 热处理炉常用耐火材料的主要性能

材料	体积密度/(kg·m^{-3})	比热容/(kJ·(kg·K)$^{-1}$)	热导率/(W·(m·K)$^{-1}$))	最高使用温度/℃
黏土砖(NZ-40)	2.1~2.2	$0.817+0.23\times10^{-3}T_m$	$0.523+0.64\times10^{-3}T_m$	1 350
黏土砖(NZ-35)	2.1~2.2	$0.817+0.23\times10^{-3}T_m$	$0.523+0.64\times10^{-3}T_m$	1 300
黏土砖(NZ-30)	2.1~3.2	$0.817+0.23\times10^{-3}T_m$	$0.523+0.64\times10^{-3}T_m$	1 250
高铝砖(LZ-65)	2.3~2.75	$0.92+0.147\times10^{-3}T_m$	$1.58+1.86\times10^{-3}T_m$	1 500
高铝砖(LZ-55)	2.3~2.75	$0.686+0.419\times10^{-3}T_m$	$1.58+1.86\times10^{-3}T_m$	1 450
高铝砖(LZ-48)	2.3~2.75	$0.852+0.25\times10^{-3}T_m$	$1.58+1.86\times10^{-3}T_m$	1 400
轻质黏土砖(QN-1.3a)	1.3	$0.769+0.26\times10^{-3}T_m$	$0.464+0.35\times10^{-3}T_m$	1 352
轻质黏土砖(QN-1.0)	1.0	$0.769+0.26\times10^{-3}T_m$	$0.22+0.256\times10^{-3}T_m$	1 300
轻质黏土砖(QN-0.8)	0.8	$0.769+0.26\times10^{-3}T_m$	$0.236+0.212\times10^{-3}T_m$	1 200
轻质黏土砖(QN-0.4)	0.4	$0.769+0.26\times10^{-3}T_m$	$0.02+0.22\times10^{-3}T_m$	1 150
轻质黏土砖	0.6	$0.769+0.26\times10^{-3}T_m$	$0.11+0.194\times10^{-3}T_m$	1 200
碳化硅制品	2.4	$18.07-10.467\times10^{-3}T_m$	$0.727+0.25\times10^{-3}T_m$	1 450
刚玉砖	2.96~3.1	$0.68+0.418\ 6\times10^{-3}T_m$	$0.727+0.25\times10^{-3}T_m$	1 700
重质抗渗砖	2.14	同黏土砖	$0.525+0.64\times10^{-3}T_m$	1 350
轻质抗渗砖	0.88	同黏土砖	$0.115+0.128\times10^{-3}T_m$	1 250

表2.2 普通硅酸铝耐火纤维的热导率

密度/(kg·cm⁻³)	温度			
	100℃	400℃	700℃	1 000℃
100	0.058 W·(m·K)⁻¹	0.116 W·(m·K)⁻¹	0.21 W·(m·K)⁻¹	0.337 W·(m·K)⁻¹
250	0.064 W·(m·K)⁻¹	0.093 W·(m·K)⁻¹	0.14 W·(m·K)⁻¹	0.209 W·(m·K)⁻¹
350	0.070 W·(m·K)⁻¹	0.081 W·(m·K)⁻¹	0.121 W·(m·K)⁻¹	0.122 W·(m·K)⁻¹

3. 耐火砖的砌筑原则

为了尽量减少热处理炉的散热损失,保证炉衬的使用寿命,在砌筑炉衬时应遵循下列要求:

(1)砌砖过程中常常会缺乏必需的异型砖,需用小块非标准砖块,因此随时需要进行砍砖。砍砖时,砍去的部分一般不能超过原有砖块的1/3。若要砍去大部分,则应同时砍凿相邻的两块砖。砖经过砍凿后,其加工面应平正,不得有裂纹或缺棱掉角。

(2)与铁铬铝电热元件接触的高铝质搁砖、引出套管等制品的 Al_2O_3 的质量分数不得低于60%, Fe_2O_3 的质量分数应小于1.5%。

(3)可控气氛炉内壁的耐火砖与耐火泥浆必须是一级品,也就是要求 Fe_2O_3 的质量分数应不大于1%。

(4)耐火砖炉衬的灰缝:炉顶不大于1.5 mm;炉底和炉墙不大于2 mm;可控气氛炉灰缝不大于1 mm。

(5)砌筑砖缝所用的泥浆成分应与所砌筑砖的成分接近,它们的性能尽量一致。

(6)炉衬砖缝必须相互错开,其错开量应以砖长的1/2为宜(图2.2)。个别情况不得小于砖长的1/4。炉墙拐角处砌筑必须相互咬合。

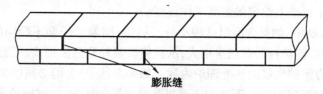

图2.2 砖缝与膨胀缝

(7)为了防止砌砖体加热膨胀而使砌砖体受到破坏,砌砖体砌筑时必须留出一定尺寸的膨胀缝,并且膨胀缝应相互错开,用耐火纤维填充。一般规定1米长砌筑体的膨胀缝尺寸为:高铝砖为8~10 mm,黏土砖和硅藻土砖为5~6 mm;温度低于700℃时,硅藻土砖层可以不留膨胀缝。

(8)用硅藻土砖砌筑保温层时必须干砌,砖缝空隙用干燥的保温材料散料填充,并且要填满。

(9)对于固定在砌砖体内的金属预埋件,必须在砌筑时同时安装。

(10)在与炉壳相接触的部位,除了炉口等特殊部位,不得用重质耐火砖砌筑,以减少蓄热损失。

(11)砖缝应用泥浆或耐火粉填满,不许有未填满的空隙。由于砖缝是砌体中最薄弱的环节,极易被炉气等侵蚀而破坏。因此,砌筑时泥浆必须饱满均匀,没有空隙,从而使砖块紧密联结成为整体。

(12)砖的缺陷面、缺棱掉角或经过砍凿面,不应朝向炉膛或用于与炉气接触的位置。否则,这些砖面会受到炉气侵蚀而加速损坏。破损较轻的砖和拆炉时回收的砖,只能用于砌砖体的内面或其他不重要的部位。

(13)在筑炉工程结束时,砌体的外表面应进行勾缝,以使砖缝泥浆更加坚实均匀。特别是无外壳的炉子,则砌砖体的外部表面必须完全勾缝。

(14)禁止直接在炉体上砍凿砖。砌耐火砖时宜用橡皮锤找正。

(15)冬季砌筑炉子时,应采用暖的建筑物或在暖棚内进行。工作地点和砌体周围的温度均不得低于5℃。砌筑用的材料应保持0℃以上。

4. 耐火纤维的使用原则

耐火纤维及其制品兼有耐火和保温的性能。同时具有耐高温、热导率小、质量轻、抗震性好、容易加工成型等优点,被广泛应用于砌筑热处理炉的炉墙。用于耐火纤维砌筑炉衬可以减薄其厚度、减轻整体炉衬的质量。但它也有不足,如强度低,受到气流冲刷、物料摩擦作用以及机械碰撞时容易被损坏;当与腐蚀性介质如熔渣、熔盐直接接触时,易受侵入而丧失保温性能。另外,耐火纤维及其制品的成分组成不同其性能也不同,使用范围也有很大差异。因此,选用耐火纤维做炉衬材料时应注意如下事项。

(1)耐火纤维的高温结晶化。耐火纤维在高温下长期使用时纤维会发生结晶化,密度增大,性能变脆,且收缩,严重时还会造成纤维的粉化。因此,耐火纤维毯如用于炉衬内壁时,最高工作温度不宜过高。

(2)耐火纤维的收缩。耐火纤维在高温载荷的作用下其收缩率远远超过无载荷短时加热的收缩率。所以在选用耐火纤维时,要同时考虑高温和载荷的共同作用,耐火纤维的安全使用温度应低于标准上给定的最高工作温度。

(3)在控制气氛中,如果含有氢这种小分子物质,则氢分子会不断向耐火纤维中渗入,从而增大其导热性,使炉衬的散热量增大,从而使炉墙外侧温度提高。因此,耐火纤维一般不宜用做以氢气为保护气氛的热处理炉内衬。如果必须采用,则必须增加其厚度。

(4)耐火纤维的强度较低,不能用于受震荡和磨损的地方,如铺砌炉底等。

(5)用耐火纤维做炉墙时,其具体的施工方法有:层铺法、叠铺法、贴衬法和预制块衬砌筑法等。具体使用哪种方法可根据实际情况选用。

2.1.2 热处理炉常用的保温材料

在砌筑热处理炉时,一般均在耐火材料的外面再砌一层保温材料。从而减少炉墙的散热损失,节省热能,改善劳动条件。保温材料必须具备体积密度小、导热系数小、比热容小和较高的使用温度等技术性能指标。工程上常把导热系数小于0.25 W/(m·K)的材料称为保温材料(或绝热材料)。常用的保温材料有硅藻土、石棉、矿渣棉、膨胀珍珠岩、蛭石等。另外,轻质或超轻质耐火砖、耐火纤维也可当做保温材科使用。

1. 硅藻土

硅藻土的主要成分为非晶体二氧化硅,并含有少量黏土杂质,具有很好的隔热能力,多数情况下制成成型砖使用,也可以粉料填充作为炉子的隔热层。它的最高使用温度为900℃,砖的尺寸规格为250 mm×123 mm×65 mm和230 mm×113 mm×65 mm。

2. 蛭石

蛭石又称为黑云母或金云母，具有一般云母的外形，易于剥成薄片。蛭石的主要成分（质量分数）是 SiO_2、Al_2O_3、Fe_2O_3、MgO 和 5%～10%的化合水，受热后水分蒸发，体积膨胀而形成膨胀蛭石。其熔点为 1 300～1 370℃，密度和热导率均很小，是一种很好的保温材料，既可散状使用，也可以制成各种形状的制品使用。其最高使用温度为 1 000℃。

3. 矿渣棉

矿渣棉是利用熔融的冶金矿渣在高压蒸气作用下制成的一种人造矿物纤维，呈白色或暗灰色。它具有密度小、热导率低、吸湿性小和不燃烧等优点，但很容易被压实降低保温效果。矿渣棉毡可与陶瓷纤维毡配合使用作为全纤维炉衬，其最高使用温度为 700℃。

4. 石棉

石棉是一种纤维结构矿物，其主要成分为蛇纹石（$3MgO \cdot 2SiO_2 \cdot 2H_2O$），熔点大于1 500℃。石棉在高温下不燃烧，但在 500℃以上会失去结晶水而使强度降低，当温度达到 800℃左右会变成粉末，失去保温作用，所以要严格控制其使用温度，不能超过 500℃。石棉在松散状态下具有较小的比重与导热系数，所以常加工成石棉布、石棉板及石棉绳等形状使用。

5. 高温超轻质珍珠岩

高温超轻质珍珠岩的主要原料是膨胀珍珠岩，可以采用水玻璃、水泥、磷酸盐等作为胶结剂，按一定比例混合经成型、干燥、烧结而制成的制品。它具有体积密度小、热导率小、高的耐火度、热容量小等优点，是一种很好的保温材料。

热处理炉常用保温材料的主要性能指标见表 2.3。其他保温材料的性能指标可查阅筑炉工手册或有关标准。

表2.3 常用保温材料的主要性能

材 料	体积密度 /(g·cm^{-3})	比热容 /(kJ·(kg·K)$^{-1}$)	热导率 /(W·(m·K)$^{-1}$)	最高使用温度/℃
硅藻土砖 A 级	0.5±0.05	$0.679+0.58\times10^{-3}T_m$	$0.042+0.23\times10^{-3}T_m$	900
硅藻土砖 B 级	0.55±0.05		$0.068+0.23\times10^{-3}T_m$	900
硅藻土砖 C 级	0.65±0.05		$0.074+0.31\times10^{-3}T_m$	900
硅藻土	0.55		$0.027+0.24\times10^{-3}T_m$	900
膨胀蛭石	0.25	0.657 3	$0.009+0.25\times10^{-3}T_m$	1 000
石棉粉(3 等)	0.34	0.816 4	$0.021+0.24\times10^{-3}T_m$	500
石棉板	0.9	0.816 4	$0.113+0.18\times10^{-3}T_m$	500
石棉绳	0.8	0.816 4	$-0.015+0.31\times10^{-3}T_m$	300
矿渣棉(2 等)	0.2	0.753 6	$0.017+0.157\times10^{-3}T_m$	700
膨胀珍珠岩	0.06～0.15		0.07～0.115(400～1 000 ℃)	1 000
磷酸盐珍珠	0.22		$0.044+0.029\times10^{-3}T_m$	1 000
硅酸铝耐火纤维毡	0.135	$0.734+0.28\times10^{-3}T_m$	0.119(600 ℃)	1 200

2.1.3 保温材料的使用要求

热处理炉的保温层既可采用成型保温砖，也可采用保温散料，或是两者同时使用。成型砖的砌筑方法与耐火砖相同，保温散料主要用于填塞砖块缝隙、炉壳与砌砖体之间的缝隙或在拱顶上面铺放,以增加炉墙的保温性、密封性等。在填充缝隙时一定要填实,保证间隙内均匀填满,避免散料在间隙内形成"搭棚"现象。

为防止炉子使用后,因受高温作用形成填料收缩或受震动而出现下沉,使上部形成空洞而失去保温作用,操作时应根据整个炉墙高度,每隔一定距离将砌砖体突出一层,把间隙覆盖,使散状保温材料形成互不相通的几层。炉底铺放硅藻土砖时,每铺一层砖应倒入硅藻土粉,将砖缝填满。炉顶既可以采用平铺成型砖,也可以直接铺一层保温散料。

2.1.4 炉衬材料的选择原则

(1)对于连续作业电阻炉,由于通过炉衬的散热损失是主要的能量损失,因此,应该加强保温层的作用,降低炉壳温度,减少散热损失。对于周期作业的电阻炉,往往是在炉子升温过程中炉衬的蓄热损失是最主要的,保温层加厚可提高耐火层的平均温度,但是也会增加炉衬的蓄热损失。当炉子操作使用时间较短时,保温层过厚实际上起的作用很小,反而增加了炉体的尺寸,浪费炉衬材料。因此,周期作业电阻炉的保温层应适当减薄。

(2)在选择炉衬用耐火材料时,主要应考虑其最高使用温度、体积密度、热导率、耐蚀性、高温结构强度等性能。在保证炉衬必要结构强度的前提下,应尽可能采用轻质或超轻质的耐火材料。尽量减少炉衬的蓄热损失和炉体的质量。对于高温炉,由于使用温度很高,要求耐火层具有较高的高温结构强度,这时需选用重质耐火材料或高铝砖以及少量的碳化硅制品。当炉衬直接与渗碳气氛接触时,则应采用抗渗碳砖。对于承受重载(如炉底板支撑砖或炉底)和易受冲击摩擦(如箱式炉的后墙下部和炉口部分)的炉衬部分应选用重质砖,保证其高温结构强度。

(3)选保温材料时,为了减少炉衬的散热损失,尽可能选用体积密度小、热导率低的材料,其厚度应保证炉壳外表面温升不大于60℃,并且要求所选用的保温材料的最高使用温度高于耐火层与保温层交界面的温度。常用的保温材料有蛭石、硅藻土砖、矿渣棉、石棉等。目前也有采用耐火纤维或超轻质砖做保温层的,从而减少炉子的蓄热损失,减轻炉子的质量。

2.2 炉用金属材料

热处理炉用的金属材料分为炉外用金属材料和炉内用金属材料。热处理炉的炉壳、炉子支架不受高温作用采用普通金属材料,如低碳钢板、槽钢、角钢等。热处理炉的炉内构件(如炉底板、炉罐、导轨、料盘、炉辊等)都在高温下工作,承受一定载荷,并受高温介质的化学腐蚀(如氧化、渗碳等),因此这些构件通常要用耐热金属材料制造。热处理炉常用的耐热金属材料有耐热钢、耐热铸钢、低合金高强度钢、优质碳素钢、合金结构钢和耐热铸铁。

耐热钢是指在高于450℃条件下工作,并具有足够的强度、抗氧化、耐腐蚀性能良好和长期的组织稳定性的钢种。

早期热处理炉用的耐热钢大多是高镍铬钢(3Cr18Ni25Si2)。这类钢具有良好的焊接性,也有一定的高温结构强度和抗氧化性。但由于这类钢含镍高,20世纪60年代后期多采用铬锰氮和铬锰氮硅钢,由于这些钢的加工性不好,焊接性能差,只能以铸态制成构件,使用温度在900~950℃之间,应用受到限制。20世纪80年代,有学者研制出了优质耐热钢

(3Cr24Ni7SiN)和稀土耐热钢(3Cr24Ni7SiNRe),这些耐热钢具有很好的抗高温性能和良好的工艺性能,因此得到了广泛的应用。

思考题

1. 名词解释:
   耐火度　耐火材料　热震稳定性　高温化学稳定性
2. 简述耐火材料的技术性能指标。
3. 砌筑渗碳炉时应注意哪些问题?
4. 常用保温材料有哪些?其主要用途是什么?
5. 如何选择炉衬材料?
6. 砌筑炉衬时有哪些注意事项?
7. 如何测定耐火材料的耐火度?

第3章 热处理电阻炉

热处理炉是指具有炉膛的热处理加热设备。为满足生产需要,热处理炉有很多类型和规格,如按热源可分为电阻炉、燃料炉、煤气炉、油炉和煤炉等。热处理电阻炉是以电作为热源,将电流通入电热元件,借助于电热元件的电阻热效应来实现对工件加热的炉子。

热处理电阻炉具有工作温度范围宽,温度容易控制,炉子的结构简单、操作方便、安全,炉膛温度分布较均匀,便于使用控制气氛,容易实现机械化和自动化操作,结构紧凑,占地面积小,便于车间布置安装等很多优点。因此电阻炉在热处理车间应用极为广泛。

3.1 热处理电阻炉的类型及结构

热处理电阻炉种类较多,按作业规程和机械化程度可分为周期作业炉和连续作业炉两大类。本节主要介绍最常用的周期作业电阻炉的结构、性能及应用。目前,常用电阻炉已有系列化标准产品,非标准热处理电阻炉主要是根据用户需求设计生产。

3.1.1 周期作业式电阻炉

周期作业式电阻炉的主要特点是指工件整批入炉,在炉内完成加热、保温等工序后出炉,再将另一批工件入炉的热处理炉,如箱式炉、井式炉、台车式炉、罩式炉等。它们的优点是结构简单、便于建造、购置费低,可以完成多种工艺,适用于多品种、小批量生产;缺点是劳动条件较差,工艺过程不易控制,产品质量不如连续作业炉稳定。

1. 箱式电阻炉

箱式电阻炉在热处理车间应用最为广泛,按其工作温度可分为高温(大于1 000 ℃)、中温(650~1 000 ℃)及低温炉(小于650 ℃),其中以中温箱式炉应用最广。

(1)中温箱式电阻炉。这种炉子可用于碳钢、合金钢件的退火、淬火、正火、回火或固体渗碳。箱式电阻炉已系列化,最高使用温度为950 ℃。其技术规格见表3.1。

中温箱式电阻炉的构造见图3.1。它由炉体和电器控制柜组成,其中炉体由炉架、炉壳、炉门、电热元件及炉门升降机构等组成。炉壳以角钢或槽钢做框架,其上覆有钢板,采用焊接结构。炉膛用轻质黏土砖砌成,炉顶和炉墙的耐火层和炉壳之间是保温层,用保温砖砌筑或直接填充保温散料。炉底由炉底板、炉底搁砖、炉底板支撑砖、一层或两层耐火砖和保温砖(或是保温砖加填充散料)构成。炉门框、炉门及工作台用铸铁制成,炉门内砌有轻质耐火砖及保温砖,为了便于观察炉内的加热情况在炉门上设有观察孔。通过脚踏传动机构或手摇链轮机构升降炉门。为了操作安全,在炉门上面有一安全装置行程开关,该装置是与轮轴联锁的,当炉门打开时,电炉的电源自动切断,以保证操作者的安全。螺旋状金属电热元件放在炉膛两侧内壁搁砖和炉底板之下的炉底搁砖上。电热元件多布置在炉膛两侧内壁和炉底上,也有布置在炉顶、后壁或门内侧。电热元件的引出端均穿过后墙,集中在后墙的接线盒上。为了防止触电，炉子外壳必须很好地接地。测量炉温的热电偶从炉顶的热偶孔插入炉膛内。

表 3.1 中温箱式电阻炉的型号及技术规格

名称		单位	型号及技术规格				
			RX-18-9	RX-35-9	RX-55-9	RX-75-9	RX-95-9
额定功率		kW	18	35	55	75	95
额定电压		V	380	380	380	380	380
额定温度		℃	950	950	950	950	950
加热区数			1	1	1	2	2
相数			1	3	3	3	3
电热元件接线方法			串联	Y	Y	Y	Y
炉膛尺寸	长	mm	650	950	1 200	1 500	1 800
	宽	mm	300	450	600	750	900
	高	mm	250	350	400	450	550
空炉损耗功率(850℃)		kW	≤5	≤7	≤9	≤12	≤15
空炉升温时间(20~850℃)		h	≤2.5	≤2.5	≤2.5	≤3	≤3.5
最大一次装炉量		kg	90	200	350	500	800
质量		kg	≈1 200	≈2 600	≈3 300	≈4 500	≈6 000

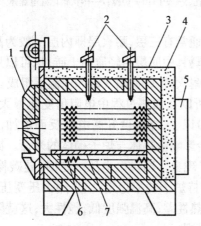
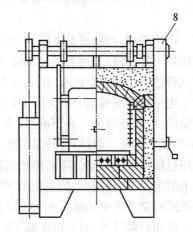

图 3.1 中温箱式电阻炉

1—炉门；2—热电偶；3—炉壳；4—炉衬；5—罩壳；6—加热元件；7—炉底板；8—炉门升降机构

(2)高温箱式电阻炉。这类炉子主要用于高速钢刀具、高铬钢模具和高合金钢的淬火加热以及一般机器零件的快速加热和高温固体渗碳。我国生产的高温箱式炉，按照工作温度可分为 1 200 ℃、1 300 ℃ 和 1 350 ℃ 三种。

1 200 ℃ 和 1 300 ℃ 高温箱式电阻炉电热元件采用高温铁铬铝电热材料，炉底板用碳化硅板制成。炉子其他部分的结构与中温箱式电阻炉相近，由于炉温更高，所以要增加炉衬厚度，炉口壁厚也要增加，以减少散热损失。

1 350 ℃ 高温箱式电阻炉由于使用温度更高，金属构件在炉内很容易氧化，所以炉内不设金属构件,砌筑材料的质量要求也比较高,常采用高铝砖或碳化硅制品。高温箱式电阻炉的结构见图 3.2。1 350 ℃高温箱式电阻炉的电热元件一般均采用硅碳棒。硅碳棒可垂直布置在炉膛的两侧,也可以水平布置在炉顶和炉底。炉底板常用碳化硅板或重质高铝砖制品制成。

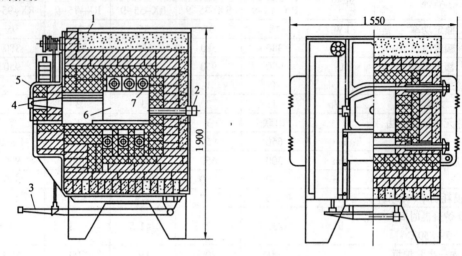

图 3.2　高温箱式电阻炉
1—炉体;2—热电偶;3—开启炉门踏板;4—观察孔;5—炉门;6—炉膛;7—棒状碳化硅电热体

由于炉温较高,高温电阻炉的炉墙比较厚,通常有三层,耐火层即内层一般为高铝砖或重质黏土砖,外层采用硅藻土或蛭石粉等绝热填料,中间层为轻质黏土砖,也可以用硅酸铝耐火纤维。炉底由炉底板、炉底板支撑砖、重质耐火砖、轻质耐火砖和保温层组成。

由于碳化硅棒具有较大的电阻温度系数,所以在加热过程中电阻值变化很大,在升温的阶段,电阻随温度升高而减少,在 800~850 ℃以上,随温度升高电阻反而增加,因此,在 850 ℃以下电压不能过高,升温不能太快,否则会影响电热体与炉子砌体的寿命。硅碳棒在使用过程中会因电阻值逐渐增加而产生"老化"现象。当供电电压一定时,硅碳棒"老化"后电阻增加,电流减少,炉子功率下降。为了保持炉子功率稳定,应采用调压变压器供电,以便随时调节电炉的输入电压。硅碳棒耐急冷热性差,高温强度低,脆性大,这就限制了它的长度和炉膛尺寸,并且也影响了炉子的使用范围。

目前已定型生产的高温箱式电阻炉的型号和技术规格见表 3.2 和表 3.3。

(3)低温箱式电阻炉。低温炉多用于淬火钢件的回火加热,也可以用于有色金属的热处理,如铝合金的固溶和时效处理。由于低温炉内温度较低,炉内的传热方式主要靠对流进行,为了提高传热效果、缩短加热时间和提高加热均匀性,在加热炉内要安放风扇装置,强迫气体流动,增加对流传热系数,从而增加对流传热量。

表3.2 非金属电热元件的高温箱式电阻炉的型号和技术规格

名称		单位	型号及技术规格		
			RX-14-13	RX-25-13	RX-37-13
额定功率		kW	14	25	37
电源电压		V	380	380	380
额定温度		℃	1 350	1 350	1 350
相数			3	3	3
电热元件接线方法			Y	Y	YY
空炉损耗功率		kW	≤6	≤8.5	≤12.5
空炉升温时间		h	≤3	≤3.5	≤5
炉膛尺寸	长	mm	520	600	810
	宽	mm	220	280	550
	高	mm	220	300	375
外形尺寸	长	mm	1 170	1 500	1 700
	宽	mm	1 200	1 428	2 020
	高	mm	1 654	1 839	2 000
碳化硅棒数量		支	12	12	18
最大一次装炉量		kg	120	~240	~797
质量		kg	840	1 500	3 000

表3.3 金属电热元件的高温箱式电阻炉的型号和技术规格

名称		单位	型号及技术规格				
			RX3-20-12	RX3-45-12	RX3-65-12	RX3-90-12	RX3-115-12
额定功率		kW	20	45	65	90	115
电源电压		V	380	380	380	380	380
额定温度		℃	1 200	1 200	1 200	1 200	1 200
相数			3	3	3	3	3
空炉损耗功率(850℃)		kW	≤7	≤13	≤17	≤20	≤22
空炉升温时间(850℃)		h	≤3	≤3	≤3	≤4	≤4
炉膛尺寸	长	mm	650	950	1 200	1 500	1 800
	宽	mm	300	450	600	750	900
	高	mm	250	350	400	450	550
最大一次装炉量(850℃)		kg	≤50	≤100	≤200	≤400	≤600

此外,低温回火还可采用电热通风烘干箱,电热烘干箱的最高工作温度为300℃,工作室尺寸为1 200 mm×1 200 mm×1 500 mm。

2. 滚动底式炉和台车式炉

箱式电阻炉装出工件大多是手工操作,采用机械化装卸工件很不方便,因此工人的劳动强度很大,对于大重型工件实现装卸就更加困难了,因此设计了滚动底式炉和台车式炉,可用吊车装卸大型工件,操作起来很方便,并且减轻了工人的劳动强度。

(1)滚动底式炉。其炉型结构见图3.3。炉衬结构与普通箱式电阻炉相同,所不同的是滚动底式炉的炉底上设有数条耐热钢轨道,在轨道的"V"形槽里放置很多耐热钢制的滚轮或滚球,炉底板放在滚轮或滚球上可以很方便地沿着轨道进出炉,在炉门外设有带滚道结构的装料台,便于装卸大而重的工件。这种炉子的最高工作温度为950℃,适用于大中型热锻模和其他大、重件的热处理。该炉的密封性好,炉温均匀性好。但这种炉子也有不足,耐热钢用得较多,装料台等机构较复杂,造价高。如果设置几台滚动底式炉用一台装料台装卸工件,这样就比较经济。

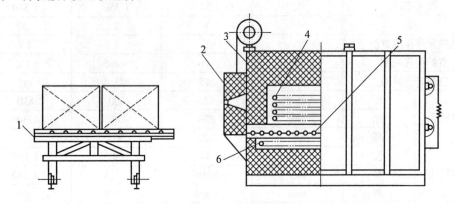

图3.3 滚动底式炉
1—装料台；2—炉门；3—炉衬；4—炉墙电热元件；5—耐热钢球；6—炉底电热元件

（2）台车式炉。台车式电阻炉的结构特点是炉子由固定的加热室和在台车上的活动炉底两大部分组成,见图3.4。其型号和技术规格见表3.4。台车式炉的加热室形状一般为长方形箱式的,在炉子的一端设有炉门,装载活动炉底的台车可以沿着地面上的轨道出入加热室。

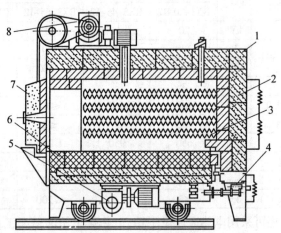

图3.4 台车式电阻炉
1—炉壳；2—炉衬；3—电热元件；4—电接头；
5—台车驱动装置；6—台车；7—炉门；8—炉门升降机构

台车式炉适用于大型和大批量铸、锻件的退火、正火和回火处理。台车炉密封性较差,因此在加热室与活动台车接触边缘采用砂封装置密封。为提高炉温均匀性和加热速度,在台车的炉底板下装有电热元件,在加热室顶部安装风扇强制炉气循环。

台车炉在装卸料期间,由于整个炉底都是打开的,所以散热损失很大,造成其热效率低,蓄热损失大。但台车炉很适用于大型零件的装卸。

表3.4 台车炉型号及技术规格

名称		单位	型号及技术规格			
			RT-65-9	RT-105-9	RT-180-9	RT-320-9
额定功率		kW	65	105	180	320
额定电压		V	380	380	380	380
额定温度		℃	950	950	950	950
相数			3	3	3	3
电热元件接线方法			YY	YY	YY	YY
炉膛尺寸	长	mm	1 100	1 500	2 100	3 000
	宽	mm	550	800	1 050	1 350
	高	mm	450	600	750	950
空炉损耗功率(850℃)		kW	≤14	≤21	≤40	≤75
空炉升温时间(20~850℃)		h	≤3.0	≤3.0	≤5.0	≤6.5
最大一次装炉量		kg	1 000	2 500	5 000	12 000
外形尺寸	长	mm	~2 600	~3 100	~5 000	~6 700
	宽	mm	~1 800	~2 000	~3 200	~3 600
	高	mm	~2 200	~2 400	~3 800	~4 800
质量		kg	~6 500	~7 500	~22 000	~40.0

3. 井式电阻炉

井式电阻炉外形为圆形,一般置于地坑中,常用来加热细长工件,因为在吊挂状态下加热可以防止工件产生弯曲。小型零件可放在料筐中再送入炉内加热,采用车间的起重设备进行装炉与出炉,操作方便。井式电阻炉的炉膛较深,上下散热条件不一样,为使炉膛温度均匀,常采用分段(区)控制温度。各段的电热体是独立供电,各段均有一热电偶控制该段温度。当该段温度超过规定值时,由热电偶发出信息,使该段电热体断电;反之,若该段温度低于规定值时,则电热体通电,炉子升温。常用的井式炉有低温井式电阻炉、中温井式电阻炉、高温井式电阻炉和井式气体渗碳炉等。

(1)低温井式电阻炉。低温井式电阻炉的结构见图3.5,炉体由轻质砖砌成,炉壳与轻质砖之间填有保温粉,炉盖升降采用电动、液压式或杠杆式装置。低温井式电阻炉的结构简单,炉温均匀,使用灵活可靠,工件装入料筐内加热,用吊车将料筐装出炉,操作很方便,生产率高。

低温井式电阻炉最高工作温度为650℃,炉内的传热方式主要是对流传热,该炉炉盖下面装有风机,用来增强对流传热效果以使炉温更加均匀。风机旋转是靠离心力作用,强迫炉气沿导向从马弗罐外侧向下流动,由料筐底板孔进入料筐内,将热量传给工件,筐内气体受风机中心负压吸入而循环流动。但这类炉子也存在一定缺点,即工件在料筐内堆放不能过密,以免阻碍气体流动。

低温井式电阻炉广泛用于钢件的回火处理,也可用于有色金属的退火及回火。其型号和技术规格见表3.5。

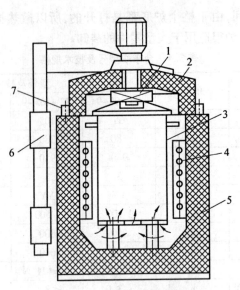

图 3.5 低温井式电阻炉

1—风扇；2—炉盖；3—装料筐；4—加热元件；5—炉衬；6—炉盖启闭机构；7—砂封

表 3.5 低温井式电阻炉型号和技术规格

名称	单位	型号及技术规格			
		RJ-25-6	RJ-35-6	RJ-55-6	RJ-75-6
额定功率	kW	25	35	55	75
额定电压	V	380	380	380	380
额定温度	℃	650	650	650	650
相数		1	3	3	3
电热元件接线方法		串	Y	△	YY
炉膛尺寸	mm	φ400×500	φ500×650	φ700×900	φ950×1 200
外形尺寸	mm	1 320	1 460	2 070	2 300
	mm	1 265	1 350	1 650	1 880
	mm	2 145	2 400	2 635	2 920
空炉损耗功率(650℃)	kW	≤5	≤6	≤9	≤12
空炉升温时间(20~650℃)	h	≤2	≤3	≤4	≤4.5
最大一次装炉量	kg	150	250	750	1 000
质量	kg	1 400	1 500	2 900	4 000

(2)中温井式电阻炉。

RJ 型中温井式电阻炉的型号及技术规格见表 3.6；RJ 型中温井式电阻炉的结构图见图 3.6。

表 3.6 中温井式炉型号及技术规格

名称	单位	型号及技术规格									
		RJ-40-9	RJ-65-9	RJ-75-9	RJ-60-9	RJ-95-9	RJ-125-9	RJ-90-9	RJ-140-9	RJ-190-9
额定功率	kW	40	65	75	60	95	125	90	140	190
额定电压	V	380	380	380	380	380	380	380	380	380
额定温度	℃	950	950	950	950	950	950	950	950	950
加热区		1	2	3	1	2	3	1	2	3
相 数		3	3	3	3	3	3	3	3	3
电热元件连接方法		Y	Y;Y	Y;Y;Y	YY	Y;Y	Y;Y	YY	YY;YY	YY;YY;YY
炉膛尺寸	mm	φ600×800	φ600×1 600	φ600×2 400	φ800×1 000	φ800×2 000	φ800×3 000	φ1 000×1 200	φ1 000×2 400	φ1 000×3 600
外形尺寸	mm	1 550×1 500×2 470	1 800×1 760×3 180	1 800×1 760×3 900	2 150×1 620×1 900	2 100×2 000×3 470	2 200×2 100×4 560	2 240×1 820×2 110	2 500×2 300×4 180	2 500×2 300×5 400
空炉损耗功率(950℃)	kW	≤8	≤15	≤18	≤12	≤20	≤25	≤16	≤24	≤30
空炉升温时间(20~950℃)	h	≤2.5	≤2.5	≤3	≤3	≤3	≤3	≤3	≤3	≤3
最大一次装炉量	kg	350	700	1 100	800	1 600	2 400	1 500	3 000	4 500
质量	kg	2 000	4 000	5 500	3 000	5 000	6 000	4 500	6 500	8 000

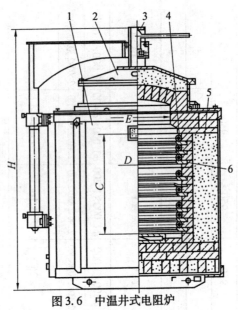

图 3.6 中温井式电阻炉

1—炉壳；2—炉盖；3—液压千斤顶；4—电热元件；5—隔热层；6—耐火层

中温井式电阻炉的炉壳由型钢及钢板焊接而成，炉衬用轻质黏土砖砌成，炉衬与炉壳之间填满保温粉料。电热元件安置在炉内壁的搁砖(托板砖)上，炉盖的启闭采用液压、气动或电动启动，炉盖可用沙封、水封或油封。中温井式电阻炉的炉膛较深，炉温的均匀性较差，一般在炉口和炉底处温度偏低，并且炉盖开启时，热的炉气大量外溢，散热损失很大。因此，这类炉子必须采取分段控制功率，在炉门口和炉底要增加功率，来改善炉温的均匀性。

中温井式电阻炉主要用于质量要求较高的细长工件的热处理，也可以用料筐吊装处理小类零件。但与箱式炉相比，井式电阻炉的装炉量要小得多，生产率低。有时为了改善炉温的均匀性，可在炉盖和炉底设置气流循环风扇。

(3) 高温井式电阻炉。高温井式电阻炉可用于处理细长的高速钢、高铬钢或高合金钢工件淬火加热。但是由于温度高，工件容易产生氧化脱碳，必须采取保护措施。

高温井式电阻炉按其工作温度可分为 1 200℃ 和 1 350℃ 两种，其炉型结构与高温箱式电阻炉的结构基本相同。1 200℃ 高温井式电阻炉采用高温铁铬铝电热元件加热。1 350℃ 高温井式电阻炉采用硅碳棒作为电热元件，硅碳棒分成两段或三段水平安装在炉膛两侧，为保证炉子的功率不变，硅碳棒各段均用可调变压器分别控制。

高温井式电阻炉的技术规格见表 3.7。

4. 井式气体渗碳炉

井式气体渗碳炉的结构特征是在井式炉膛上再加上一个密封马弗罐。炉罐的作用是保持炉内气氛的成分和防止炉气对电热元件和炉衬等的侵蚀。炉罐上端开口，外缘有沙封槽，炉盖下降时将马弗罐口盖住，在两者连接处有石棉盘根衬垫，以保证密封良好。炉罐内还设有风扇，驱动炉气沿料筐由内向外循环流动，以提高炉气和炉温的均匀性，炉盖上还装有可以同时分别滴入三种有机液体的滴量器。有机液体直接滴入马弗罐内经过高温裂解制备成渗碳气氛,废气经排气管引出并点燃。在炉盖上还有试样孔用于投放试样,工件可放在料筐或专用夹具上吊入马弗罐内。

表3.7 高温井式电阻炉的技术规格

名称		单位	技术规格		
			RJJ-25-13	RJJ-65-13	RJJ-95-13
额定功率		kW	25	65	95
电源电压		V	380	380	380
工作电压		V	185~405	91~163.5	91~163.5
相数			3	3	3
连接方法			Y	Y	Y
额定温度		℃	1 350	1 300	1 300
炉膛尺寸	长	mm	300	300	300
	宽	mm	280	300	300
	高	mm	600	1 260	2 207
外形尺寸	长	mm	1 110	1 904	1 904
	宽	mm	1 115	1 690	1 590
	高	mm	1 425	2 600	3 600
最高工作温度时的空载功率		kV	≤12	≤28	≤34
生产率	最大	kg/h	—	255	264
	实际	kg/h	—	50	100
质量		kg	—	4 700	5 800

这种炉子适用于中、小尺寸零件的气体渗碳,可实现碳势控制,特别适用于工件渗碳后在炉内冷却的工艺。其缺点是,直接淬火的渗碳件在出炉淬火的过程中,表面会轻微脱碳和氧化。此外炉罐起隔热屏作用,使炉子加热速度慢,热效率降低。炉罐高温强度不足,渗碳温度受到限制,常在950℃以下。

这类炉子密封十分重要,炉气不但会从缝隙外溢,有时在风扇驱动下炉内局部区域会出现负压,可能从缝隙吸入空气。炉盖与炉罐周边和风扇轴处要采取密封措施。

RQ 系列井式气体渗碳电阻炉的结构见图3.7,其型号及技术规格见表3.8。

5. 井式气体氮化炉

井式气体氮化炉的最高使用温度一般为650℃,炉体结构与井式气体渗碳炉相似。氮化炉炉罐通常采用不锈钢制造,也可采用搪瓷制品,不能用普通钢板制造,因为普通钢板易吸氮,使罐表面龟裂,并对氨分解起催化作用,增加氨消耗量,且使氨分解率不稳定,甚至失去控制无法氮化,有的涂上水玻璃和滑石粉涂料,对保证顺利氮化和氨消耗量也有良好效果,只是极易剥落,需经常检查维修。

因为氮化温度低,所以可用耐热橡胶做炉罐密封材料,再加水套密封,效果较好。

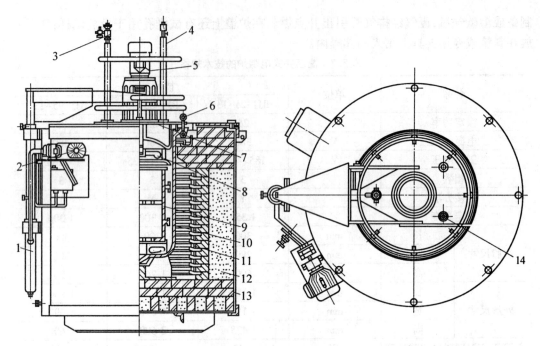

图 3.7 井式气体渗碳炉

1—油缸;2—电动机油泵;3—滴定装置;4—排气管;5—电动机;6—吊环螺钉;7—炉盖;8—风叶;
9—料筐;10—炉罐;11—电热元件;12—炉衬;13—炉壳;14—试样孔

表 3.8 井式气体渗碳炉的型号及技术规格

名称		单位	型号及技术规格					
			RQ-25-9	RQ-35-9	RQ-60-9	RQ-75-9	RQ-90-9	RQ-105-9
额定功率		kW	25	35	60	75	90	105
额定电压		V	380	380	380	380	380	380
相数			3	3	3	3	3	3
加热区数			1	1	2	2	2	2
电热元件连接方法			Y	Y	Y;Y	Y;Y	Y;Y	Y;YY
额定温度		℃	950	950	950	950	950	950
装料筐尺寸		mm	φ300×450	φ300×600	φ450×600	φ450×900	φ600×900	φ600×1 200
外形尺寸	长	mm	1 620	1 620	1 780	1 780	1 820	1 820
	宽	mm	1 234	1 234	1 435	1 435	1 580	1 580
	高	mm	2 000	2 200	2 265	2 600	2 750	2 990
空炉损耗功率 850℃		kW	≤7	≤8	≤11	≤14	≤16	≤18
空炉升温时间(20~950℃)		h	≤2	≤2	≤2.5	≤2.5	≤3	≤3
最大一次装载量		kg	50	100	150	220	400	500
质量		kg	~1 740	~1 910	~2 600	~2 960	~3 700	~4 000

3.1.2 连续作业电阻炉

连续作业炉指连续或间歇进行装料出料使工件顺序通过炉膛的炉子,工件在炉膛内不断移动,完成加热、保温,有时包括冷却在内的全部工艺过程,每批工件的处理条件基本相同。因此,连续作业炉具有生产率高、产品质量稳定、生产成本低等优点,但设备结构复杂,一次性投资大,并且不易改变工艺,适用于品种单一的大批量生产。连续作业电阻炉的炉膛常分几个加热区,按照工艺要求,各区段需配备不同的功率,独立供电和控制温度,有时还保持不同的气氛和配备不同的气流循环系统。连续作业电阻炉的种类很多,常见的有输送带式炉、转底炉、振底式炉、推杆式炉、网带式炉、滚筒式炉等。其炉型示意图、炉子的应用以及工件在炉内的运行方式见表3.9。

表3.9 连续作业电阻炉的炉型

炉型	炉型示意图	用途	工作方式
滚筒式炉		轴承滚动体等小型零件的淬火	滚筒内设有螺旋片,当滚筒旋转时使工件沿着螺旋片前进
输送带式炉 网带式炉		中小型工件的淬火、正火、回火及碳氮共渗	把工件放在传送带(或网带)上,通过其运动将工件连续向前输送
转底式炉		中型工件、形状复杂的大型齿轮等的正火和淬火	工件放在转动的炉底上,炉底转动一周后工件完成加热
推杆式炉		中小型工件的淬火、正火、回火和渗碳	工件放在料盘上,料盘在炉底导轨上以脉动方式向前移动
振底式炉		螺栓、垫圈等中小型工件的淬火、正火、退火	工件直接放在炉底上,靠炉底的往复振动使工件脉动前进
辊棒式炉		板材、棒材、管材的正火、淬火、回火、退火	作为炉底的辊子由电动机驱动,工件在炉辊上输送
步进式炉		板簧、长轴、管材、棒材的正火和淬火	工件放在转动底上,炉底转一周后工件完成加热过程

连续作业热处理炉在现代实际生产中一般都是与淬火冷却装置、清洗机、回火炉以及零件输送机构组成生产线使用,提高生产率。例如,某工厂采用棍棒式炉建立的生产线示意图见图3.8。

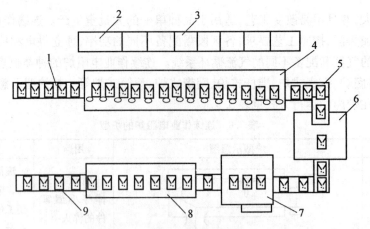

图 3.8 棍棒式炉的生产线
1—装料轨道;2—电控箱及程序幕;3—电器控制柜;4—棍棒式加热炉;5—输送轨道;
6—淬火槽;7—清洗机;8—回火炉;9—卸料轨道

3.2 热处理电阻炉的设计步骤

热处理电阻炉的设计是一项综合性的技术工作,除需炉子知识外,还包括典型零件的名称、形状尺寸和简图、材料、质量、技术要求等;热处理典型工艺、生产率、电工及温度控制等有关内容,必须密切结合生产实际综合运用有关知识,使所设计的炉子在技术上是先进的,在经济上是合理的,具有切实耐用,同时满足热处理工艺的质量要求,生产率高,能耗少,炉子制造维修方便,投资少,劳动条件好等特点。

根据上面的资料对炉子进行初步设计,确定设计的几套方案,由领导、工程技术人员和技术工人共同研究,反复讨论,最后确定出满足各个方面要求的最佳方案。

热处理电阻炉的设计步骤包括:①炉型的选择和炉膛尺寸的确定;②炉体各部分的结构(包括炉衬、构架、炉门等)与尺寸的确定;③电阻炉功率大小的计算及功率分配;④电热元件材料的选择及其结构尺寸的计算、在炉内的布置;⑤炉子辅助设备的设计(如料盘、炉子支架等);⑥炉用机械传动设备和控温仪表的设计与选用;⑦炉子技术经济指标的核算;⑧绘制炉子总图、砌体图、零部件图、安装图和编制电炉使用说明书。

3.3 炉型的选择与炉膛尺寸的确定

3.3.1 炉型选择的基本原则

正确地选择炉型是炉子设计的关键环节。炉型选择是指采用何种类型的炉子能够满足生产量和所选用工艺的要求,同时还要结合具体使用方的情况,保证炉型在技术上是先进的,在经济上是合理的。炉型选择的原则简述如下。

1. 炉子的生产量

如果产量很大,工件品种比较单一,工艺稳定,这时可以选择连续作业炉;反之,产量不大。工件的品种很多,工艺类型也很多,这时适合选取周期作业炉,如箱式电阻炉、井式电阻炉等。

2. 工件的特点(形状、尺寸、质量)和工艺要求

首先应满足加热温度及其他方面的特殊要求。对于处理细长类工件,为防止加热时产生弯曲变形宜采用井式炉;加工大中型铸、锻毛坯件的退火、正火、回火等处理,则宜用台车炉或滚动底式炉;当产量特别大时,则可以采用推杆式连续作业炉。加工中小型零件如轴承滚动体,则可选用滚筒式炉等,加热均匀,生产率高。对于经过精加工后进行最终热处理的工件,为了防止氧化脱碳,应选择可控气氛炉,对工件进行通气保护或选用真空炉。对于回火、时效等低温炉,为了增强炉内的对流传热,应设有风扇强制炉气循环。

3. 劳动条件

所选炉型尽可能改善车间的劳动环境,减轻工人的劳动强度,设备的机械化、自动化程度提高。

4. 炉子性能

保证炉子的升温速度、炉温的均匀性、炉子的控温精度等。

除此之外,还要考虑实际使用车间的空间分布情况、使用方的经济条件等方面。在满足使用方给定的工艺要求的情况下,尽可能降低生产成本、节省能源、提高效率。

3.3.2 炉膛尺寸的确定

炉膛尺寸包括炉膛有效尺寸和炉膛砌砖体内腔的尺寸两个部分。

1. 炉膛有效尺寸

炉膛有效尺寸主要决定于热处理件的形状、尺寸、技术要求、装料方式、操作方法和生产率,同时还应保证炉膛内具有良好的热交换条件、保证炉内温度均匀性、减少热损失和便于炉子维修等。本小节主要以箱式电阻炉为例说明炉膛有效尺寸确定方法。炉膛有效尺寸具体决定方法有如下两种。

(1)排料法。对于品种少的大、中型工件可以采用实际排料的方法来确定炉膛有效尺寸。排料时应考虑工件有良好的传热效果,对以辐射传热为主的高、中温炉,工件间隙一般可取工件堆放高度的 0.3~0.5 倍,像固体渗碳、退火等保温周期长的工艺,工件之间的间隙应适当缩小,尽量缩小炉膛有效尺寸。以对流为主的低温炉,一般都做回火炉使用,其保温周期一般都很长,因此工件间隙也适当缩小,在能保证炉气良好循环及工件加热均匀的情况下,工件可以堆放。

按照排料法确定炉底有效尺寸时,要注意炉底板的宽度 $B_{效}$ 与长度 $L_{效}$ 之比一般应保持在 2/3~1/2 范围内。当炉膛长度小于 2 m 时,接近 1/2。高温炉人工装出料不方便,一般取 $L_{效}/B_{效}=1.5$ 为宜。

(2)加热能力指标法。当工件品种多且工艺周期不同时,炉膛尺寸的确定则可以按照炉底单位面积生产率 g_0 来计算。炉底单位面积生产率 g_0 是指每小时每平方米炉底面积的生产能力。其值可参见表 3.10。

炉底有效面积为

$$A_{效}=\frac{g}{g_0} \tag{3.1}$$

式中　g——炉子的生产率,kg/h。

表3.10　各种热处理炉的单位炉底面积生产率 g_0　　　　　　　　kg/(m²·h)

炉子名称		箱式	台车式	坑式	罩式	井式*	推杆式	输送式	振底式	滚底式	转底式
退火	≥12 h	40~60	35~50	40~60	100~120						
	≤6 h	60~80	50~70								
	锻件(合金钢)	40~60	50~70								
	钢铸件	35~50	40~60								
	可锻化	20~30	25~30								
淬火 正火	一般	100~120	90~140	100~120		80~120	150~180	150~200	130~160	180~200	180~220
	锻件正火	110~120	120~150				150~200				
	铸件正火	80~140	100~160				120~180				
	合金钢淬火	80~100					120~140				
回火	550~600℃	80~110	60~90	80~100			100~120	150~200	80~100	150~180	160~200
时效		80~120									
渗碳	固体	10~12	10~20			50~85	30~45				
	气体										

注:井式炉的面积/m² = 直径×有效高度。

按 $B_{效}:L_{效} = \frac{1}{2} \sim \frac{2}{3}$ 的关系,可以求出炉底的有效长度 $L_{效}$ 和炉底的有效宽度 $B_{效}$,即

$$L_{效}/m = \sqrt{(1.5 \sim 2)A_{效}} \tag{3.2}$$

$$B_{效}/m = \sqrt{\left(\frac{1}{2} \sim \frac{2}{3}\right)A_{效}} \tag{3.3}$$

按照排料法或加热能力指标法计算得到的炉底有效尺寸,需要与相近的标准系列电阻炉进行比较后最终确定,以便于选用标准尺寸的炉底板。工件堆放的有效高度 $H_{效}$ 要根据实际情况估算决定。

井式炉的炉膛有效尺寸 $\phi_{效} \times H_{效}$,一般根据实际排料或装载料筐尺寸来确定。

2. 炉膛砌砖体内腔尺寸

为了保证工件在炉内加热均匀,防止工件装出时碰到电热元件,工件与电热元件或工件与炉膛前、后壁之间应保持一定距离,一般为0.1~0.15 m。其中大型炉取上限。在靠近炉门处温度偏低,所以工件放置时应离开门口一定的距离,一般为0.1~0.15 m。由此可知,炉膛砌砖体内腔的尺寸,即:

炉膛砌砖体内腔的长度

$$L/m = L_{效} + 2(0.1 \sim 0.15) \tag{3.4}$$

炉膛砌砖体内腔的宽度

$$B/m = B_{效} + 2(0.1 \sim 0.15) \tag{3.5}$$

炉腔高度是指炉子底平面至炉顶拱角中线的距离。在确定炉膛砌砖体内腔高度时,必须考虑炉子内侧安装电热元件的搁砖层数,同时考虑装料的高度,装料上方一般保持0.2~0.3 m 的空间。对于以辐射传热为主的中、高温炉,炉膛应高一些。对长周期作业的退火炉和渗碳炉等,其装料高度也高,炉膛高度也应高一些。对短周期作业的淬火炉和正火炉

以及强制气流循环的炉子炉膛应低一些。依统计资料,炉膛高度与宽度之比为 0.52~0.9 范围内变动,一般取 0.8 左右。近年来有降低炉膛高度的趋势,对上述比值常取中下限。

井式电阻炉炉膛砌砖体内腔直径的确定通常按照工件和夹具的实际布置情况来确定。一般工件之间的距离不少于其直径或厚度,工件至电热元件之间的距离应保持在 0.1~0.2 m。井式电阻炉炉膛的上、下端温度偏低,因此其砌砖体内腔高度应比所加热的工件或料筐的长度长,一般长 0.1~0.3 m。

3.4 炉体结构设计与材料选择

炉体包括炉墙、炉底、炉顶和炉门。炉衬包括炉墙、炉顶和炉底,通常由耐火材料和保温材料砌成。炉衬一般为耐火层和保温层,各层的厚度与炉温、炉子的功率大小有关。耐火层直接受炉内高温的作用和炉气的侵蚀,并且炉衬的结构强度主要决定于耐火层。保温层起保温隔热作用,使炉衬散热损失减少,炉壳温度不致过高,并且对炉衬结构强度起辅助作用。炉体结构的具体设计内容如下。

1. 炉墙

炉墙一般由耐火层、保温层及石棉板组成,石棉板起保温吸潮作用,最外层为钢板。当电阻炉的炉墙温度低于 300 ℃时,炉墙可用两层钢板内填保温材料组成。对于中小型中、低温电阻炉,其炉墙一般分两层,内层为耐火层,常用轻质黏土砖砌成,外层为保温层,由保温材料砌成。井式炉炉墙的结构见图 3.9。对于中低温大型电阻炉,炉墙要求有较高的耐压强度或承受冲击负荷,可考虑采用重质黏土砖做耐火层。炉温在 1 000~1 300 ℃的高温电阻炉,一般采用三层炉衬,分别为高铝砖、轻质黏土砖与保温层。因为炉子外壳为金属材料,避免其受潮,一般在砌炉时在保温层和炉壳之间加一层厚度为 5~10 mm 的石棉板。

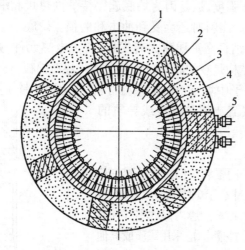

图 3.9 井式炉炉墙结构示意图

1—耐火纤维或其他散状保温材料;2—撑砖(硅藻土等成型砖);
3—轻质阶梯砖;4—电热元件搁砖;5—电热元件引出接头

2. 炉顶

炉顶的结构形式主要有平顶和拱顶两种。对于小型炉子,如炉膛宽度小于 400~600 mm 的小型炉子,可以采用预制的耐火材料平板做炉顶,大型炉子有时可采用吊装式平顶。热处理炉大多数都采用拱顶,拱顶的圆心角称为拱角,一般采用拱角为 60°,当跨度较大时也可采用 90°。采用拱顶时,炉顶的质量及其受热时产生的膨胀力形成推力作用于拱角上,拱顶质量直接影响拱顶的侧压力,因此拱顶应尽量采用轻质砖,一般用轻质楔形砖与标准直角砖混合砌筑,上部填充保温材料,同时拱角采用重质砖砌筑,以承受较大的侧推力。

拱顶的砌筑方法有错砌和环砌两种(图 3.10)。错砌比较常用,但拆修不方便,一般周期作业炉采用此方法;环砌多用于连续式或工作温度较高、拱顶易坏的场所。

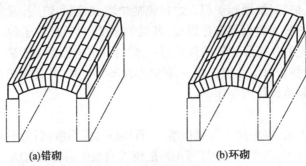

(a)错砌　　　　　　(b)环砌

图 3.10　拱顶砌筑方法

对于大型炉子,炉膛宽度较大,如果采用拱顶结构,最好采用悬挂式炉顶,这样可以避免因侧压力过大而影响拱的寿命。这种形式的炉顶其宽度不受限制,炉墙不承受重量,维修方便,但是结构复杂,造价高。

3. 炉底

炉底必须有较高的耐压强度,这是因为炉底起保持炉内热量和承载工件的作用,不仅在高温下承受工件的压力,进出料时还会受到冲击和磨损。炉底砌层比炉墙厚,若炉底有电热元件,则炉底板为耐热钢且需重质耐火砖支撑;若无电热元件,则只需重质耐火砖即可。通常箱式电阻炉炉底结构是在炉底外壳钢板上加一层石棉板,再在石棉板上用硅藻土砖砌成方格子状,然后在格子中填充松散的保温材料,在上面平铺 1~2 层保温砖,之后再铺一层轻质黏土砖,其上安置支撑炉底板或导轨的重质黏土砖和电热元件搁砖。

4. 炉门

炉门部分包括炉门口、炉门框和炉门。为了减少热量损失,一般炉门口的开口尺寸小于炉膛截面尺寸,但也不能过小,要保证装出料方便,维修炉膛内部的零部件方便。由于炉门处经常受工件摩擦撞击,应采用重质或其他较坚固的耐火砖砌筑。炉门与炉门框之间要密封,减少热量损失,一般要求炉门边缘与炉门框要重叠 95~130 mm;炉门与炉门框之间要压紧并加密封垫圈;在工作台上采用砂槽密封炉门的下边缘。炉门结构见图 3.11。

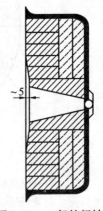

图 3.11　一般炉门结构

5. 炉架与炉壳

炉架与炉壳的作用在于承受砌体的重量、拱顶产生的侧压力以及炉子工作时产生的附加作用力和外力,并且它可以增加炉子整体结构的强度和密封性。另外,还可以在炉壳上安装各种附属机构,如炉门升降机构等。

炉壳通常采用适当厚度的低碳钢板焊接而成,外涂红丹漆,再刷灰漆和银粉漆。这样处理除美观防锈外,还可以减少炉壳的辐射热损失。

炉架可用角钢和槽钢焊接而成。具体结构设计可以根据炉子的质量、工作时产生的附加压力等来确定。

3.5 热处理电阻炉功率的计算

热处理电阻炉功率的大小与炉子的生产率、作业形式、工艺要求以及炉子的结构等因素有关。计算功率的方法有经验法和理论法两种。经验法简便,但是局限性大。理论法虽然比较准确,但是计算方法复杂。

3.5.1 经验计算法

1. 按炉膛容积确定炉子的功率

根据经验统计,一般箱式电阻炉和井式电阻炉的炉膛容积 V 与炉子功率 P 之间存在下列关系:

炉温　1 200℃　　$P/\text{kW} = (100 \sim 150)\sqrt[3]{V^2}$　　　　　　　　(3.6)

炉温　1 000℃　　$P/\text{kW} = (10 \sim 200)\sqrt[3]{V^2}$　　　　　　　　(3.7)

炉温　700℃　　$P/\text{kW} = (50 \sim 75)\sqrt[3]{V^2}$　　　　　　　　(3.8)

炉温　400℃　　$P/\text{kW} = (35 \sim 50)\sqrt[3]{V^2}$　　　　　　　　(3.9)

中温(700~950℃)井式电阻炉,可以按式(3.10)确定功率

$$P/\text{kW} = 50\,DH \quad (3.10)$$

式中　D——炉膛砌砖体内径,m;

H——炉膛砌砖体深度,m。

要求快速升温或生产率高的炉子,上述参数应取上限;对于井式电阻炉,一般宜取下限值。

2. 类比法

这种方法是利用与同类炉子进行比较的方法,用类比法来确定新设计的电阻炉功率的方法也是一种很简便的方法。新的电阻炉结构和尺寸确定以后,依据生产率、热处理工艺等方面的具体要求,与性能较好的同类炉子相比较,来确定新设计炉子的功率。

3.5.2 理论计算法

理论计算法就是用热平衡法来确定炉子的功率。热平衡计算法就是根据炉子的输入总功率等于各项能量消耗总和的原则确定炉子功率的方法。

炉子能量消耗包括加热工件的热量、在生产操作中的各项热损失和电能输入炉子过程中在电气设备及导线中的电能损失。其中工件吸收的热量 $Q_件$ 是有效热,其余的热量则为

无效热损失。$Q_{件}$与炉子能量消耗量的多少、哪些项作为主要消耗项目与炉子的工作状态、处理的工艺方法、炉子的结构等因素的不同而不同。例如,炉子在空载或长时间保温状态,通过炉墙的散热损失$Q_{散}$是主要能量消耗项目;周期作业炉中炉体蓄热量$Q_{蓄}$是主要能量消耗项目,炉内气体外溢和对外辐射的热损失$Q_{溢}$和$Q_{辐}$与炉子温度和操作状态有关,对高温炉应特别注意此两项热损失,对敞开炉门的炉子,此项热损失有时成为炉子能量消耗的重要项目;对于可控气氛炉要考虑可控气体的热损失$Q_{控}$等。再如,炉子在升温阶段所需热量最大,而在保温阶段所需热量较小。下面介绍周期作业电阻炉利用热平衡计算法计算炉子的功率,以1 h为计算单位。

电阻炉的热平衡的计算方法如下。

(1)加热工件所需的热量$Q_{件}$。

$$Q_{件}/(kJ \cdot h^{-1}) = g(c_2 T_2 - c_1 T_1) \tag{3.11}$$

式中　g——炉子的生产率,kg/h;

　　　T_1, T_2——工件加热的初始和终了温度,K;

　　　c_1, c_2——工件在T_1和T_2时的比热容,kJ·(kg·K)$^{-1}$。

若以加热阶段作为热平衡时间单位时,应为

$$Q_{件}/(kJ \cdot h^{-1}) = G_{装}(c_2 T_2 - c_1 T_1)/\tau_{加} \tag{3.12}$$

式中　$G_{装}$——一次装炉的质量,kg;

　　　$\tau_{加}$——加热阶段时间,h。

(2)加热辅助构件(如料筐、工夹具、支承架、炉底板及料盘等)所需热量$Q_{辅}$。

$$Q_{辅}/(kJ \cdot h^{-1}) = g_{辅}(c_2 T_2 - c_1 T_1) \tag{3.13}$$

式中　$g_{辅}$——每小时加热辅助构件的质量,kg/h;

　　　T_1, T_2——辅助构件加热的初始和终了温度,K;

　　　c_1, c_2——辅助构件在T_1和T_2时的比热容,kJ·(kg·K)$^{-1}$。

(3)加热控制气体所需热量$Q_{控}$。

$$Q_{控}/(kJ \cdot h^{-1}) = V_{控} \rho_{控} c_{控} (T_2 - T_1) \tag{3.14}$$

式中　$V_{控}$——控制气体的用量,m^3/h;

　　　T_1, T_2——控制气体入炉前温度和工作温度,K;

　　　$c_{控}$——控制气体在温度范围内的平均比热容,kJ·(kg·K)$^{-1}$;

　　　$\rho_{控}$——控制气体的密度,kg·m^{-3}。

(4)通过炉衬的散热损失$Q_{散}$。

在炉体处于稳定态传热时,通过双层炉衬的散热损失为

$$Q_{散}/(kJ \cdot h^{-1}) = 3.6 \frac{T_g - T_a}{\frac{s_1}{\lambda_1} + \frac{s_2}{\lambda_2} + \frac{1}{\alpha_{\Sigma 2}}} \cdot A_{散} \tag{3.15}$$

式中　T_g, T_a——炉气和炉外空气温度,对电阻炉可以认为T_g近似地等于炉内壁温度或炉温,K;

　　　s_1, s_2——第一层和第二层炉衬的厚度,m;

　　　λ_1, λ_2——第一层和第二层炉衬的平均热导率,W·(m·K)$^{-1}$;

$\alpha_{\Sigma 2}$——炉体外壳对其周围空气的综合传热系数，$W \cdot (m^2 \cdot K)^{-1}$；

$A_{散}$——炉体的平均散热面积，m^2；

3.6——时间系数。

当炉壁、炉顶、炉底和炉门各部分炉衬材料和厚度不同时，应分别计算各自的散热损失。

(5)通过开启炉门或炉壁缝隙的辐射热损失 $Q_{辐}$。

$$Q_{辐}/(kJ \cdot h^{-1}) = 3.6 C_0 A \phi \delta_t \left[\left(\frac{T_g}{100}\right)^4 - \left(\frac{T_a}{100}\right)^4 \right] \quad (3.16)$$

式中 C_0——黑体辐射系数；

A——炉门开启面积或缝隙面积，m^2；

3.6——时间系数；

ϕ——炉口遮蔽系数，见图 1.14；

δ_t——炉门开启率(即平均 1 h 内开启的时间)，对常开炉门或炉壁缝隙而言 $\delta_t = 1$。

(6)通过开启炉门或炉壁缝隙的溢气或吸气热损失 $Q_{溢}$ 或 $Q_{吸}$。

当炉门开启时，热空气外溢而冷空气进入炉内，所造成的热损失可按照下式计算

$$Q_{溢}/(kJ \cdot h^{-1}) = Vc\rho \left(\frac{T_2 - T_1}{2}\right) \delta_t \quad (3.17)$$

式中 T_1, T_2——分别是炉内空气温度和炉外车间空气温度，可近似取炉温，K；

c——为空气在 $T_1 \sim T_2$ 之间的平均体积比热容，$kJ \cdot (kg \cdot K)^{-1}$；

V——进入炉内的冷空气量为气体标准状态，m^3/h；

ρ——空气密度，$kg \cdot m^{-3}$；

δ_t——炉门开启率。

一般电阻炉可以按照式(3.18)近似计算 V，即

$$V = 2200 BH\sqrt{H} \quad (3.18)$$

式中 B——炉门宽度，m；

H——炉门开启高度，m。

(7)其他热损失 $Q_{它}$。

这项热损失包括未考虑到的以及一些难以计算的热损失，比如炉衬砖缝不严、炉子长时间使用后隔热材料的性能和炉子的气密性降低，以及热电偶、电热元件引出棒的热短路所造成的热损失。一般此值取炉衬散热损失的 50% ~ 100%，或取总损失的 10%，即

$$Q_{它} = (0.5 \sim 1.0) Q_{散}$$

$$Q_{它} = 10\% Q_{总出}$$

电阻炉的热量支出项目与其作业方式有关，对于连续作业炉和长时间在恒温下工作的周期作业炉，可不考虑砌砖体的蓄热损失。总的热量损失支出项有

$$Q_{总出} = Q_{件} + Q_{辅} + Q_{控} + Q_{散} + Q_{辐} + Q_{溢} + Q_{它}$$

(8)砌体的蓄热损失 $Q_{蓄}$。

如果工件随炉升温，或炉子使用生产周期较短时，总热量支出还应该包括砌体的蓄热损失 $Q_{蓄}$。对于双层砌体的炉子可按式(3.19)计算

$$Q_{蓄}/kJ = V_1\gamma_1[c_1'(T_1') - c_1(T_0)] + V_2\gamma_2[c_2'(T_2') - c_2(T_0)] \qquad (3.19)$$

式中　V_1, V_2——耐火层和保温材料的体积，m^3；
　　　γ_1, γ_2——耐火材料和保温材料的密度，$kg \cdot m^{-3}$；
　　　T_1', T_2'——耐火材料和保温材料在炉子工作温度时的平均温度，K；
　　　T_0——室温，K；
　　　c_1', c_2'——耐火材料和保温材料在温度为 T_1' 和 T_2' 时的比热容，$kJ \cdot (kg \cdot K)^{-1}$；
　　　c_1, c_2——耐火材料和保温材料在温度为 T_0 时的比热容，$kJ \cdot (kg \cdot K)^{-1}$。

(9) 炉子的设计功率。

根据热平衡条件可知，电阻炉输入能量 $Q_{总入}$ 等于电阻炉的总的能量支出 $Q_{总出}$。即可知炉子的总功率为

$$P_{总}/kW = \frac{Q_{总}}{3\,600} \qquad (3.20)$$

考虑到炉子在实际使用过程中，由于长期使用使炉衬局部损坏引起热损失增加、炉子电压波动、电热元件老化引起炉子的功率下降等。所以，所设计炉子的功率应有一定的储备，炉子的设计功率为

$$P_{设} = KP_{总} \qquad (3.21)$$

式中　K——功率储备系数，对于周期作业炉 $K = 1.3 \sim 1.5$，对于连续作业炉 $K = 1.2 \sim 1.3$。

电阻炉的热效率 η 为

$$\eta = \frac{Q_{件}}{Q_{总出}} \times 100\% \qquad (3.22)$$

η 是衡量炉子能量利用率的重要指标，一般电阻炉的热效率为 40%～80%。如果 η 值过小，说明炉子的设计不合理，能量利用率太低，耗费能源。

周期作业炉的空炉升温时间 $\tau_{升}$ 可用式(3.23)近似估算

$$\tau_{升}/h = \frac{Q_{蓄}}{3\,600 P_{设}} \qquad (3.23)$$

周期作业电阻炉为间歇使用，空炉升温时间不能太长，否则会影响炉子的生产。因此，空炉升温时间一般作为一项必须校核的技术性能指标。一般周期作业式电阻炉的空炉升温时间需要 3～8 h，若升温时间太长，则说明功率不够，应适当增加功率 $P_{设}$，保证在规定的时间内能使空炉从室温升到额定工作温度。

3.5.3 电阻炉功率的分配

由于炉膛内各部分的传热条件和炉气的具体流动状态有所不同，为了保证炉膛内温度的均匀性和满足热处理工艺的要求，保证生产质量，电阻炉的功率应根据炉子的具体情况适当分配，一般采取分区布置电热元件，并分区控温。

1. 箱式电阻炉

对于炉膛长度不超过 1 m 的小型炉子，电热元件即功率均匀分配在炉子的两侧墙和炉底上。对大型的箱式炉，通常在炉门口处增加一些功率或者在炉门上布置电热元件，使其分配一些功率。

在对炉子进行分配功率时，一般为了不降低炉壁的使用寿命，要求布置电热元件炉壁上的

功率负荷不能超过 35 kW/m², 但是也不能太小, 一般不能小于 15 kW/m², 以保证炉子的升温速度。为保证电热元件能够很好地被布置, 此值也不能太大, 一般取 20~25 kW/m²。

2. 井式电阻炉

由于井式电阻炉的炉门和炉底不布置电热元件, 所以炉口附近及炉底处温度常常偏低, 为了保证炉内温度均匀, 常常在炉口附近和炉子的下部适当增加一些功率。即炉口占炉深 1/3~1/4 处加大平均功率的 20%~40%, 近炉底处占炉身的 1/4~1/5 处加大平均功率的 5%~10%, 加热区多的取下限, 加热区少的取上限。对于有强制对流的井式炉不需要增加, 另外, 为了保证井式炉上下炉温均匀, 通常采用分区控制。当炉深 (H) 与直径 (D) 之比等于 1, 即 $\frac{H}{D}=1$ 时, 可采用一个加热区; 当 $\frac{H}{D}=2$ 时, 采用两个加热区, 也可采用三个加热区。各区的功率分配可参考表 3.11。

表 3.11 井式炉各区的功率分配

$\frac{H}{D}$	加热区数	炉温/℃	炉膛内壁的单位表面负荷/(kW·m⁻²)		
			上区	中区	下区
<1	Ⅰ	950	—	~15	—
		1 200	—	20~25	—
1~2	Ⅱ	950	~15	—	~15
		1 200	20~25	—	20~25
1.5~3	Ⅲ	950	~15	~10	~15
		1 200	20~25	15~20	20~25

3. 连续作业电阻炉

连续作业电阻炉的功率分配要根据各区段工件的吸热量与炉子的散热量多少来确定。在加热区工件的吸热量最多, 在均热区工件的吸热量显著减少, 而在保温区工件基本上不吸收热量。因此, 加热区的功率应当是最大, 均热区的功率就要降低一些, 保温区的功率最小, 这主要用来补偿炉体的散热损失, 维护保温区的恒温。

几种常见连续作业电阻炉各个区的功率分配数据见表 3.12。

表 3.12 连续作业电阻炉各区功率的分配

炉型		总功率/kW	功率分配			比例关系
			一区	二区	三区	
推料机式电阻炉	中温	80	55	25	—	2.2∶1
		130	70	30	30	2.3∶1∶1
		240	136	52	52	2.6∶1∶1
	低温	55	35	20	—	1.8∶1
		85	45	20	20	2.3∶1∶1
		165	85	40	40	2.1∶1∶1
输送带式电阻炉	中温	70	50	20	—	2.5∶1
		130	70	30	30	2.3∶1∶1
	低温	45	30	15	—	2∶1
		75	41	17	17	2.4∶1∶1
滚筒式炉		70	50	20		2.5∶1
振底式炉		84	40	22	22	1.8∶1∶1

3.5.4 供电电压和接线方法

电阻炉的供电电压, 一般均采用车间电网电压, 即 220 V 或 380 V。但是如果电热元件的温度系数较大,在加热过程中电阻值变化过大,影响其发热功率,此时要求采用低压供电的大截面电阻板。

电热元件的接线方法一般根据炉子的功率大小来决定。当炉子功率小于 25 kW 时,一般采用 220 V 或 380 V 单相接法。当炉子功率为 25~75 kW 时,一般采用三相 380 V 星形接法或三角形接法。当炉子功率大于 75 kW 时,可将电热元件分成两组或两组以上的 380 V 星形接法或三角形接法。进行功率分配时,一般按照每组功率以 30~75 kW 为宜,即每相功率在 10~25 kW 之间。保证每一组电热元件的功率不至于过大,便于布置安装,而且电热元件的尺寸也较合适。

布置硅碳棒时,应尽量避免多个碳化硅体串联,而应采用并联或两个硅碳棒串联的接线方法。这是因为硅碳棒的电阻值相差较大,多棒串联相接时,硅碳棒间的功率不同,因此电阻大的硅碳棒易发热大而迅速烧坏。

对于电阻炉来说,在加热阶段和保温阶段所需要的功率并不相同,加热阶段由于炉衬蓄热所需功率较大,而在保温阶段的功率只是用于弥补炉墙的散热损失,所需功率较小。如果电阻炉采用位式控温,功率不匹配会造成测温精度差,炉温波动大。因此电阻炉的功率分配要与实际需求的功率相匹配,这样可以提高炉子的控温精度,同时也会提高电热元件的使用寿命。

3.6 电热元件材料及其性能

电热元件是热处理电阻炉的关键部件,电阻炉性能的好坏和使用寿命的长短与所选用的电热元件材料是密切相关的。因此,正确选用电热元件材料是设计电阻炉的重要步骤。

3.6.1 电热元件材料的性能要求

1. 材料应具有足够的耐热性及高温强度

电热元件的工作温度一般比炉温高出很多,要想保证电热元件能够在高温下正常工作,所用材料必须具有很好的耐高温性能,保证其在高温下不氧化、不与耐火材料发生化学反应;具有足够的高温强度,保证其在高温下不发生变形和倒塌的事件,防止引起短路现象。

2. 应具有较大的电阻率

当电热元件的端电压一定时,电阻率越大,发出的功率就越大;因此在发出相同功率的情况下,电阻率大的所需材料越少,电热元件在炉内占据的空间也就越小。另外,电阻率大,可以选择截面较粗的电热元件材料,从而可以提高其使用寿命。

3. 材料的电阻温度系数要小

电阻温度系数越大的材料,其在不同温度下发出功率的变化也越大,电阻炉功率就越不稳定,在热处理炉加热阶段很容易使电热元件烧坏。如果必须使用电阻温度系数大的材料做电热元件,则必须配备一个可以调节的变压器,保证炉子的功率稳定,保证电热元件的使用寿命。

4. 材料的热膨胀系数要小

如果材料的热膨胀系数太大,则在加热过程中电热元件因受热膨胀长度明显增长,从而使其蹦出安装部位,容易引起短路现象。电热元件长期工作时,其长度也会增大很多,因此在设计安装时必须留有足够大的膨胀缝,避免发生短路事件。

5. 具有良好的加工性

电热元件材料应易于进行加工,制成各种形状,并且容易焊接。

此外,电热元件不仅要成本低廉,还要具有良好的耐腐蚀能力,能抵抗不良气氛的侵蚀。

3.6.2 常用电热元件材料及性能

电热元件材料可分为金属材料和非金属材料两大类。金属电热元件材料包括合金和纯金属两种,而合金材料中又分为铁铬铝系和镍铬系。非金属电热元件材料主要有硅碳系、碳系和硅钼系三种。

1. 金属电热元件

常用金属电热元件材料的性能见表3.13。

表3.13 金属电热元件材料的性能

性能名称	0Cr25Al15	1Cr1Al4	0Cr13Al6Mo2	0Cr27Al7Mo2	Cr20Ni80	Cr15Ni60	钼	钨	钽
熔点/℃	~1 500	~1 450	~1 500	~1 520	~1 400	~1 390	2 625	3 370	3 000
比热容/(J·(g·K)$^{-1}$)	0.493	0.489	0.493	0.493	0.493	0.459	—	—	—
热导率/(W·(m·K)$^{-1}$)	12.74	14.62	13.57	12.52	16.71	12.52	—	—	—
工作温度/℃: 正常	1 050~1 200	900~950	1 050~1 200	1 200~1 300	1 000~1 050	900~950			
最高	1 300	1 100	1 300	1 400	1 150	1 050	1 400	1 800	2 200
密度/(g·cm^{-3})	7.1	7.4	7.2	7.1	8.4	8.2	10.22	19.3	16.67
抗拉强度/MPa	637~684	588~735	686~833	686~784	637~784	637~784	—	—	—
20时电阻率/(Ω·mm^2·m^{-1})	1.40	1.26	1.40	1.50	1.09	1.12	0.052	0.051	0.131
电阻温度系数 ×10^{-5}/℃	3~4 20~1 200	15 20~850	7.25 0~1 000	-0.65 20~1 200	8.5 20~1 100	14 20~1 000	471	482	385
线膨胀系数 ×10^{-6}/℃	16 20~1 000	15.4 20~1 000	15.6 0~1 000	16 0~1 200	14 20~1 000	13 20~1 000	4.9	4.6 20	665

(1)铁铬铝合金系。铁铬铝合金系是我国目前应用最广泛的电热元件材料。其熔点高,具有良好的高温抗氧化性。

这类材料电阻率大,电阻温度系数小,功率稳定。合金密度小,在相同条件下其用量比镍铬合金要少,并且合金中不含镍,含铬量也少,其成本低。其缺点是高温强度低、塑性差,高温加热后晶粒粗大,脆性大。常用牌号有 1Cr13Al4、0Cr27Al7Mo2、Cr20Ni80、0Cr13Al6Mo2、Cr15Ni60、0Cr25Al15 等。

尽管铁铬铝合金具有很多缺点,但由于其具有良好的抗高温性能和价格低廉,所以铁铬铝合金得到了广泛的应用。

(2)镍铬合金系。这类材料高温加热不脆化,具有良好的塑料和焊接性,便于加工和维修,抗渗氮能力强,但抗渗碳能力差,并且电阻率小,电阻温度系数较大,不抗硫蚀,价格昂贵,所以尽量少用。常用牌号有 Cr20Ni80、Cr15Ni60、Cr23Ni18 等。

(3)纯金属电热材料。钼、钨和钽熔点很高,塑性很好,可制成丝状、带状和筒状的电热元件,其中以钼用得最多。这类材料在高温条件下易氧化,常需在氢气、氨分解气氛或真空中使用。

这些纯金属的电阻率较低,电阻温度系数很大,因此用纯金属做电热元件,必须配备调压器调节功率,使其满足电炉的功率要求,所以价格昂贵,热处理炉中使用较少。

2. 非金属电热元件

表 3.14 给出了一些常用非金属电热元件的性能。

表 3.14 非金属电热元件的性能

材料	密度 /(g·cm^{-3})	电阻率 /(Ω·mm^2·m^{-1})	电阻温度系数 ×10^{-5}/℃	热膨胀系数 ×10^{-6}/℃	熔点 /℃	最高工作温度 /℃
碳化硅	3.0~3.2	600~1 400 (1 400℃)	<800 为负 >800 为正	5	—	1 500
二硅化钼	~5.5	0.25(20℃)	480	7~8	200	1 700
石墨	2.2	8~13	126(负值)	120(0~100)	3 500	2 200(真空)
碳粒	1.0~1.25	600~2 000	—	—	3 500	2 500(真空)
石墨带	1.7~1.77	1~10	—	—	3 500	2 200(真空)

(1)硅碳系。碳化硅电热元件是碳化硅的再结晶制品,耐高温,变形小,耐急冷急热性好,有良好的化学稳定性,与酸类物质不反应。作为发热元件。硅碳棒在氧化性气氛中使用时,可在 1 350℃高温下长期工作,其最高工作温度可达 1 500℃。

这类电热元件材料的缺点是易老化,脆性大,强度低,安装使用中需避免碰撞,并需配调压器。

硅碳棒在使用时两端加粗,这样可以减少这段的电阻,从而减少发热,以便于连接,中间细棒为加热段位于炉膛内。硅碳棒可在炉内水平安装,也可垂直安装。为了安装方便,硅碳棒冷端应伸出炉外 50 mm 左右,与衬套间留有适当间隙。

(2)石墨。石墨常用来做高温真空炉的电热元件,其最高使用温度达 3 000℃,其热膨胀系数小,电阻率大,加工性好,耐急冷急热性好,价格便宜,但在高温下与氧亲和力强,一般在还原性气氛和真空下使用。

(3)硅钼系。硅钼类电热元件是以硅粉和钼粉做主要原料,利用粉末冶金方法烧结压制而成,外形多呈"U"形或"W"形。

这类电热元件材料常温时硬度高、脆性大,耐高温,不易老化,化学稳定性好,耐急冷急热性好,1 350℃以上会变软,冷却后恢复脆性,最高使用温度可达 1 700~1 800℃。在炉内高温下加热时,与空气反应表面生成一层 SiO$_2$ 氧化膜,该膜耐氧化性好、抗腐蚀性好,能保护硅钼棒不再氧化,因此硅钼棒具有独特的抗高温氧化性。

硅钼棒不宜在 400~800℃范围内使用,因为在该温度区间硅钼棒发生强烈的低温氧化而粉化。

其电阻温度系数大,便于在低温输入较大功率而缩短炉子升温时间,在 1 350℃以上会软化,不便水平安装。硅钼棒一般垂直悬挂在炉顶上,水平安装时需用高铝砖将其热端垫起,以防受热发生弯曲变形。

硅钼棒可用于空气、氮及惰性气氛中,还可用在1 350℃以下含氢的气氛中,但不可用在含硫和氯的气氛中。利用硅钼棒做电热元件时,炉膛材料应避免选用碱性耐火材料。

3.7 电热元件的设计计算及安装

在选定合适的电热元件材料后,就可以根据所设计的电阻炉的功率大小、功率的分配和采用的供电电压来设计计算电热元件的尺寸。所设计的电热元件必须满足功率的要求,并保证电热元件达到要求的使用寿命,同时还应考虑电热元件在炉膛内的布置等因素。电热元件一般都是对称分布,因此,只要设计计算单根电热元件,其他照此制造即可。

3.7.1 电热元件的表面负荷

电热元件的表面负荷(W)指元件单位表面积上所发出的功率,其单位为 W/cm² 或 kW/m²。元件表面负荷越高,发出的热量就越多,元件温度就越高,所用元件材料也就越少。但是,如果表面负荷过高,元件会因为温度过高而使寿命缩短。如果元件表面负荷过低,将会增加电热元件材料的消耗量,并且会降低炉子的加热速度。因此,表面负荷应有一个允许的数值,这个数值被称为允许表面负荷 $W_允$。其大小主要取决于元件材料的特性、结构形式、工作条件、炉内气氛和工作温度等。

实际选用允许表面负荷时,应根据实际使用条件综合考虑各方面的因素。如果电热元件的工作环境良好,电热元件的允许表面负荷值可取大些,环境差时可取小些。如元件在有可控气氛或有一定腐蚀气氛中加热时,$W_允$可取低些;电热元件装在辐射管中或炉底时,由于其散热条件差,允许表面负荷值应取低些等。

图 3.12 为常见合金电热元件的允许表面负荷曲线。其中上限线表示敞露型电热元件

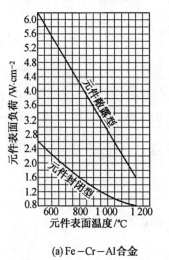
(a) Fe—Cr—Al 合金

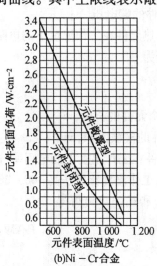
(b) Ni—Cr 合金

图 3.12 合金电热元件允许表面负荷

在某些温度下的最高表面负荷;下限线表示封闭型电热元件的低限表面负荷,一般取上、下

限之间。电热元件温度一般比炉温高出 100~200℃。电阻丝在不同工作温度下常用的表面负荷见表 3.15。硅碳棒的表面负荷应按照表 3.16 选取。

表 3.15 金属电热元件的允许表面负荷($W_允$)   W/cm²

材料		炉膛温度								
		600℃	700℃	800℃	900℃	1 000℃	1 100℃	1 200℃	1 300℃	1 400℃
合金	0Cr25Al5	—	3.0~3.7	2.6~3.2	2.1~2.6	1.6~2.0	1.2~1.5	0.8~1.0	0.5~0.7	—
	Cr20Ni80	3.0	2.5	2.0	1.5	1.1	0.5	—	—	—
	Cr15Ni60	2.5	2.0	1.5	0.8	—	—	—	—	—
纯金属	钼	—	—	—	—	30	25	25	20	15
	钽	—	—	—	—	40	40	40	35	30
	钨	—	—	—	—	40	40	40	35	30

表 3.16 非金属电热元件的允许表面负荷 $W_允$ W/cm²

炉膛温度	1 000℃	1 100℃	1 200℃	1 250℃	1 300℃	1 350℃	1 400℃
硅碳棒	35	26	21	18	14	10	5
石墨	40	40	40	—	35	—	30

3.7.2 电热元件的计算

所设计的电热元件必须满足炉子的功率和对电热元件要求的使用寿命(即合理的表面负荷)这两个前提条件,然后再进行电热元件尺寸和结构的计算。

1. 金属电热元件的计算

设电阻炉的功率为 $P_设$,炉子共有 n 个电热元件,则单个电热元件的设计功率为 $P = P_设/n$。这个功率值,由电热元件的设计来保证。

$$P/\text{kW} = \frac{U^2}{R_t} \times 10^{-3} \tag{3.24}$$

式中 U——元件的端电压,V;
    R_t——电热元件在工作温度下的电阻,Ω;
    R_t 可以表示为

$$R_t = \rho_t \frac{L}{f} \tag{3.25}$$

式中 L——每个元件的长度,m;
    f——元件的横截面积,mm²;
    ρ_t——元件在工作温度下的电阻率,μΩ·m。

电热元件的工作温度比炉子高 100~200℃。
由式(3.24)和式(3.25)可得

$$P/\text{kW} = \frac{U^2 f}{R_t L} \times 10^{-3}$$

则

$$L/\text{m} = \frac{U^2 f}{R_t P} \times 10^{-3} \tag{3.26}$$

由式(3.26)可知,当电热元件材料、工作温度和端电压一定时,电热元件不同的截面和长度配合,可以满足所要求发出的功率。但是此时没有考虑电热元件的使用寿命。

电热元件的使用寿命在一定程度上取决于元件单位表面功率的大小。为了保证电热元件具有足够的使用寿命,元件的单位表面负荷值必须不大于允许负荷值,即 $W \leqslant W_{允}$。当选取元件的表面负荷值等于允许值时,即 $W = W_{允}$ 时,电热元件的功率 P 为

$$P = W_{允} A \times 10^{-3} = W_{允} SL \times 10^{-2}$$

即

$$L/\text{m} = \frac{10^2 P}{W_{允} S} \tag{3.27}$$

式中　A——每个电热元件的表面积,cm^2；
　　　S——元件的截面周长,mm。

由式(3.26)和式(3.27)可得

$$Sf/\text{mm}^3 = \frac{10^5 P^2 \rho_t}{W_{允} U^2} \tag{3.28}$$

由于丝状电热元件和带状电热元件的截面面积和周长的计算方法不同,要分别讨论。

(1)直径为 d 的丝状电热元件。

作为丝状电热元件,其截面周长 $S = \pi d$,单位为 mm；截面面积 $f = \frac{\pi}{4} d^2$,单位为 mm^2,故

$$Sf = \frac{\pi^2}{4} d^3 \tag{3.29}$$

将式(3.29)代入式(3.28)中整理,得

$$d/\text{mm} = \sqrt[3]{\frac{4 \times 10^5 P^2 \rho_t}{\pi^2 U^2 W_{允}}} = 34.3 \times \sqrt[3]{\frac{P^2 \rho_t}{U^2 W_{允}}} \tag{3.30}$$

计算求得的直径如果不符合标准直径尺寸时,应取最相近的标准直径值。常用的电阻丝的标准直径为:$\Phi 3$,$\Phi 3.2$,$\Phi 3.5$,$\Phi 4$,$\Phi 4.5$,$\Phi 5$,$\Phi 5.5$,$\Phi 6$,$\Phi 7$,$\Phi 8$。

为了保证电热元件发出的功率,单根电热元件的长度可按式(3.27)求得。计算得到电热元件的直径和长度后,还要对电热元件的实际单位表面功率进行校核。如果因为选取相近标准直径的低值,而使元件单位表面功率超过 $W_{允}$ 较多时,则应选取相近标准直径的高值,并重新计算确定长度。

每个元件的质量为

$$G/\text{kg} = \frac{\pi}{4} d^2 L \rho_M \times 10^{-3} \tag{3.31}$$

式中　ρ_M——元件材料的密度,g/cm^3。

所有电热元件的总长度和总质量为

$$\left. \begin{array}{l} L_{总}/\text{m} = nL \\ G_{总}/\text{kg} = nG \end{array} \right\} \tag{3.32}$$

式中　n——电热元件的根数。

(2)带状电热元件。

设电阻带的厚度为 a,宽度为 b,且 $\frac{b}{a} = m$(一般 $m = 8 \sim 12 \text{ mm}$),则电热元件的横截面积

(单位为 mm²)为 $f=ab=ma^2$,其截面周长(单位为 mm)为 $S=k(a+b)=k(m+1)a$,式中的 k 为周长减少系数,有轧制圆角时,$k=1.88$;无轧制圆角时,$k=2$。将 f 和 S 值代入式(3.29)中可以得

$$a=\sqrt[3]{\frac{P^2\rho_t\times10^5}{k(m+1)mU^2W_{允}}} \quad (3.33)$$

单根电热元件的长度和质量分别为

$$L=\frac{abR_t}{\rho_t} \quad (3.34)$$

$$G=abL\rho_M\times10^{-3} \quad (3.35)$$

所需电热元件的总质量和总长度的计算方法与丝状电热元件的计算方法相同。

2. 金属电热元件的结构尺寸

电热元件所用材料的尺寸确定以后,还要将其制成一定的形状电热元件布置在炉膛内,并且电热元件的形状和结构尺寸对电热元件的使用寿命会产生很大的影响。因此,电热元件的设计工作是很重要的。

(1)丝状电热元件的结构尺寸。电阻丝一般绕成螺旋管状电热元件使用(图3.13)。如果串阻丝的直径较大,不容易绕制,也可绕成波纹状电热元件。绕制节径 D 和螺距 h,按照表3.17 选取。在选取具体数值时应保证电阻丝在高温下不坍塌,同时又要保证热屏蔽小。所以 D 值和 h 值选取要适中,既不能过大,也不能过小。

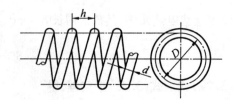

图3.13 螺旋状电热元件

表3.17 螺旋电热元件的绕制尺寸

项目	铁铬铝合金		镍铬合金		
	>1 000℃	<1 000℃	950℃	950~750℃	<750℃
节径 D/mm	(4~6)d	(6~8)d	(5~6)d	(6~8)d	(8~12)d
螺距 h/mm	(2~4)d	(2~4)d	(2~4)d	(2~4)d	(2~4)d
螺旋柱长度 L'/mm	$\frac{Lh}{\pi D}$	$\frac{Lh}{\pi D}$	$\frac{Lh}{\pi D}$	$\frac{Lh}{\pi D}$	$\frac{Lh}{\pi D}$

(2)电阻带的绕制尺寸。电阻带一般绕制成波纹状(图3.14)。电阻带的厚度为 a,宽度为 b,波纹的结构尺寸按照下述公式计算确定,并且最大波纹高度 H 参见表3.18。

波纹带弯曲半径

$$r=(4\sim8)a \quad (3.36)$$

每一波纹展开长度

$$l=2(\pi r+H-2r) \quad (3.37)$$

电热元件的波纹数

$$n=1\,000L/l \quad (3.38)$$

波纹带间距

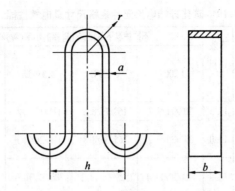

图 3.14 波纹状电热元件的结构尺寸

$$h = 1\,000L'/n,$$

式中 L'——波纹带安装长度,此值根据炉子的结构而定。

表 3.18 最大波纹高度值

安装方式	电阻带宽度 b /mm	最大波纹高度 H 值/mm				
		镍铬电热元件		铁铬铝电热元件		
		元件温度		元件温度		
		1 100 ℃	1 200 ℃	1 100 ℃	1 200 ℃	1 300 ℃
垂直悬挂	10	300	200	250	150	130
	20	400	300	270	230	200
	30	450	350	420	280	250
水平放置	10	200	160	180	140	120
	20	270	220	250	175	150
	30	320	270	300	200	170

3. 碳化硅棒电热元件的选用

碳化硅棒电热元件是已加工成型的产品,其结构图见图 3.15。常用的规格尺寸见表 3.19。表 3.19 中给出了碳化硅棒工作部分的直径和长度,以及在不同炉温时每根碳化硅棒的电压、电流和功率。

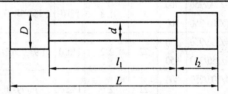

图 3.15 碳化硅棒的结构图

实际选择碳化硅棒的具体方法如下:

(1)首先根据炉子的设计功率、炉子的结构尺寸和碳化硅棒的安装方式确定所用碳化硅棒的根数。碳化硅棒根数的确定要保证炉内的温度均匀、便于连接安装,棒与棒之间的间隙要符合要求,一般要大于直径的 2 倍,以减少相互间的辐射屏蔽。

(2)其次,根据所确定的碳化硅棒的根数和炉子的功率计算每根碳化硅棒的功率,根据在炉内的安装尺寸确定碳化硅棒工作部分的尺寸。

(3)根据上述确定的参数来选择碳化硅棒的规格。

(4)根据炉子的设计功率、碳化硅棒的规格和连接方式,选择所需要的调压变压器。变压器的调节范围一般为 $(0.35 \sim 2.0)U$,其中 U 为碳化硅棒额定的端电压。

表 3.19 碳化硅棒电热元件规格尺寸及电气性能

规格尺寸 $(d/l_1/l_2)$ /mm	总长 L/mm	冷端直径 D/mm	1 400℃时电阻 (±10%)/Ω	有效面积/cm²	不同炉温下每根碳化硅棒的功率(W)/电压(V)/电流(A)				
					1 200℃	1 300℃	1 350℃	1 400℃	1 500℃
6/60/75	210	12	2.2	11.5	207/21/9.7	160/19/8.5	115/16/7.2	70/12.5/5.6	45/10/4.5
6/100/75 6/100/130	250 360	12	3.5	19.0	342/35/9.9	265/30/8.8	190/26/7.3	114/20/5.7	72/16/4.5
8/150/85 8/150/150	320 450	14	3.6	38.0	684/50/13.4	525/43/12.2	380/37/10.3	228/28.5/7.9	145/23/6.3
8/180/60 8/180/85 8/180/150	300 350 480	14	4.4	45.0	810/60/13.6	635/53/12.0	460/45/10.2	270/34.5/7.9	170/27.5/6.2
8/200/85 8/200/150	370 500	14	4.8	50.0	900/66/13.7	700/58/12.1	500/49/10.2	300/38/7.9	185/30/6.2
8/250/100 8/250/150	450 550	14	6.2	63.0	1 134/84/13.5	880/74/11.9	630/62/10.1	385/49/7.9	240/38.5/6.2
8/300/85	470	14	7.4	75.0	1 350/100/13.5	1 050/88/12.0	750/75/10.1	450/58/7.8	285/46/6.2
8/400/85	570	14	10.0	100.0	1 800/134/13.4	1 400/119/11.9	1 000/100/10.0	600/77/7.7	380/62/6.2
12/150/200	550	18	1.7	56.5	1 017/42/24.5	795/37/21.4	565/31/18.2	340/24/14.2	215/19/11.3
12/200/200	600	18	2.2	75.0	1 350/55/24.8	1 050/48/21.8	755/41/18.5	450/31.5/14.3	285/25/11.4
12/250/200	650	18	2.8	94.0	1 692/69/24.6	1 320/61/21.6	940/51/18.4	565/40/14.2	355/31.5/11.3
14/200/250 14/200/350	700 900	22	1.8	88.0	1 584/54/29.7	1 230/47/26.2	880/40/22	530/31/17.2	340/25/13.7
14/250/250 14/250/350	750 950	22	2.2	110.0	1 980/66/30	1 540/58/26.6	1 100/49/22.4	665/38/17.3	420/30.5/13.8
14/300/250 14/300/350	800 1 000	22	2.6	132.0	2 376/79/30.2	1 850/69/26.7	1 320/59/22.4	785/45/17.4	500/36/13.9
14/400/250 14/400/350	900 1 100	22	3.5	176.0	3 168/105/30.7	2 450/93/26.4	1 750/78/22.5	1 060/61/17.4	675/48.5/13.9
14/500/250 14/500/350	1 000 1 200	22	4.4	220.0	3 960/132/30	3 080/116/26.4	2 200/99/22.4	1 320/76/17.3	835/60.5/13.8
14/600/250 14/600/350	1 100 1 300	22	5.2	264.0	4 752/157/30.2	3 700/139/26.6	2 650/118/22.6	1 580/91/17.4	1 000/72/13.9
18/250/250 18/250/350	750 950	28	1.3	141.0	2 538/57/44.2	1 970/51/38.8	1 410/43/32.8	840/33/25.5	535/26.5/20.3
18/300/250 18/300/350 18/300/400	800 1 000 1 100	28	1.7	170.0	3 060/72/42.4	2 380/64/37.2	1 700/54/31.5	1 020/41.5/24.5	645/33/19.5

续表 3.19

规格尺寸 $(d/l_1/l_2)$ /mm	总长 L/mm	冷端直径 D/mm	1400℃时电阻(±10%) Ω	有效面积 /cm²	不同炉温下每根碳化硅棒的功率(W)/电压(V)/电流(A)				
					1200℃	1300℃	1350℃	1400℃	1500℃
18/400/250	900	28	2.3	226.0	4 068/97/42.1	3 160/85/37.2	2 260/72/31.4	1 360/56/24.3	860/43.5/19.4
18/400/350	1 100								
18/400/400	1 200								
18/500/250	1 000	28	2.7	283.0	5 094/117/43.4	3 840/102/37.6	2 860/88/32.6	1 700/68/25.1	1 080/54/20
18/500/350	1 200								
18/500/400	1 300								
18/600/250	1 100	28	3.4	340.0	6 120/144/42.4	4 760/127/37.6	3 400/107/31.8	2 040/83/24.5	1 295/66.5/19.5
18/600/350	1 300								
18/600/400	1 400								
18/800/250	1 300	28	4.6	450.0	8 100/193/42.0	6 300/170/37.0	4 500/144/31.3	2 700/111/24.3	1 710/88.5/19.3
18/800/350	1 500								
25/300/400	1 100	38	1.0	236.0	4 248/65/65	3 360/58/58	2 400/49/49	1 410/37.5/37.5	900/30/50
25/400/400	1 200	38	1.3	314.0	5 652/86/65.9	4 400/75/58.5	3 140/64/49.2	1 900/50/38.0	1 200/39.5/30.4
25/600/500	1 600	38	2.0	470.0	8 460/130/65	6 700/116/58	4 800/98/49	2 820/75/37.5	1 800/60/30
25/800/500	1 800	38	2.6	628.0	11 304/171/65.9	8 800/150/58.5	6 300/128/49.2	3 800/100/38.0	2 400/79/30.4
30/900/500	1 900	45	1.9	850.0	15 300/171/98.7	11 900/151/71	8 500/127/67	5 100/98.5/51.7	3 230/78.5/41.2
30/1 000/500	2 000	45	2.0	942.0	16 956/184/92.8	13 190/161/80.2	9 420/137/68.5	5 650/106/53.2	3 580/84/42.3
30/1 200/500	2 200	45	2.4	1 130.0	20 340/221/92.1	15 820/194/81	11 300/165/69	6 780/128/53	4 295/101.5/42.3
30/1 500/400	2 300	45	3.0	1 413.0	25 434/276/92.1	19 780/243/81	14 130/206/68.6	8 480/159/53.2	5 370/127/42.3

注:d—工作段直径;l_1—工作段长度;l_2—冷段长度。

3.7.3 电热元件的安装

电热元件在炉内的安装和具体布置对炉子的热效率、电热元件的使用寿命及炉子的操作和维修都有密切关系。下面介绍电热元件在炉内安装的基本要求。

1. 电热元件在炉内的安装要求

(1)安装电热元件时应保证元件固定可靠,不下垂,不倒伏,避免两根电热元件相接触造成短路。

(2)要尽可能减少电元件之间及其与炉壁、支承砖之间的辐射屏蔽。电热元件安装位置应使热量容易传给工件,而又不易使工件产生局部过热。

(3) 电热元件最好不与炉壁特别是保温材料接触或被包覆在其中,以防止元件局部过热损坏(因为保温材料容易与电热元件生成易熔共晶使元件烧断,还可破坏电热元件的氧化膜层,使电热元件加速氧化而损坏)。

(4) 要满足炉壁表面功率负荷(单位面积炉壁的安装功率)的要求,便于电热元件的维修和更新,在可控气氛炉中要注意防止炉气对元件的侵蚀和沉积炭黑造成元件短路。

(5) 线状螺旋形电热元件由于结构简单、容易统制,而且容易在单位炉壁表面上布置较大功率,因此应用最广;又因其辐射遮蔽较大,垂直安装时易下垂,因此只能水平安装。

(6) 线状波纹形元件,辐射遮蔽较小、散热条件较好,但炉壁表面负荷功率较低,制作较困难,成本也比较高,多用于无马弗的化学热处理炉。

(7) 安装电热元件的支撑物通常有支托和挂钩两种。支托物有搁砖、异形砖、陶瓷套管以及各种支架。采用搁砖时,电热元件稳定可靠,筑炉较方便,但辐射遮蔽较大,而且支托物本身质量也较大,会增加蓄热损失。挂钩有金属挂钩和陶瓷挂钩,常水平或斜向插入砌体中,筑炉较麻烦。具体采用哪种支撑物应根据实际情况综合考虑。

2. 电热元件的安装方法

(1) 安装于炉子的两侧墙上,见图3.16(a)、图3.16(b)、图3.16(c)。电热元件可以水平放置在炉子侧墙上的搁砖上,也可以悬挂在侧墙上或者安装在套管上。

(2) 安装于炉顶。线状螺旋形或带状波纹形电热元件安装在炉顶上时,应采用异形支托砖或挂钩支持。其中图3.16(d)为螺旋形电热元件安装于炉顶异型砖沟槽内的情况,这种结构较简单,但辐射遮蔽较大。图3.16(e)为带状电热元件安装于异形砖内的情况,多用于平炉顶。

(3) 安装于炉底。此时电热元件常水平放置在炉底搁砖上。但应与炉底板有适当的距离,以避免电热元件与炉底板接触造成短路(图3.16(f)、图3.16(g))。

(4) 安装在辐射管内。高温电热辐射管多用于可控气氛炉,以保护电热元件不受炉内气氛侵蚀,而且便于更换,电热元件统一放在芯棒或骨架上,再套上圆筒形辐射管,辐射管既可竖安又可横安在两侧墙上,也可以安装在炉顶和炉底。

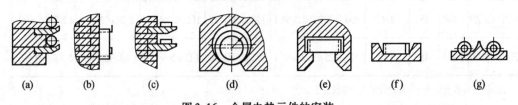

图3.16 金属电热元件的安装

3. 电热元件引出与焊接

电热元件必须穿过炉壁引出与电源线相接,所以电热元件引出部分与炉壁紧密接触,其散热条件很差,会导致其温度升高,为防止这部分温度过高,应加大引出部分的尺寸。尺寸的加大程度与所用的电热元件材料的类型不同而不同。对金属电热元件常在引出部分焊上不锈钢的引出棒,其截面积应为电热元件的3倍以上。如果适用硅碳棒做电热元件,其引出部分的截面应为其工作部分的1.5倍以上,并且为了减小接触电阻,一般在硅碳棒引出部分涂覆金属层。为了保证炉子的密封性,要求元件引出端与炉子之间要密封良好,同时要与壳体之间保证绝缘,以免发生触电事故。

电热元件的焊接性一般都比较差,因此焊接时要选择适当的焊接方法并制订合理的焊接工艺规范,保证焊接点的高温性能。

元件与元件之间的焊接常采用搭焊,搭焊方式见图 3.17(a)。元件与引出棒之间常采用钻孔焊或铣槽焊,焊接方式见图 3.17(b)。对于焊接性较好的镍铬元件,可采用电弧焊或气焊。对于铁铬铝元件要根据其质量要求来选择焊接方法,一般质量要求的可用电弧焊,质量要求较高时应采用氩弧焊。由于铁铬铝元件在高温下晶粒容易粗化而使其性质变脆,因此应进行快速焊接。此外,为保证焊接区的强度,搭焊时端部应留有 5~10 mm 的不焊接区。

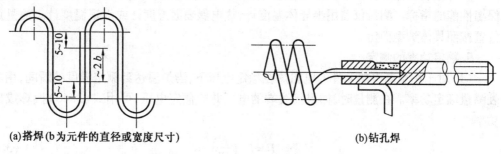

(a)搭焊(b 为元件的直径或宽度尺寸)　　　　　　(b)钻孔焊

图 3.17　电热元件与引出棒间的焊接

3.8　热处理电阻炉的性能试验

热处理电阻炉的性能试验主要有额定功率、空载功率、炉外壁温升、空炉升温时间、电热元件的电阻、热效率等。

1. 电热元件冷态直流电阻的测定

电热元件冷态直流电阻用直流双臂电桥测量。在单相接线时测量总电阻;在三相接线时,测量并计算各相电阻,并且各相电阻值必须相等,否则各相功率就不一样,电阻值高的功率小,电阻值低的功率大,影响炉温的均匀性。

2. 炉子热效率的测定

炉子的热效率指加热工件的有效热量占炉子总耗热量的百分数,常用来衡量炉子热能利用率的大小。为提高炉子的热效率,除减少炉子的热损失外,还要提高加热工件的有效热,其基本措施就是强化炉内热交换过程,缩短加热时间,合理装料提高生产率。

在实际生产中,炉子热效率与热处理工艺和设备的先进性及操作管理方法等因素密切相关。电阻炉的热效率一般在 30%~80% 范周内,常要求在 40% 以上。

3. 空载功率的测定

炉子的空载功率指电阻炉在额定温度下不装工件运行时所消耗的功率。空载热损失主要包括炉壁散热、炉门散热、外伸构件散热、炉壁缝隙溢气热损失等。因此,空载功率越小,说明炉子的保温性能越好,炉子散热损失越少。

空载功率应在烘炉后,当电阻炉处于额定温度下并已经达到热稳定状态时测量。电阻炉的空载功率可用式(3.39)计算

$$P_0 = \frac{E_{mn}}{\Delta t} \tag{3.39}$$

式中　P_0——电阻炉空载功率；
　　　E_{mn}——最后一次时间间隔 Δt 内的平均耗电量，其值可用电度表测量，然后取三次测量的平均值。

对于多区段控温的电阻炉，平均耗电量的计算是按照整台电阻炉耗电量的值计算的。一般要求炉子的空载功率为额定功率的 15%。

4. 炉外壁表面温升的测定

炉外壁表面温升指炉子在额定温度下的热稳定状态时，外壁温度与环境之差，是炉子保温性能的指标。测量仪器用半导体温度计、热电偶表面温度计或水银温度计。测量点的位置按照具体炉型而定。

5. 额定功率的测定

(1)对于用金属电热元件的电阻炉在额定电压下，当炉温达到额定温度的瞬间，用功率表测量额定功率。在测量时，如果接线端的电压并非额定电压，可用式(3.40)换算成额定功率

$$P = P_1 \left(\frac{U}{U_1}\right)^2 \tag{3.40}$$

式中　U_1——测量时的电压，V；
　　　U——额定电压，V；
　　　P_1——测量电压时的输入功率，kW；
　　　P——电阻炉额定功率，kW。

(2)对于非金属电热元件的电阻炉在达到额定温度的瞬间，用功率表测量。额定电压应能够调节，以便使额定功率波动在规定的允许范围之内(一般为±10%)。

6. 空炉升温时间的测定

空炉升温时间指经烘干的、没有装炉料的炉子从冷态(室温状态)接上额定电压(金属电热元件电阻炉)或额定功率(硅碳棒电阻炉)达到额定温度所经历的时间。空炉升温时间常是在炉衬未达到热稳定态之前达到的，测定时，电压的波动不得大于±2%。

空炉升温时间的长短，对周期作业炉是一项重要的指标。若空炉升温时间太长，表明电阻炉的设计功率不够或是电阻炉炉衬设计不合理，炉子蓄热量太大。缩短空炉升温时间，可使炉子及早进入使用状态，从而节约能量。缩短空炉升温时间的主要措施是提高炉壁单位面积的功率，采用热导率小、密度低、比热容小的耐火材料和保温材料，以减缓炉衬的传热过程，减少散热和蓄热损失等。

7. 炉温均匀性的测定

炉温的均匀性是在电阻炉空载处于额定温度下，并已经达到热稳定状态时测量。测量点的位置和点数要按炉型有关标准执行。炉温均匀性的指标是用同一时刻在规定测温区域内最高点与最低点的温度差来衡量。共测量五次，取五次最大温差的平均值。一般箱式炉采用九点法测量。

3.9 热处理电阻炉的安全操作与维护

3.9.1 电阻炉的安全操作

1. 开炉前的准备

(1)从控制箱刀闸开关到电阻炉的引出棒,检查线路连接是否正确,电源线绝缘是否符合要求,电气接头接触是否良好。

(2)炉壳必须良好接地。敞露在外的电气触点应有保护罩。

(3)检查温度控制仪表工作是否正常,并打开其开关,使其处于工作状态。

(4)检查炉门的开启机构是否正常。

2. 启动

(1)接上熔断器,合上刀闸,再接通负荷。然后检查三相负荷,如发现其中一相无电等不正常现象时,应立即切断。

(2)把控制仪表的指针放在自动位置上,经常注意控制屏上的红绿灯是否正常。

(3)在升温不超过400℃时,启动炉内输送带、辊子、风扇等传动机构。电烘干设备在送电时,应同时启动鼓风系统。

(4)炉用变压器不允许在温升超过90℃的情况下连续工作。

(5)当工件装入和取出时切勿触及电热元件,以免自动断电装置失灵时发生触电事故。同时,严禁在电热元件通电时装出料,并且工件在炉内要放置均匀、平稳。

(6)冷炉升温,到温后保温2 h即可装入工件,连续生产,允许连续装炉。

(7)当发现电器设备、温度控制设备出现故障时立即停止使用。

(8)炉子的使用温度不能超过炉子的额定温度。

(9)对于井式炉,在盖炉盖时一定要保证良好的密封。

(10)按照工艺规定进行操作。

3. 停炉

(1)首先切断负荷,然后切断控制箱刀闸开关。

(2)转动机构在炉温降至400℃时方可停止运转。

3.9.2 电阻炉的日常维护

电阻炉的日常维护原则:

(1)炉子及其仪表和控制箱等内外应经常保持整洁,并定期扫除炉内的氧化铁皮、炭黑和沙子。但清扫工作必须在切断电源和炉温降至室温时进行。

(2)装料时要轻拿轻放,不要碰撞搁砖和电热元件,并严禁将潮湿的工件直接装入炉内。

(3)为减少炉子的辐射热损失,炉壳表面的银粉漆应保持完好无损,最好每年涂刷1~2次。

(4)在推杆式炉内装料时,为避免工件碰坏两侧炉墙,工件不要超出料盘的两侧。在井式炉内装料时,工件不允许堆放高出料筐的上缘,以免碰坏风扇叶轮或是掉落到电热元件上。

(5) 不要强行在小炉子上加热过大的工件,把炉温提得很高,以致烧坏炉衬。

(6) 炉口砂封槽内,应经常保持一层厚约 25 mm 的干细砂。当有结块时要随时更换。

(7) 在高温工件刚出完炉后,要立即关闭炉门、炉盖,以防冷空气的侵袭。

(8) 炉温在 400℃ 以上时,不能打开炉门降温。严禁用压缩空气冷却炉膛。

(9) 当炉温降至 400℃ 时,可以关闭测温仪表,停止风扇电动机,切断整个电源。

(10) 定期润滑炉门、炉盖的开启机构及风扇的传动机构,特别是风扇的下轴承。

(11) 定期检查接线夹螺栓的紧固情况,并注意引出棒和热电偶的堵塞是否严密。定期检查炉壳接地螺栓是否牢固。

(12) 要经常检查温度自动控制系统是否正常,以防温度失控而烧坏炉衬。控制仪表及热电偶要定期校对。

(13) 定期检查炉衬和炉顶有无开裂和塌陷,发现问题要及早维修。

(14) 搁砖断裂时,应及早更换。如有小钩脱落、电热元件变形等,也应随时进行处理。

(15) 当温度超过 400℃ 时不得长时间打开炉门,以免损坏炉衬和电热元件。

(16) 经常检查炉门起重钢丝绳的使用情况,发现损坏要及时更换。

(17) 经常注意仪表和电器控制柜的电器工作是否正常。

(18) 为了保护炉衬和电热元件,不得加热一切有害物质,如硼砂、硅酸盐等。

(19) 带有风扇的炉子不允许风扇停止转动或出现异声时继续通电使用。

思考题

1. 根据炉子的设计过程试说明炉衬材料的选择原则。
2. 比较箱式电阻炉各项能量支出所占的比例,分析它们对节能的作用。
3. 选择电热元件的表面负荷时应主要考虑哪些因素?
4. 电热元件安装形式的选择应注意哪些问题?
5. 为了减少周期作业箱式电阻炉的蓄热损失,在设计和使用上应注意哪些问题?
6. 热处理电阻炉的炉衬砌筑原则是什么?
7. 在设计热处理电阻炉时,什么时候考虑蓄热损失?

第4章 热处理浴炉及流动粒子炉

4.1 浴炉的特点及类型

4.1.1 浴炉的特点

浴炉是利用液体作为介质进行加热或冷却的一种热处理炉。按所用液体介质的不同,浴炉有盐浴炉、碱浴炉、油浴炉、铅浴炉等。其中以盐浴炉用得最为普遍,本章将对它作重点介绍。

工件在浴炉中加热具有加热速度快、温度均匀、不易氧化、脱碳等优点。电极盐浴炉除具有以上优点外,炉体结构简单,用耐火材料做坩埚,在1 300℃下使用仍有较长的寿命。因此,电极盐浴炉的应用是比较广泛的。与电阻炉相比,盐浴炉有热损失大、启动较难、需消耗盐碱材料和劳动条件差等缺点。

浴炉的工作范围很宽(60~1 350℃),可以完成多种热处理工艺,如淬火、回火、分级淬火、等温淬火、局部加热以及化学热处理等。不同的热处理工艺需要不同的温度,而各种介质的熔点各自不同。表4.1是浴炉中常用介质及其使用的温度范围。

应当指出,工件在盐浴炉中加热,由于盐浴炉中溶有氧和氧化物等杂质,也会造成工件的氧化和脱碳。所以在使用过程中,每隔一定时间必须向盐浴炉中加入少量的脱氧剂进行脱氧。常用的脱氧剂有硼砂、硅胶、氯化铵、硅铁、硅钙铁等。

4.1.2 浴炉的类型

浴炉按热源所在位置不同而分为外热式浴炉和内热式浴炉两种,其中内热式浴炉又分为电极式浴炉和管状电热元件加热的浴炉。它们的结构见图4.1。

1. 外热式浴炉

外热式浴炉主要由炉体和坩埚组成。坩埚可用耐热钢或耐热铸铁铸成,也可用低碳钢或不锈钢焊接制成。热源可以是电能或各种燃料。这种炉子常用来进行碳钢、合金钢件的淬火、回火加热以及氮化等各种液体化学热处理。

外热式盐浴炉的主要优点是热源不受限制,不需要昂贵的变压器,启动操作比较方便;缺点是必须用金属坩埚,热惯性比较大。坩埚内外温差可达100~150℃,并且随着工作温度的升高坩埚寿命急剧下降,因此其使用温度不能太高,应用范围受到限制。一般使用温度在700℃以下。

2. 内热式浴炉

电极盐浴炉属于内热式浴炉,其工作原理是在两电极间通入低电压(36 V以下)、大电流的交流电,利用熔盐本身的电阻热效应把熔盐加热到工作温度。

表 4.1 常用的盐(碱)及其适用的温度范围

种类	盐浴成分(质量百分数)	熔点/℃	使用温度/℃
硝酸盐及亚硝酸盐介质	46% NaNO$_3$[①]+27% NaNO$_2$+27% KNO$_3$	120	140~260
	55% KNO$_3$+45% NaNO$_2$	137	150~500
	55% NaNO$_3$+45% NaNO$_2$	220	230~550
	55% NaNO$_3$+45% KNO$_3$	218	230~550
	45% NaNO$_3$+55% KNO$_3$	218	230~550
	100% NaNO$_3$	317	325~600
	100% KNO$_3$	337	350~600
	95% NaNO$_3$+5% NaCO$_3$	304	380~520
	100% NaNO$_2$	271	300~550
	50% NaNO$_3$+50% KNO$_3$	230	300~550
碱浴介质	20% NaOH+80% KOH+6% H$_2$O	130	150~250
	35% NaOH+65% KOH	155	170~350
	37% NaOH+63% KOH	159	180~350
	100% NaOH	322	350~700
	100% KOH	260	400~650
	50% KOH+50% NaOH	230	300~500
	20% NaOH+80% KOH+(10%~15%) H$_2$O	130	150~250
碱盐浴介质	60% NaOH+40% NaCl	450	500~700
氯盐浴介质	28% NaCl+50% Na$_2$CO$_3$	500	540~870
	50% KCl+50% Na$_2$CO$_3$	560	580~820
	22% NaCl+78% BaCl$_2$	640	675~900
	44% NaCl+56% KCl	663	700~870
	100% NaCl	810	850~1 100
	100% BaCl$_2$	960	1 100~1 350
	100% CaCl$_2$	774	800~1 000
	100% KCl	772	800~1 000
	66% BaCl$_2$+34% KCl	657	700~950
	33% BaCl$_2$+33% CaCl$_2$+34% NaCl	570	600~870
	100% Na$_2$B$_4$O$_7$	940	1 000~1 350
	70% BaCl$_2$+30% Na$_2$CO$_3$	940	1 000~1 350
	35% NaCl+65% Na$_2$CO$_3$	620	650~820
	50% NaCl+50% BaCl$_2$	600	650~900
油浴介质	24 号汽缸油	240	≤210
	38 号汽缸油	290	≤250
	52 号过热汽缸油	300	≤260
	65 号过热汽缸油	325	≤300
	72 号过热汽缸油	340	≤300

① 46% NaNO$_3$ 指 NaNO$_3$ 在电极盐溶液中的质量分数为 46%。

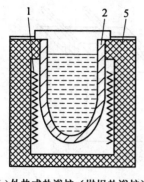 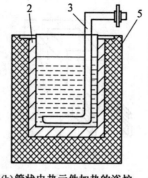 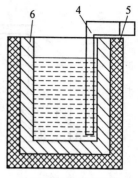

(a)外热式盐浴炉（坩埚盐浴炉）　　(b)管状电热元件加热的浴炉　　(c)内热式电极盐浴炉

图 4.1　几种不同结构的浴炉示意图

1—加热元件；2—金属坩埚；3—管状电热元件；4—电极；5—炉衬；6—耐火材料坩埚

在某些电极盐浴炉中，熔盐在电磁作用下，具有明显的搅拌作用。在电极间距小的情况及电磁搅拌的作用下熔盐强烈循环，促使盐浴温度均匀。

电极盐浴炉分低温（<650 ℃）、中温（650 ~ 1 000 ℃）和高温（1 000 ℃以上）三种。低温炉常用于高速钢件的分级淬火和回火。中温炉用于碳钢、合金钢件的淬火加热和高速钢件的淬火预热。高温炉主要用于高速钢、高合金钢件的淬火加热。

电极盐浴炉按其电极布置方式的不同，可分为插入式和埋入式两种。插入式电极盐浴炉的电极从坩埚上方垂直插入熔盐中，电极和坩埚可分别制造及更换。电极材料可以用低碳钢、不锈钢或高铬钢，电极的形状一般为圆形棒状，个别也有采用板状的。电极的布置可以采用单相的，也可以采用三相的，具体布置方式取决于炉子的功率，小功率用单相，大功率用三相。

插入式电极盐浴炉结构简单，电极间距可调，但炉口的有效使用面积小，只有盐浴面的2/3，其余的1/3面积被电极区所占据，不能用于生产，并且在电极与盐面交界处极易氧化，造成"缩颈"现象，加速了电极的损坏，因此电极寿命很短。

插入式电极一般放置在炉膛一侧。因此，在电极附近的熔盐温度较高，远离电极一侧的坩埚底部温度最低，此处的盐甚至不能熔化，盐浴有效深度大为减小，影响正常生产。此种情况在中温炉中最为常见。为了克服插入电极盐浴炉的不足，又研究出埋入式电极盐浴炉。

埋入式电极盐浴炉的电极埋没在坩埚下部侧壁里，只有一个面与熔盐接触。其电源用单相和三相均可。根据电极埋入的方式又可分为侧埋式和顶埋式两种（图 4.2）。

由于埋入式盐浴炉的电极不占据坩埚内部空间，所以在同样有效工作空间的情况下，坩埚截面尺寸就可以缩小，因而显著地提高了炉子的热效率，可以节电20% ~ 30%。另外，由于电极上部不暴露在空气中，所以对于高温盐浴炉来说，电极寿命比插入式要长好几倍。从使用角度看，因为无电极引出柄在炉膛中，故工件装、出炉方便；熔盐的温度比较均匀，工件接触电极的可能性一般较小，而且便于捞渣。

埋入式电极盐浴炉也存在不足之处：电极结构比较复杂，锻造、焊接工作量大；坩埚与电极固定在一起，二者不能单独更换，电极损坏时，坩埚也要相应更换，砌炉麻烦；电极间距不能调节，电极形状、尺寸、布置要求高，功率不可调节。

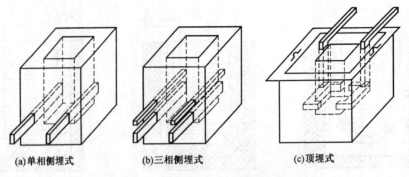

(a) 单相侧埋式　　(b) 三相侧埋式　　(c) 顶埋式

图 4.2　埋入式电极盐浴炉电极的埋入方式

为了克服电极间距不可调的缺点,又有人采用埋入式可调石墨电极盐浴炉,其结构见图 4.3。这种盐浴炉的特点是:石墨电极的使用寿命很长,所烧损的石墨在熔盐中可作为脱氧剂,降低熔盐中氧的含量,减轻工件的氧化脱碳。石墨电极损耗后,可以通过炉壁向炉膛内推进补充,直到发出所要求的功率为止。因此,电极的寿命非常长。制造这种盐浴炉的关键是石墨电极既能灵活调节,又不能漏盐,要求电极与套筒的公差配合精度高。

管状电热元件加热的浴炉也属于内热式浴炉,它由管状电热元件、坩埚和炉衬等组成。这类炉子适合于低温使用,像硝盐炉、碱浴炉、油炉均可采用管状电热元件加热。管状电热元件的形状有很多种,"W"形管状电热元件使用居多。其外形结构见图 4.4。

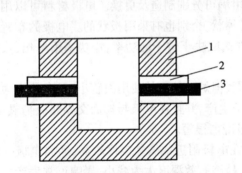
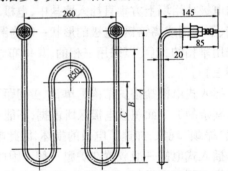

图 4.3　埋入式可调石墨电极盐浴炉　　　　图 4.4　"W"形管状电热元件的结构图
1—坩埚;2—套筒;3—可调石墨电极

采用管状电热元件加热有许多优点,炉体结构简单,炉温比较均匀,炉温容易调节控制,灵敏度较高,使用维修方便。但也存在不足,就是在硝盐炉中使用时电热元件容易被腐蚀,即使使用不锈钢制作,使用寿命也不够长。

4.2　电极盐浴炉的设计

电极盐浴炉的设计原理与一般加热炉相似,由于其特殊性的传热方式和炉子的结构特点,目前还没有完善具体的设计方法。大多数都采用近似法或经验公式法进行设计。

其设计内容包括:①电极盐浴炉的结构设计;②浴槽尺寸的确定;③炉子功率的确定;④电极的设计;⑤启动电阻的计算;⑥变压器的选择;⑦抽风机及自动化装置设计等。

4.2.1 电极盐浴炉的结构设计

电极盐浴炉的炉体结构由炉体、耐火材料或金属材料坩埚、炉胆、电极、电极柄、铜排和炉壳等组成。

1. 炉体结构设计

炉底一般用硅藻土砖砌筑,最底层用成型砖砌成方格子,在方格中空部分填充保温材料散料;炉壁的保温层一般用耐火砖和保温成型砖砌筑,其厚度参见表4.2。炉底用角钢焊接成炉架。炉体的砌砖体外面用钢板做炉壳。由于炉底承受较大的负荷,所以炉底钢板一般5~8 mm的厚钢板,四周可用3~4 mm厚的钢板。在炉壳的钢板内最好放置一层厚度为5 mm左右的石棉板,防止炉体受潮。

表4.2 电极浴炉炉衬厚度

工作温度/℃	耐火层厚度/mm		保温层厚度/mm
	耐火混凝土	耐火砖	
150~650	150~180	180~200	100~150
650~1 000	160~230	180~230	120~160
1 000~1 350	180~250	220~270	140~200

对于侧埋式盐浴炉,在埋放电极一侧的炉墙要适当加厚。并且为了便于更换坩埚及防止漏盐,一般将炉体与坩埚之间放入炉胆,将二者分开,同时炉胆对坩埚又起到加固的作用。炉墙的结构取决于炉温的高低,中低温炉可采用一层保温层,高温炉采用耐火层保温层炉墙。

2. 坩埚与炉胆的结构设计

坩埚是在钢板焊成的炉胆内用耐火材料砌成。炉胆可用厚钢板连续焊接而成,对于大型高温盐浴炉炉胆四周,为了防止胀裂漏盐,最好再包焊角钢。

坩埚采用重质耐火砖、高铝砖(标准砖或异形砖)砌筑,也可用耐火混凝土捣制成形。埋入电极的那一侧的壁厚应大一些,有利于增加强度和防止漏盐。炉胆一般用6~8 mm钢板焊接而成。在炉胆内壁可贴一层耐火纤维毡,使耐火混凝土坩埚与炉胆隔绝,不致相互黏结,既便于拆除废耐火混凝土坩埚,又增加炉子的保温能力。

由于侧埋式浴炉电极从后面引出,炉胆后壁应留有电极引出孔。孔的尺寸每边都比电极大10 mm,以防止电极与炉胆相碰短路。两孔之间应割缝5 mm以上,然后用非磁性的不锈钢补焊,以减少炉胆上涡流磁滞发热损耗。炉胆上应焊上吊耳,以便吊装。侧埋式电极盐浴炉的炉胆结构见图4.5。

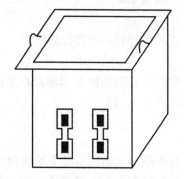

图4.5 侧埋式电极盐浴炉的炉胆

3. 坩埚材料的选择

盐浴炉坩埚材料有耐火砖和耐火混凝土两种。其中耐火砖一般采用标准重质耐火黏土砖或重质高铝砖。对于连续使用的盐浴炉或高温盐浴炉一般采用高铝砖砌筑坩埚,延长其使用寿命。采用砖砌坩埚时要求砖缝相互错开并且砖缝要小,一般要求不大于1 mm,同时使用与耐火砖成分接近的耐火泥浆作为黏结剂。

坩埚也可以用耐火混土捣制成整体炉衬,这样的炉衬没有砖缝,减少漏盐现象,使用寿命一般比砖砌坩埚长,如果能够批量制造可以降低生产成本。

4.2.2 浴槽尺寸的确定

浴槽尺寸主要根据盐浴炉的生产率,所处理工件的质量、形状、尺寸,热处理工艺规范及工件的夹具等来确定。

在确定盐槽尺寸之前,首先必须确定所需熔盐的容积。若熔盐的容积过小,蓄热不足,装入工件后就会导致熔盐温度急剧下降,延长加热时间,降低生产率;若熔盐的容积过大,将延长盐浴炉的启动升温时间,增加热损失。对于分批装料的周期作业盐浴炉,熔盐所具有的热量一般保证工件装入后熔盐的温度下降在 10~20℃ 范围内。

盐浴炉浴槽尺寸的确定方法有类比法和经验计算法两种。确定的基本原则是:由于放入工件以后盐浴面会上升,因此为了防止放入工件后熔盐外溢,浴槽深度要比熔盐的深度大一些;为了减少盐浴面的散热损失,应尽可能使浴面面积减少。

1. 类比法

根据工件的具体形状、尺寸、装炉量,与标准浴炉尺寸相比较来确定。

2. 经验计算法

(1)熔盐体积的确定。根据炉子的生产率来确定所需熔盐的质量,进而确定所需熔盐的体积。

当要求炉子的生产率为 $g(kg/h)$,则所需熔盐的质量 $G(kg)$ 可以按照下述经验公式计算:

低温盐浴炉
$$G = (5 \sim 10)g \tag{4.1}$$

中温盐浴炉
$$G = (2 \sim 3)g \tag{4.2}$$

工件经过预热的高温盐浴炉
$$G = (1 \sim 1.5)g \tag{4.3}$$

根据熔盐的质量 G 和熔盐在工作温度下的密度 $\gamma_t(kg/m^3)$,可以计算出在工作温度下熔盐的容积 V_t,即

$$V_t/m^3 = \frac{G}{\gamma_t} \tag{4.4}$$

各种熔盐在不同温度下的物理性能见表 4.3。

(2)浴槽尺寸 $V_{槽}$ 的确定。对于插入式电极盐浴炉其浴槽尺寸应根据以下公式来计算。

$$V_{槽} = V_t + V_1 + V_2 + V_3$$

式中 V_1——预处理的工件及夹具的体积,m^3;

V_2——盐浴面距离浴槽上口的距离(一般为 100~150 mm);

V_3——插入电极的体积,m^3。

对于埋入式电极盐浴炉其浴槽尺寸应根据公式 $V_{槽} = V_t + V_1 + V_2$ 来计算。式中的符号含义同上。浴槽的深度、横截面积要根据其体积确定。

表 4.3　几种常用熔盐的物理性能

物理性质	碱金属、亚硝酸盐和硝酸盐的混合盐	碱金属和硝酸盐的混合盐	碱金属、氧化物和碳酸盐的混合盐	碱金属和氯化物的混合盐	碱金属与碱土金属氯化物的混合盐	碱土金属氯化物
熔点/℃	145	170	590	670	550	960
25℃时密度/(kg·m^{-3})	2 120	2 150	2 260	2 050	2 075	3 870
工作温度/℃	300	430	670	850	750	1 290
在工作温度时密度/(kg·m^{-3})	1 850	1 800	1 900	1 600	2 280	2 970
固体比热容/(kJ·(Kg·K)$^{-1}$)	1.340	1.340	0.963	0.837	0.586	0.377
液体比热容/(kJ·(kg·K)$^{-1}$)	1.549	1.507	1.424	1.089	0.754	0.502
熔化热/(kJ·kg^{-1})	127.7	230.2	368.4	669.9	345.4	182.1

4.2.3　盐浴炉功率的确定

1. 电极盐浴炉功率与熔盐体积的关系

功率是关系到炉子能否正常工作的指标,其值可以根据热平衡方法计算,但是由于盐浴炉的能量支出项中炉子的散热损失项目很多,并且随着温度的升高而增大,计算很复杂,并且很难计算准确,因此一般采用经验法确定盐浴炉的功率。通常采用的方法是熔盐容积法,也就是在一定温度下利用熔盐容积与功率之间的关系计算。

$$P = p_0 V_t \tag{4.5}$$

式中　P——盐浴炉的功率,kW;

p_0——单位容积功率,kW/dm^3;

V_t——熔盐在工作温度下的体积,dm^3。

p_0值随着炉温的升高而增大,随熔盐容积的增大而减小。一般情况下,p_0的选用可以参见表 4.4。有时为增大炉子功率储备,缩短升温时间,而采用上限数据。

表 4.4　电极盐浴炉单位容积所需功率 p_0　　　　　　　　　　　　kW/dm^3

功率 P_0/kW　　工作温度/℃ 熔盐体积/dm^3	150~650	650~950	1 000~1 300
<10	0.6~0.8	1.0~1.2	1.6~2.0
10~20	0.5~0.6	0.8~1.0	1.2~1.6
20~50	0.35~0.5	0.5~0.8	1.0~1.2
50~100	0.20~0.35	0.35~0.5	0.7~1.0
100~300	0.14~0.20	0.20~0.35	0.5~0.7
300~500	0.10~0.14	0.14~0.20	0.4~0.5
500~1 000	0.08~0.10	0.10~0.12	0.3~0.4
1 000~2 000	0.04~0.08	0.08~0.10	—
2 000~3 000	0.02~0.04		

对埋入式电极盐浴炉,常采用大一级别的功率。

4.3 电极的设计

电极盐浴炉的电极是根据炉子的功率来进行布置的。当电极盐浴炉的功率小于35 kW时,为单相;当大于50 kW时,为三相;当功率介于35～50 kW之间时,采用单相和三相均可。盐浴炉的电极一般用低碳钢制造。电极的形状、尺寸及其在炉内的布置方式对盐炉发出功率的大小、三相电流平衡度、炉温均匀性及电极的寿命均有很大影响。

4.3.1 插入式电极盐浴炉的电极设计

1. 电极的形状及其布置

插入式电极盐浴炉的电极大多为棒状,横截面常用圆形,也有用方形的,少数电极为板状的。当炉子的功率小于35 kW时采用单相布置,见图4.6。

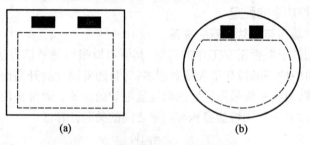

图4.6 盐浴炉中电极的单相布置

当炉子的功率大于35 kW时可以选择三相布置电极,具体布置方式见图4.7。不同的布置方式具有不同的特点。

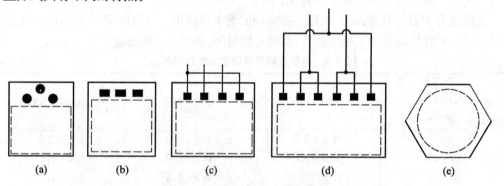

图4.7 三相电极盐浴炉的电极布置

如果将三根圆棒状电极等距离布置在炉膛的一侧,这样容易使三相电流平衡,但是盐槽容积的利用率较差,见图4.7(a)。如果将三根电极排成一排布置炉膛的一侧,这样炉膛容积的利用率提高了,但是三相电流不平衡,见图4.7(b)。当炉膛长度较大时,电极可按照三相四极式并排布置,使距离最远的两根电极同相,见图4.7(c),这样可以改善三相电流的不平衡状态。如果炉膛长度很大,这时可以采用三相六极并排布置的方式,可以用一台三相盐炉变压器供电,也可以用三台单相盐炉变压器供电,见图4.7(d)。上面所说的电极布置的几种情况都是侧置式的。

对于对置式电极布置方式,电极分离布置在坩埚对侧边,电极制成板状镶在侧壁内,一个侧面与盐浴接触,见图4.7(e)。这时电极导电面积很大,电流密度较小,电极使用寿命较长。这种浴炉电流可以通过整个炉膛,炉温均匀,但是电流容易通过工件,使工件尖角过热,所以使用于处理形状简单的工件。另外,由于电极间距较大,工作电压要高一些。

2. 电极尺寸及电极参数的确定

由于插入式电极盐浴炉可以通过调整电极间距来调节其在额定挡时发出功率的大小,因此对电极的要求并不是很严格,只要设计出来的电极能满足炉子功率的要求,保证其正常工作,并且具有较长的使用寿命即可,所以一般不必进行计算,可以按照表4.5列出的电极截面尺寸直接选用。也可以按式(4.6)计算确定电极尺寸。

$$I/A = fi \tag{4.6}$$

式中 f——电极的横截面积,cm^2;

i——电极横截面允许的电流密度,可以取 $60 \sim 80 \ A/cm^2$,炉温高时取下限,A/cm^2。

又

$$I = \frac{10^3 P}{U} \tag{4.7}$$

式中 P——对电极所分担的盐炉额定功率,一般不超过 50 kW;

U——额定挡时电极的端电压,等于变压器额定挡的次级电压,减去铜排、电极柄及盐炉变压器的阻抗压降,V。

从而可知,电极的横截面积 f 为

$$f = \frac{10^3 P}{Ui} \tag{4.8}$$

求出电极横截面积后,再计算出电极工作部分的直径或边长。

表4.5 插入式电极盐浴炉电极横截面积与炉子功率的干系

炉子功率/kW	相数	电极数目	电极截面边长或直径/mm
10	1	2	35
15	1	2	40
20	1	2	45
25	1	2	50
30	1	2	55
50	1	2	75
35	3	3	45
60	3	3	60
75	3	3	60
100	3	3	80~90

对于侧置式电极,其电极间距一般为 50~70 mm,电极与坩埚壁之间距离一般为 30~50 mm。对于对置式电极,其电极间距取决于炉膛的尺寸。无论哪种电极布置,为了保证盐浴循环流动和防止氧化皮或漏失工件沉积引起短路,其电极与坩埚底部要有一定的距离,此距离一般取 80~100 mm。电极在盐浴炉内插入熔盐的深度一般不超过 1.5 m,对于深井式盐浴炉,为了保证炉温上下均匀一致,将电极分成两组或三组进行布置。

电极导电表面上的电流密度因盐浴温度不同而不同,一般在 5~40 A/cm² 范围内,见表 4.6。为了减少电极柄的电消耗,一般要求电极柄的横截面积是电极的 1.25 倍。

表 4.6 电极表面电流密度与盐浴温度的关系

温度/℃	200	400	600	800	1 000	1 200	1 300
$I/(\mathrm{A}\cdot\mathrm{cm}^{-2})$	5	8.4	12.4	17.2	23.6	32.4	40

4.3.2 埋入式电极盐浴炉的电极设计

埋入式电极盐浴炉的电极,根据电极埋入位置不同分为侧埋式电极和顶埋式电极两种。侧埋式电极是从炉子的后墙壁直接插入炉内的,在电极与砌砖体相接处的地方容易漏盐,必须采用冷却装置防止熔盐漏出伤人;而顶埋式电极是将电极柄直接从坩埚顶部垂直埋入坩埚内,并且其下端与埋在坩埚内的电极相连,这种结构不易漏盐,但是电极的砌筑和焊接麻烦,工作量大。

1. 侧埋式电极的形状及其布置

侧埋式电极盐浴炉的电极一般为直条状,电极穿过坩埚后壁水平对称埋在坩埚两侧壁内,电极的长度与炉膛的长度相同,电极间距为炉膛宽度。

(1)单相两极。两根电极对称水平布置在坩埚的两侧壁内,电极间距较大为炉膛宽度。其优点是电极结构简单,导电表面上的电流密度接近一致,从而使炉温均匀,电极烧损均匀并且较慢,功率比较稳定。但是当炉膛宽度较大时,电极间的熔盐电阻增大,为了使盐炉发出足够的功率,就必须增大电极的高度,这样就减小了炉膛的有效深度。所以它仅适用于炉子功率小于 25 kW 的浴炉。常用电极高度一般为 80~132 mm。

(2)三相四极。采用双层布置,下层两根电极高度与单相单极相同,分别接电源的 A、B 相;上层两根电极高度较小,在炉外并联后接电源的 C 相,使它们处于同电位,可以减小电极区对工件加热的影响。此结构形式仅适用于中等功率的盐炉,其中上层电极的高度一般为 50~65 mm,下层电极高度一般为 100~132 mm,两层之间的间距一般为 80~132 mm。

(3)三相六极。电极分三层布置,适用于功率大、炉膛深的盐炉。其优点是可以提高炉膛上下温度的均匀性;但是当工件伸入电极区时容易造成工件的局部过热,同时电极数量增多,增加了炉子坩埚结构的复杂性。

侧埋式电极盐浴炉的优点是:电极形状简单,制造方便,坩埚砌筑容易;电极柄短,电压降小;电极烧损均匀,寿命长,功率下降慢;炉面平整便于操作。但也存在很多不足:电极柄引出处必须加冷却装置,更换电极时要拆卸炉子后墙和炉壳。

2. 顶埋式电极形状及其布置

顶埋式电极常见的几种布置形式见图 4.8。

(1)单相电极。电极形状有直条形、马蹄形和直角形,见图 4.8(a)、图 4.8(b)、图 4.8(c)。其中直条形电极形状和布置与侧埋式完全相同,但是由于顶埋式电极柄由顶端插入,不涉及漏盐的问题,不需要外加冷却装置。而直角形和马蹄形电极与直条形相比,延长了电极长度,缩短了局部电极间距,从而降低了电极间的熔盐电阻,增大了输入功率。但是由于电极各处的距离不等,电极导电面上的电流密度不均匀,电流大量集中在间距最短的地方,导致该处温度较高,电极局部烧损较快,同时还会降低炉温的均匀性和功率的稳定性。

(2)三相三极块状电极。常用的三相电极有两种形式,见图 4.8(d)、图 4.8(e)。一种

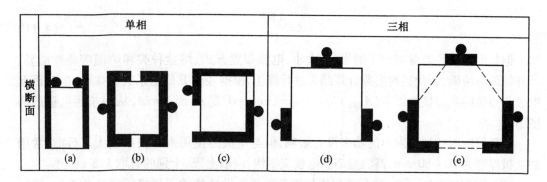

图 4.8 顶埋式电极盐浴炉的电极布置

是直条块状电极,其结构简单,制造方便,布置于坩埚三侧,但三相负荷不平衡,而且电极间距较大。它只适用于炉膛宽度小于长度,而且炉膛宽度不超过 350 mm,否则电极高度过大。另一种是直角状电极,可以缩短电极间距,容易做到三相电极等距离,从而达到功率平衡,但是电极较复杂。它可用于炉膛较宽的大功率的盐炉。

顶埋式电极盐浴炉的优点是:电极区高度小,电极柄不需要冷却,炉胆不用开孔,不会产生漏盐的现象,坩埚更换方便。

3. 电极尺寸的确定

由于埋入式电极固定在坩埚内,电极间距不可调,在实际使用过程中不能通过改变电极间距来调节炉子的功率,因此设计电极时,必须准确地确定电极尺寸。常用的方法有理论计算法、模拟试验法和直接仿效法。这里只介绍理论计算法和直接仿效法。

(1)理论计算法。理论计算法是以式(4.6)和式(4.7)为基础进行计算的。对于三相埋入式电极,由于电极种类很多,形状有的也比较复杂,电极间电流密度分布又很不均匀,因而目前还很难对其电极尺寸进行理论计算,一般均按照经验参考现有盐炉使用情况来确定。对于单相直条形电极的尺寸可以按照理论计算法来确定电极尺寸,但要对计算结果进行修正。具体计算过程如下:

单相埋入式电极盐浴炉的电极间距一般为炉膛的宽度(B),电极的长度为炉膛的长度,则电极与熔盐接触的面积(A)等于电极长度(L)与电极高度(h)的乘积,即

$$A = Lh$$

由于单相电极盐炉的功率 P 为

$$P = UI = \frac{U^2}{R_t} \tag{4.9}$$

式中　I——流经熔盐的电流,A;
　　　U——电极间电压,V;
　　　R_t——电极间熔盐电阻,Ω。

而 R_t 又决定于熔盐的电阻率 ρ_t、电极与熔盐接触的面积 A 和电极间距 B,即

$$R_t = \rho_t \frac{B}{A} \tag{4.10}$$

由式(4.9)和式(4.10)可以得到电极与熔盐的接触面积 A 为

$$A = \frac{\rho_t BP}{U^2} \tag{4.11}$$

但是电极的参数常随炉子的形状、大小、电极布置方式、熔盐种类和炉温等条件而异,计算结果不精确,因此要对实际计算结果进行修正,根据经验其修正系数为 0.6~0.7,因此电极与熔盐的实际接触面积($A_{实际}$)为:$A_{实际} = (0.6~0.7)A$,而 $A = Lh$,从而求得电极的高度值。

电极厚度对盐浴炉发出的功率没有影响,但与电极的使用寿命关系很大。目前,常用的电极厚度为 60~80 mm,高温盐浴炉电极烧损快,应取上限,个别的有取 113 mm 厚。

(2)直接仿效法。此方法是直接模仿或参考与所设计的炉子规格相同或相近的、使用性能良好的现有浴炉进行设计,这种方法简便可靠。

4.3.3 电极柄与汇流排的设计

电极柄用低碳钢制造,电极柄与电极之间通过焊接连接在一起,焊接部位要求焊透。为了减少电极柄产生的电压降和发热损失,一般要求电极柄的截面积一般为电极的 1.25 倍左右,一般按截面允许电流密度 75~100 A/cm² 进行核算。

埋入式盐浴炉电极柄一般需要采取冷却措施,防止熔盐漏出。冷却方法一般采用水冷套进行冷却(图 4.9)。在电极柄部用 5 mm 左右的钢板焊成水套,长度为 100~120 mm;内腔宽度为 25~30 mm,内部通入循环水进行冷却。

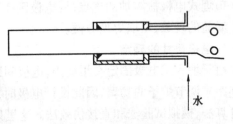

图 4.9 电极柄部水冷套结构

电极柄尾部通过汇流排与变压器相连接,为了使电极柄尾部与汇流排紧密接触,电极柄尾部与汇流排用螺栓连接。因为电极柄尾部有螺栓孔,其尺寸应该更大一些。为了使电极柄尾部与汇流排接触良好,电极柄尾部还应刨平涂锡或焊上一块铜板。

为了减少汇流排上的能量损失,应尽量减小变压器与炉子之间的距离,但也要考虑防止炉子热量对变压器的影响,一般要求二者之间的距离为 1~1.5 m。为了便于生产操作和车间平面布置,一般要求盐炉变压器、盐炉和操作位置排成一线,并使炉膛长度方向面对操作者。对于难于布置的大型炉子,要保证炉膛长边面对操作者,变压器可安放在炉子的一侧。

汇流排必须与炉壳之间保持绝缘,防止短路。对于汇流排的截面尺寸应根据变压器工作时的次级最大电流进行选择。大电流时的汇流排通常用铜排。

4.4 盐炉变压器的选用、抽风装置及盐炉启动

4.4.1 盐炉变压器的选用

盐炉变压器为低电压大电流变压器,初级电压一般为 380 V 或 220 V,次级电压在安全电压 36 V 以下,分档调节。盐炉变压器的功率应按盐炉设计的额定功率增大 10%~20% 选择。我国常用的盐浴炉变压器主要有以下几种。

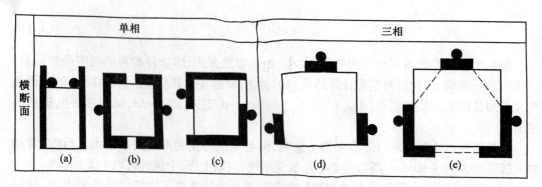

图 4.8 顶埋式电极盐浴炉的电极布置

是直条块状电极,其结构简单,制造方便,布置于坩埚三侧,但三相负荷不平衡,而且电极间距较大。它只适用于炉膛宽度小于长度,而且炉膛宽度不超过 350 mm,否则电极高度过大。另一种是直角状电极,可以缩短电极间距,容易做到三相电极等距离,从而达到功率平衡,但是电极较复杂。它可用于炉膛较宽的大功率的盐炉。

顶埋式电极盐浴炉的优点是:电极区高度小,电极柄不需要冷却,炉胆不用开孔,不会产生漏盐的现象,坩埚更换方便。

3. 电极尺寸的确定

由于埋入式电极固定在坩埚内,电极间距不可调,在实际使用过程中不能通过改变电极间距来调节炉子的功率,因此设计电极时,必须准确地确定电极尺寸。常用的方法有理论计算法、模拟试验法和直接仿效法。这里只介绍理论计算法和直接仿效法。

(1)理论计算法。理论计算法是以式(4.6)和式(4.7)为基础进行计算的。对于三相埋入式电极,由于电极种类很多,形状有的也比较复杂,电极间电流密度分布又很不均匀,因而目前还很难对其电极尺寸进行理论计算,一般均按照经验参考现有盐炉使用情况来确定。对于单相直条形电极的尺寸可以按照理论计算法来确定电极尺寸,但要对计算结果进行修正。具体计算过程如下:

单相埋入式电极盐浴炉的电极间距一般为炉膛的宽度(B),电极的长度为炉膛的长度,则电极与熔盐接触的面积(A)等于电极长度(L)与电极高度(h)的乘积,即

$$A = Lh$$

由于单相电极盐炉的功率 P 为

$$P = UI = \frac{U^2}{R_t} \qquad (4.9)$$

式中 I——流经熔盐的电流,A;
　　　U——电极间电压,V;
　　　R_t——电极间熔盐电阻,Ω。

而 R_t 又决定于熔盐的电阻率 ρ_t、电极与熔盐接触的面积 A 和电极间距 B,即

$$R_t = \rho_t \frac{B}{A} \qquad (4.10)$$

由式(4.9)和式(4.10)可以得到电极与熔盐的接触面积 A 为

$$A = \frac{\rho_t BP}{U^2} \tag{4.11}$$

但是电极的参数常随炉子的形状、大小、电极布置方式、熔盐种类和炉温等条件而异，计算结果不精确，因此要对实际计算结果进行修正，根据经验其修正系数为 0.6~0.7，因此电极与熔盐的实际接触面积($A_{实际}$)为：$A_{实际} = (0.6~0.7)A$，而 $A = Lh$，从而求得电极的高度值。

电极厚度对盐浴炉发出的功率没有影响，但与电极的使用寿命关系很大。目前，常用的电极厚度为 60~80 mm，高温盐浴炉电极烧损快，应取上限，个别的有取 113 mm 厚。

(2) 直接仿效法。此方法是直接模仿或参考与所设计的炉子规格相同或相近的、使用性能良好的现有浴炉进行设计，这种方法简便可靠。

4.3.3 电极柄与汇流排的设计

电极柄用低碳钢制造，电极柄与电极之间通过焊接连接在一起，焊接部位要求焊透。为了减少电极柄产生的电压降和发热损失，一般要求电极柄的截面积一般为电极的 1.25 倍左右，一般按截面允许电流密度 75~100 A/cm² 进行核算。

埋入式盐浴炉电极柄一般需要采取冷却措施，防止熔盐漏出。冷却方法一般采用水冷套进行冷却(图 4.9)。在电极柄部用 5 mm 左右的钢板焊成水套，长度为 100~120 mm；内腔宽度为 25~30 mm，内部通入循环水进行冷却。

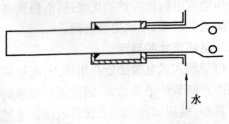

图 4.9 电极柄部水冷套结构

电极柄尾部通过汇流排与变压器相连接，为了使电极柄尾部与汇流排紧密接触，电极柄尾部与汇流排用螺栓连接。因为电极柄尾部有螺栓孔，其尺寸应该更大一些。为了使电极尾部与汇流排接触良好，电极柄尾部还应刨平涂锡或焊上一块铜板。

为了减少汇流排上的能量损失，应尽量减小变压器与炉子之间的距离，但也要考虑防止炉子热量对变压器的影响，一般要求二者之间的距离为 1~1.5 m。为了便于生产操作和车间平面布置，一般要求盐炉变压器、盐炉和操作位置排成一线，并使炉膛长度方向面对操作者。对于难于布置的大型炉子，要保证炉膛长边面对操作者，变压器可安放在炉子的一侧。

汇流排必须与炉壳之间保持绝缘，防止短路。对于汇流排的截面尺寸应根据变压器工时的次级最大电流进行选择。大电流时的汇流排通常用铜排。

4.4 盐炉变压器的选用、抽风装置及盐炉启动

4.4.1 盐炉变压器的选用

盐炉变压器为低电压大电流变压器，初级电压一般为 380 V 或 220 V，次级电压在安全电压以下，分档调节。盐炉变压器的功率应按盐炉设计的额定功率增大 10%~20% 选择。常用的盐浴炉变压器主要有以下几种。

1. 空气变压器

这类变压器有 ZUDG 和 ZUSG 型,型号含义:ZU 为盐炉电阻;D 为单相;S 为三相;G 为干式。这类变压器的冷却效果较好,绝缘可靠,结构坚固,运行安全;可以超负荷使用,但运行时间不能太长,一般不超过 1.5 h。这类变压器也存在不足之处:如调压挡数较少(5~8挡),调压时必须断电,容易使炉温波动,控温精确不宜控制。这类变压器的规格见表 4.7。

表 4.7 空气变压器的规格

型号	额定功率/kW	相数	初级电压/V	次级电压/V	线圈连接组标号
ZUDG-25	25	1	380	10~35	1/1~12
ZUSG-35	35	3	380	10~35	Y-△/Y-12-1
ZUDG-50	50	1	380	10~35	1/1~12
ZUSG-50	50	3	380	10~35	Y-△/Y-12-1
ZUSG-75	75	3	380	10~35	Y-△/Y-12-1
ZUSG-100	100	3	380	10~35	Y-△/Y-12-1
ZUSG-150	150	3	380	10~35	Y-△/Y-12-1
ZUSG-200	200	3	380	10~35	Y-△/Y-12-1

2. 双水内冷盐浴炉变压器

这类变压器有 ZUDN 型和 ZUSN 型,可向铜管绕组内通水冷却,水压 100~200 kPa,水温≤30 ℃,出水温度 50 ℃,要求防止漏水,切忌断水通电。其缺点是消耗大量清洁软化水。其规格见表 4.8。

表 4.8 ZUDN 型和 ZUSN 型变压器技术参数

型号	开关位置	功率/kW	初级侧 电压/V	初级侧 电流/A	次级侧 电压/V	次级侧 电流/A	水量/(kg·h^{-1}) 初级侧	水量/(kg·h^{-1}) 次级侧
ZUDN-503	1	27.8	380	73	6.0	4 630	120	300
	2	34.7	380	91.5	7.5		120	300
	3	40.3	380	106	8.7		120	300
	4	55.6	380	146	12		120	300
	5	69.5	380	183	15		120	300
	6	80.6	380	212	17.4		120	300
ZUSN-753	1	43.3	380	63.8	6.57	3 800	150	250
	2	52.8	380	80.2	8.01	3 800	150	250
	3	66.2	380	101	10.13	3 800	150	250
	4	75	380	114	11.4	3 808	150	250
	5	90	380	137	13.8	3 760	150	250
	6	105	380	153	17.6	3 445	150	250
ZUSN-753	1	56	380	88.4	6.57	5 110	220	330
	2	71	380	108	8.01	5 110	220	330
	3	90	380	137	10.13	5 110	220	330
	4	101	380	153.2	11.4	5 110	220	330
	5	119	380	181	13.8	4 470	220	330
	6	140	380	212.7	17.6	4 600	220	330

3. 油浸式带电抗器的盐浴炉变压器

这类变压器用油浸提高冷却效果,并装有电抗器,可以带电调级,并分13级电压调节,便于调节炉温。其规格见表4.9。

表4.9 油浸式带电抗器的盐浴炉变压器技术参数

额定功率/kW	电压/V		电流/A	
	初级	次级	初级	次级
35	380	10~25	92	1 400
55	380	10~25	145	2 200

4. 磁性调压器

磁性调压器是借助激磁线圈中的电流变化,来改变铁芯的磁导率和初级线圈的感应电阻,可以实现连续无级调节,使电流平稳变化,并可以自动控制。其技术规格见表4.10。

表4.10 $TDJH_2$、TSJH 磁性调压器技术参数

型号	定额功率/kW	相数	频率/Hz	额定输入电压/V	额定输出电压/V	直流控制电流/A
$TDJH_2$-10/0.5	10	1	50	380	5~35(10~70)	2
$TDJH_2$-20/0.5	20	1	50	380	5~35(10~70)	5
$TDJH_2$-50/0.5	50	1	50	380	5~35(10~70)	10
$TDJH_2$-100/0.5	100	1	50	380	5~35(10~70)	15
$TDJH_2$-125/0.5	125	1	50	380	5~35(10~70)	20
TSJH-50/0.5	50	3	50	380	5~35(10~70)	15
TSJH-63/0.5	63	3	50	380	5~35(10~70)	15
TSJH-80/0.5	80	3	50	380	5~35(10~70)	15
TSJH-100/0.5	100	3	50	380	5~35(10~70)	15
TSJH-125/0.5	125	3	50	380	5~35(10~70)	20

4.4.2 盐浴炉排烟装置的设计

为了防止盐浴蒸汽、油烟等污染车间环境,浴炉应设排气装置。常用排气装置有两种形式:一是在炉口上部装设排气罩;二是在炉口侧面装设排气口。

排气罩连接在炉体上,侧面留有操作口,罩壳垂直高度为550~600 mm。罩顶排气管与总排气管相接,排气量可按式(4.12)计算

$$V = 3\ 600 f v_1 \tag{4.12}$$

式中 V——排气量,m^3/h;

f——操作口截面积,m^2;

v_1——操作口吸入气体流速,v_1 值见表4.11,m/s。

表4.11 上排气罩操作口吸入气体流速

盐浴炉类别	有害挥发烟气	吸入气体流速/(m·s^{-1})
氰盐浴炉	氰盐烟气	1.5
1 300 ℃盐浴炉	盐烟气	1.2
650~950 ℃盐浴炉	盐烟气	1.0
≤650 ℃盐浴炉	盐烟气	0.7
铅浴炉	铅烟气	1.5

排气罩出口直径为

$$d = \sqrt{\frac{V}{900\pi v_2}} \tag{4.13}$$

式中　　d——排气罩出口直径，m；
　　　　v_2——排气口气流速度，$v_2 = 6 \sim 8$ m/s。

为了操作方便，普遍采用侧排风装置，小型炉子采用单侧排风，大型炉子采用双侧排风，排气口的宽度约等于炉口的宽度，高度可取 100 mm 左右，排气口的气流速度可取 $6 \sim 8$ m/s，排气量仍可按式(4.12)计算。

4.4.3　电极盐浴炉的启动

由于固态盐的电阻值很大，不能在工作电压下使其导通，因此，在浴炉开始工作时首先用相应的启动方法使电极间的盐熔化，工作电极导通之后浴炉才可以正常工作。电极盐浴炉的启动方法很多，应用较多的是金属电阻启动法。

金属电阻启动法就是用金属启动电阻通电后产生的热量将盐熔化，然后在熔盐导电的情况下，再用电极通电将熔盐加热到工作温度的方法。金属启动电阻一般用低碳钢制成折带形和螺旋形，其结构图见图4.10。其中螺旋形常见，因为螺旋形启动电阻发热集中，促使螺旋线圈中的盐柱很快熔化，效果较折带形启动电阻好。

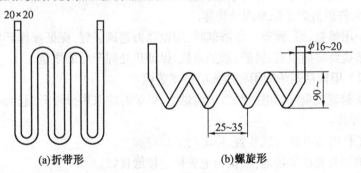

(a)折带形　　　　　　　(b)螺旋形

图 4.10　启动电阻的结构图

折带形启动电阻用边长为 20 mm 的正方形条钢制成，展开长度约 1 500 mm，其截面电流不大于 20 A/cm²。启动电阻应尽量靠近主电极，使电极附近的盐熔化较快，以缩短启动时间。

螺旋形启动电阻可用直径 $16 \sim 20$ mm 低碳钢绕制，螺旋线圈的直径可选用 $90 \sim 120$ mm，共 $4 \sim 6$ 圈。由于埋入式电极的间距比较大，所以启动电阻的圈数可适当多些，但两端与电极之间应各留出一小段空隙，一般为 $5 \sim 10$ mm，以保证在使用时不会碰到电极。螺旋线圈的螺距一般为 $25 \sim 35$ mm。

启动电阻引出棒的截面尺寸不应过大，以便在开炉启动时使启动电阻引出棒周围的一圈盐能同时熔化。这样底部熔盐便与大气相通，以免底部的盐熔化后体积膨胀，发生熔盐喷射现象。启动电阻引出棒的截面积一般应比启动电阻的截面大一倍，截面太小容易烧损。为了增大启动电阻的功率，缩短启动时间，也可采用两个螺旋体并联的结构形式。

启动电阻的使用方法：每次停炉前将启动电阻放入熔盐中，并尽可能靠近主电极和坩埚底部。开始启动时，由于启动电阻的冷态电阻值小，为了防止启动电流过大，变压器最好先用低挡。当启动电阻温度升高后,再提高挡数,促使两电极间的盐尽快熔化。当电极间的盐熔化后,将启动电阻与电极柄脱开,随后将变压器调到高挡,使熔盐直接通电加热。这样,既缩短了启动升温时间,又延长了启动电阻的使用寿命。当炉膛深度较大时,也可采用双层结构的启动电阻,在设计时应特别注意两个并联的电阻值(包括启动电阻的引出部分)相等,否则会造成上、下面层启动电阻温差过大。一般采用单相启动电阻。有时启动电阻也可采用三相启动电阻,缩短启动时间。

4.5 浴炉的使用、维修和安全操作

4.5.1 外热式浴炉使用和维修的技术要点

(1)燃料加热浴炉烧嘴应沿坩埚的切线方向安装,为了延长坩埚的使用寿命,防止坩埚局部过热被烧穿,每隔一定时间(如每周)应旋转坩埚30°~40°。

(2)为了防止熔盐流入炉膛,在坩埚凸缘与炉面板之间应用耐火水泥或石棉填垫密封。

(3)为了防止炉罐烧穿后炭黑与硝盐作用引起爆炸,不宜燃料加热硝盐炉。

(4)炉膛底部应设放盐孔,以备发生事故时使熔盐排出,平时用适当材料堵住。

(5)外热式浴炉应用两支热电偶,分别测定盐浴及加热元件附近的炉膛温度,以防止坩埚和电热元件因为炉子跑温而被烧坏。

(6)使用氰盐、铅、碱等有毒浴剂时,应设强力通风装置,保证操作环境良好。

(7)熔盐要定期脱氧、捞渣、添加新盐,保证热处理产品的质量。

4.5.2 电极盐浴炉使用和维修的技术要点

(1)新购置或重修的电极盐浴炉应烘炉,烘炉时应采用分段升温和保温的方式,以防混凝土浴槽开裂。

(2)工作时应开动排风装置,停电时炉口应加盖。

(3)炉壳与变压器接地,铜排与电极柄应接触良好。

(4)盐液面应保持一定高度,以保证工件能均匀、快速加热,应及时脱氧、捞渣,加足够新盐。

(5)电极盐浴炉启动困难,时间长,耗能大。短时停炉时可不必停电,只需加盖在低挡供电下保温;长期停炉应取出部分盐,并安放启动装置。

(6)工件装炉时应与电极、坩埚侧壁、炉底、液面保持一定距离。避免工件落入坩埚,使电极短路,工件落入炉中后应立即断电捞出。

(7)应采用自动控温装置。还应注意变压器运行情况,不宜过载,不得漏油,不得使铁芯过热或油温过高。

(8)使用硝盐时要采取防爆措施。如最高使用温度不能超标;不能与高温盐混合使用;不能用碳化材料做覆盖物等。

(9)定期检查坩埚、电极、电极柄、变压器、水冷却装置等部位有无短路。经常清理各部位的黏盐、氧化铁皮等污染物。

(10)在使用过程中如发现坩埚炉膛有裂缝、掉片时,应及时进行修补,其方法是将熔盐舀出去,用耐火材料将损坏处填实捣固。

(11)坩埚在使用过程中,如果出现裂缝,熔盐便会漏出,造成事故或使电极柄之间短路而烧毁变压器。大量漏盐及短路的特性如下:

①熔盐液面迅速下降,炉壳局部剧烈发热。

②工作挡位未变,电流增大,而炉温下降。

③变压器发出异常声音。

(12)毒性大、易爆炸、腐蚀性强或易潮解的浴剂,如氰盐、硝盐、氯化钡和碱等,应按规定在专门地点,用专用容器包装存放,由专人保管。

(13)浴炉附近应备有灭火装置和急救药品。操作人员应经过训练。浴炉起火应用干砂灭火,不能用水及水溶液扑救,以免使盐飞溅或造成火势蔓延。

4.5.3 电极盐炉的安全操作要求

1. 启动前的准备

(1)新制造的或大修的炉子,应按烘炉要求进行烘炉后方可交付使用。

(2)检查变压器、电器控制各部分的接触、绝缘、安全是否良好,并将变压器调至低挡上。

(3)检查通风装置是否处于正常状态。

(4)把启动电极放入坩埚内,然后再向坩埚内加入固体盐,盐在加入之前必须经过烘干。

(5)检查炉温仪表是否正常,并将控温仪表的指针调至测量挡上。

2. 开炉操作要点

(1)合闸送电,并启动排风装置。当启动电极周围的盐熔化后,启动炉子的主电极升温。待盐全部熔化后,切断电源,将变压器调至高挡继续升温。但应注意,变压器在高挡使用时间不宜过长,否则会损坏电极。

(2)在向炉内加新盐时,要将盐烘干后再缓慢、分批、少量地逐渐加入。成块状的盐球,应先破碎,然后烘干加入,以防止加入时熔盐急剧沸腾,飞溅伤人。

(3)在加热过程中,工件应固定在夹具上或装在金属夹具内吊挂加热,工件和夹具必须经过烘干后才能放入熔盐中,禁止带入水分。

(4)应经常注意变压器是否超负荷运行,温度、通风、水冷却等系统是否正常。如果有不正常的现象时,应立即通知有关人员检查。

(5)采用高温辐射计测温的盐浴炉,其液面位置必须保持一定。辐射计镜头周围的烟气,必须用压缩空气吹散。

(6)调压时必须切断电源,待转动手轮或插孔电极放到要求的电压部位时,且已确认接触良好后,再闭合电源。

3. 停炉操作要点

(1)切断总电源。

(2)可以把盐液全部掏出,如果不全部掏出盐液,则需插入启动电极。当盐液基本凝固后,方可停止抽风。

(3)清理变压器、仪表控制柜、电炉周围的环境,保证其清洁,同时检查设备的紧固部位是否有松动现象。

4.5.4 热处理浴炉的节能方法

热处理浴炉的热量消耗主要有以下几项:加热工件和夹具的热量,炉壁的散热损失,电极的散热损失,浴面的辐射和对流的热量损失,盐熔化和蒸发吸收的热量以及变压器、汇流排等的热量损失。并且浴炉的各项热量消耗随盐炉温度的不同、盐炉浴面尺寸的不同而不同,浴面尺寸越大、盐炉温度越高,辐射热损失越大,所以降低浴面的辐射热损失是浴炉最有效的节能途径。

常见浴炉节能措施主要有以下几个方面:

(1)在盐浴面上盖上隔热材料,如石墨粉、木炭等,来减少盐浴面的辐射热损失。

(2)给炉子加盖,也可以有效降低炉子盐浴面的散热损失。

(3)合理设计炉子的结构,在满足要求的前提下尽量减小电极尺寸,从而可以减少由电极散热而造成的热量损失。

(4)科学组织管理,操作方法得当。避免炉子间歇、停炉期间保温不合理或装料不当等带来的热损失。

(5)其他热损失,如变压器发热,电极接头氧化和松动发热,所用盐熔点过低、蒸发量过大以及工件加热时间过长等,都会增大炉子的热损失。因此在操作中注意加强管理,尽可能减少这类热量损失。

4.6 流动粒子炉

4.6.1 流动粒子炉的结构

流动粒子炉是采用流态化固体粒子作为加热介质的炉子。它是利用流态化技术开发的一种热处理炉,现已广泛应用于热处理生产中。

流动粒子炉由炉体、炉罐、粒子、布风板等部分组成,见图4.11。在炉罐的底部安放布风板,气体通过布风板进入炉膛,使炉膛内的固态粒子形成流态床。工件在流态床中加热、冷却或进行化学热处理。

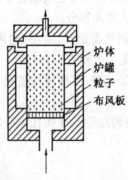

图 4.11 流动粒子炉示意图

4.6.2 流动粒子炉的应用及特点

流态粒子炉应用于淬火、正火、退火、回火、渗碳、渗氮、碳氮共渗、分级淬火以及等温淬火等多种热处理工序。流态粒子炉既有间歇式炉,也有连续式炉。

流态粒子炉的主要优点是：启动升温快，耗能少；炉温均匀，热惰性小；加热和冷却速度可调，热效率高；应用广泛。

思考题

1. 试分析插入式和埋入式电极盐浴炉在结构上、性能上、节能效果以及维修使用等方面的差别。
2. 简述盐浴炉的工作特点。
3. 简述电极盐浴炉在操作上应注意的问题。
4. 在电极选材、连接等方面需要注意哪些问题？
5. 试述流动粒子炉的基本结构和特点。

第5章 可控气氛热处理炉

工件在空气介质中加热容易发生氧化、脱碳,甚至烧损的现象。为了防止此现象产生可以采用如下两种方法进行控制:一种是将炉膛内抽成真空状态,使工件处于真空状态加热,这种热处理称为真空热处理;另一种方法是在炉内充入保护性气体,对加热工件实行保护加热。采用的保护气氛可以是中性气体(如氮气等)或惰性气体(如氩气、氖气等);也可以是还原性气体,如 $CO-CO_2-H_2-H_2O-N_2$ 或者 N_2-H_2 等的混合气体。这种热处理成为可控气氛热处理。

如果对控制气氛的含量进行适当的成分调节,可以实现工件的无氧化无脱碳加热处理。还可以通过控制炉内气氛的成分,使其处于渗碳状态,对工件进行渗碳处理。通过控制炉内气氛的成分可以实现很多种热处理工艺,如硅钢片的脱碳退火、钢铁工件脱碳后的复渗、低碳钢冲压件的穿透渗碳等特殊的热处理工艺。

采用可控气氛热处理,可以改善工件表面的组织结构,提高机器零件的使用性能,减少工件的加工余量或加工工序,以节约金属材料的消耗。可控气氛热处理炉的机械化、自动化程度较高,可以明显提高劳动生产率和改善劳动条件,如今已经在国内外得到广泛的应用。

5.1 可控气氛的类型及制备

在热处理生产中使用的可控气氛有很多种,目前经常应用的可控气氛有放热式气氛、吸热式气氛、氨分解气氛、氨燃烧气氛、滴注式气氛和氮基气氛等。

热处理常用的可控气氛的组分和用途见表5.1。

5.1.1 制备可控气氛的原料

1. 固体原料

其固体原料主要是木炭。将空气通入炽热的木炭层时,通过木炭与空气的反应而生成的气氛,其主要成分是 N_2 和 CO,还有少量的 CO_2、H_2。木炭发生器结构简单,气氛制备容易,投资少,操作方便;但劳动条件很差,木炭消耗量较大,制备的气氛碳势低,成分很不稳定。因此,这类气氛只适用于技术要求不严格的工件保护加热,如对铸锻件进行退火加热时的保护。

2. 液体原料

液体原料主要是有机液体,如甲醇、乙醇、丙醇和丙酮等,一般作为滴注式可控气氛。

3. 气体原料

气体原料主要有工业煤气、液化石油气、天然气、氮气、氨气等。它们可用于制备不同类型的可控气氛。各种工业煤气由于受到生产过程的影响,成分变化较大,用其制备的气氛成分不稳定,而且含硫量也较高。液化石油气主要成分就是丙烷和丁烷,其主要来源是通过炼制石油时分离的产物或者通过开采石油得到的石油气。液化石油气含硫量很低,适于做制备可控气氛的原料气。

表5.1 可控气氛的组成、性质及应用

可控气氛名称	类型	气氛组成(体积分数)/%						高温反应性	应用范围
		CO_2	CO	H_2	H_2O	CH_4	N_2		
吸热式气氛	一般	0.2	24.0	34.0	—	0.4	其余	强还原性 渗碳性	渗碳、光亮加热 (中、高碳钢)
	再处理	0.05	0.05	50~99	—	0~0.4	其余	强还原性 弱渗碳性	光亮加热 (不锈钢、硅钢)
放热式气氛	浓型	5.0	10.5	12.5	0.8	0.5	70.7	还原性 弱脱碳性	光亮加热 (中、低碳钢)
	淡型	10.5	1.5	1.2	0.8		86.0	微氧化性 脱碳性	光亮洁加热 (低碳钢、铜)
	净化	0.05	1.5	1.2			97.5	还原性	光亮加热 (中、高碳钢)
	再处理	0.05	0.05	5.0			94.9	还原性 微脱碳性	光亮加热 (不锈钢、硅钢、铜)
氨分解气氛	净化	—		75.0			25.0	强还原性 弱渗碳性	光亮加热 (不锈钢、硅钢、铜)
氨燃烧气氛	完全燃烧	—		1.0			99.0	中性	光洁加热 (低碳钢、铜)
	不完全燃烧	—		24.0			76.0	还原性 弱脱碳性	光亮加热 (中、高碳钢)
滴注式气氛		0.3	32.5	65.7	0.9	0.6		强还原性 渗碳性	渗碳、光亮加热 (中、高碳钢)

由于制备可控气氛要求原料气有较高的纯度,因此纯度太低,在气氛制备过程中容易产生炭黑,影响气氛质量。故要求气氛原料气中烯烃化合物杂质应限制在5%以下。

甲烷是一种较好的原料气,天然气里甲烷的体积分数达98%,纯度很高,但甲烷是一种干性气体,很难液化,不便于储运。

氮气的来源有两种途径:一种是制氧的副产品,属工业用氮气;另一种是利用空气进行分离制得。

5.1.2 放热式可控气氛

1. 制备的基本原理

制备放热式气氛所用原料气有液化石油气、煤气、轻柴油、煤油等。放热式气氛是原料气与小于理论需要量的空气混合进行燃烧,部分原料气完全燃烧,部分原料气不完全燃烧制得的气体。由于燃烧反应释放的热量足以维持反应进行无需另外供热,所以叫做放热式气氛。以丙烷作为原料气为例,不完全燃烧反应过程大体上可以分成以下两步。

第一步为原料气和空气混合机型完全燃烧的反应式

$$2C_3H_8+10(O_2+3.76N_2) \longrightarrow 6CO_2+8H_2O+37.6N_2+Q_1 \tag{5.1}$$

第二步为剩余的原料气与部分完全燃烧产物进行反应

$$C_3H_8 + 1.5CO_2 + 1.5H_2O \longrightarrow 4.5CO + 5.5H_2 - Q_2 \tag{5.2}$$

适当调整空气与原料气的混合比,使其不完全燃烧。反应放出的热量,可以维持反应罐高温,使得燃烧反应能够正常进行,这样就可以制得一定成分的放热型气氛。必须指出,上述反应的产气组分是在特定温度和特定的混合比下获得的。温度和混合比改变,其产物组分的比例也要相应的改变。制备放热型气氛的化学反应通式是

$$C_3H_8 + \chi(O_2 + 3.76N_2) \longrightarrow aCO_2 + bCO + cH_2O + dH_2 + \chi 37.6N_2 + Q \tag{5.3}$$

式中,系数 a,b,c,d 的值取决于燃烧室温度和空气与原料气的混合比;系数 χ 的值只取决于混合比。混合比的值是有一定限度的,不能过高,也不能过低。如果混合比太低,空气含量过少,整个燃烧反应将不能进行;但是如果混合比过高,会使生成的气氛中 CO_2 和 H_2O 的含量太高,造成被处理工件脱碳。因此,其混合比的上限是所形成气氛的 CO_2 和 H_2O 的含量,不能引起处理工件脱碳。

放热型可控气氛的成分随着所用空气量的多少而不同,成分范围变化很宽。当使用空气量是理论需要量的 0.5~0.6 时,制得的称为浓型放热式气氛,该气氛中 CO 和 H_2 含量较高,而 CO_2 含量相对较少。当使用空气量是理论需要量的 0.8~0.9 时,制得的称为淡型放热式气氛,该气氛中 CO 和 H_2 含量较低,而 CO_2 含量较高。从放热式气氛的成分来看,气氛中含有较多的 CO_2,使得气氛呈脱碳性,因此,这类气氛只能用做少氧化或无氧化加热的保护气氛。其中,浓型气氛可用于低碳钢光亮退火或中碳钢短时加热淬火的保护气;淡型气氛可用于铜合金光亮退火、可锻铸铁退火和粉末冶金烧结的保护气氛。如果采用净化法除去其中的 CO_2 和 H_2O,还可以扩大其使用范围。

目前,采用净化的方法是利用沸石分子筛吸附 CO_2 和 H_2O 气体分子使气氛净化,分子筛饱和吸附后需要再生处理才能继续使用。净化放热式气氛是一种氮基气氛,以 N_2 为主,并含有少量还原性气体 CO 和 H_2,所以,这类气氛不易燃烧和爆炸,在高温下对大多数金属呈中性或还原性,既可以作为低、中、高碳钢热处理加热的保护气氛,又可作为渗碳、碳氮共渗的载体气。

2. 制备流程

制备放热型气氛的工艺流程见图 5.1。将空气与原料气按一定比例混合,用罗茨泵(鼓风机)送入燃烧室通过烧嘴点燃进行不完全燃烧,燃烧后的产物主要含有 CO、H_2、N_2、CO_2、H_2O 和少量 CH_4。然后在将燃烧后的产物气体通入冷凝器中进行冷却,通过冷凝使其中的水蒸气冷凝成水而除去,再经过气水分离器进一步排出水分,必要时再经净化处理,这样就获得可供应用的放热型气氛。

放热式气氛制备装置结构简单,不用外加能源,制备方便,产气量也大,同时原料气消耗量少,从而使其成本较低。

5.1.3 吸热式可控气氛

1. 制备基本原理

将原料气如天然气、液化石油气等气体与一定比例的空气混合。当空气量较少时,混合气体先部分燃烧,再通过加热到高温(1 000℃以上)的催化剂,使混合气体的未燃部分热裂解(吸热反应)而制得的气氛。由于这种不完全燃烧是吸热的,所以要靠外部加热才能保持反应罐的高温,所以称这种气氛为吸热式气氛。以丙烷为例,其反应式为

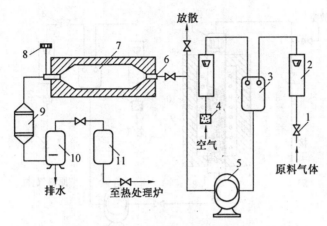

图 5.1　放热型气氛的制备流程图

1—减压阀;2—气体流量计;3—比例混合器;4—空气过滤器;5—罗茨泵;6—烧嘴;
7—燃烧室;8—防爆头;9—冷凝器;10—气水分离器;11—干燥器

$$2C_3H_8 + 3O_2 + 11.3N_2 \longrightarrow 6CO + 8H_2 + 11.3N_2 - Q \tag{5.4}$$

吸热式气氛的主要成分是 CO、H_2 和 N_2,并含有少量的 CO_2、H_2O 和 CH_4。该气氛也可以通过改变混合气的比例来调整气氛中各组分的相对含量,从而调整气氛的性能。

但在制备吸热式气氛时必须注意一点:由反应罐内出来的高温气体必须快速冷却到 300℃以下,以防止在 700~400℃之间产生炭黑,引起气氛成分的改变。生成炭黑的反应为

$$2CO \longrightarrow C + CO_2, \quad CH_4 \longrightarrow C + 2H_2 \tag{5.5}$$

吸热式气氛可以用于中、高碳钢的光亮热处理保护,也可用做渗碳或碳氮共渗的渗碳剂和载体气。但是由于气氛中含有 CO 和 H_2,其中 CO 容易引起钢中的 Cr 氧化,对于大多数不锈钢都不用它做保护气氛。而 H_2 容易示高强度钢产生氢脆,所以一般也不用它作为高强钢的保护气氛。

2. 制备流程

图 5.2 为吸热式气氛的制备流程图。来自储气罐的原料气借助本身的压力,自动流入发生装置管路中,在罗茨泵的作用下空气被吸入管路中。当空气和原料气都流入混合器内并按一定比例混合后,在鼓风机的作用下,进入反应罐内进行裂解反应。混合气在 900~1 050℃的反应罐内借助催化剂的作用,进行化学反应,反应生成吸热式气氛。反应后的高温气体经水冷却器迅速冷却到 300℃以下,以防止气氛在 700~400℃温度范围内析出炭黑,降低气氛的碳势,并堵塞管道。

吸热式气氛发生装置包括的设备、阀门和仪表较多,主要是为了保证原料气与空气的混合比和裂解反应完全,同时保证安全。因此设备结构比较复杂,制备成本较高,并且与空气接触易燃易爆,在低温阶段容易析出炭黑,所以一般不作为回火保护气氛。

5.1.4　氨分解气氛与氨燃烧气氛

用氨为原料通过分解反应或燃烧反应制得的 $N_2 + H_2$ 保护气氛,在金属加热保护中得到了广泛的应用。氨制备气氛组成见表 5.2。这类气氛的主要特点是:气氛中不含 CO 和 CO_2,不会有渗碳倾向。从表 5.2 中可见,当气氛的露点较低时,气氛具有强还原性,因此这些气氛特别适合含 Zn、Cr 等合金材料的光亮保护加热。

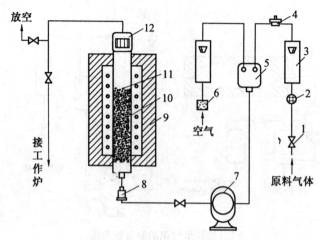

图 5.2 吸热型气氛的制备流程图

1—减压阀；2—原料气体过滤器；3—气体流量计；4—压力调节阀；5—混合器；6—空气过滤器；
7—罗茨泵；8—火焰逆止阀；9—加热炉反应罐；10—反应管；11—催化剂；12—冷凝器

表 5.2 氨制备气氛组成

气氛种类	体积分数/%		露点/℃	每 100 nm³ 气氛氨耗量/kg	安全性
	N_2	H_2			
氨分解气氛	25	75	-51	37.95	可燃
氨燃烧气氛	99~80	1~20	+4.4~-73	23~27	不可燃—可燃

1. 氨分解气氛制备原理

将液态氨汽化后,在催化剂的作用下加热分解生成的气氛,其反应式为

$$2NH_3 \xrightarrow[\text{高温}]{\text{催化剂}} 3H_2 + N_2 - Q \tag{5.6}$$

氨气加热到 300℃ 以上就开始分解,但是这时分解的速度很慢。随着温度的升高分解速度加快,为了使氨分解完全,一般选用 700~850℃。但是温度也不能太高,如果温度太高会使反应罐寿命降低,同时使催化剂失效。为了提高氨分解的反应速度,可采用镍材料(或镍铬电热材料等)做催化剂。

2. 氨分解气氛制备流程

氨分解气氛的制备流程见图 5.3。原料液氨从氨瓶中流出,先进入汽化器中受热气化,汽化后的氨进入反应罐中借助高温和催化剂的作用进行分解。分解产物自反应罐出来后再返回汽化器,利用其余热加热液态氨,同时分解产物也被冷却,被冷却后的分解产物再经过净化装置除去其中的残留氨和水分,就得到可供使用的分解氨气氛。

氨分解气氛制备流程和装置比较简单,容易得到纯净而稳定的气氛,但是耗氨量多,产气量少,生产成本高,有易爆危险,残留的氨如果不除净会对钢件有轻微渗氮作用。

这类气氛可用于各种金属的光亮加热,特别适用于高铬钢、高铬耐热合金、不锈钢、硅钢片的光亮加热。

3. 氨燃烧气氛

氨燃烧气氛是将氨与空气按照一定比例混合进行燃烧而制得的一种以氮为基的保护

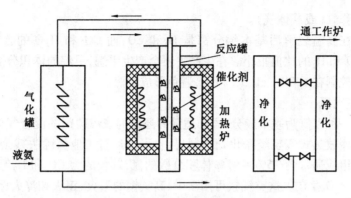

图5.3 氨分解气氛的制备流程图

气氛。氨燃烧气氛的制备方法主要有两种:一种是氨先分解后再燃烧;另一种是气态氨直接燃烧制备。现在多采用后者,这样可以省去分解炉,降低能耗。

氨燃烧气氛是通过控制氨与空气的混合比来控制气氛中 H_2 的含量,当供给足够的空气量进行完全燃烧,将制得氨完全燃烧气氛,其组成为 N_2(体积分数为99%)和 H_2(体积分数为1%)。当空气量供应不足时,氨进行不完全燃烧,将制得不完全燃烧气氛。根据空气量的不同,氨的燃烧程度也不同,H_2 的体积分数在1%~20%范围内变化。

氨燃烧气氛中含 H_2 少,可以避免高强钢在加热时出现氢脆现象,因此可用于高强钢的保护加热。当 H_2 的体积分数低于5%时无爆炸危险,而且在低温时不会析出炭黑,所以可用于高温回火的保护气氛。

5.1.5 滴注式气氛

滴注式气氛是将有渗碳性的有机液体直接滴入热处理炉内,在炉内经过裂解生成的可控气氛。

滴注式气氛作为热处理控制气氛,不需单独的发生装置,投资少,制造快,操作方便;但是产气量较小,滴注液的成本较高。它只适用于小批量、多品种生产的中、小型工厂进行光亮热处理、渗碳和碳氮共渗等。

制备滴注式气氛的原料必须具有易裂解、不容易产生焦油和炭黑等特点。如果单独用煤油直接滴入热处理炉中进行渗碳,煤油经过裂解后生成的气体中甲烷和烯类的体积分数很高,超过5%~6%,使碳势无法控制,并在炉内产生大量的炭黑,所以现在已经不再适用。近年来,多采用分子结构简单的碳氢化合物,如甲醇、乙醇、丙酮、醋酸乙酯、异丙酮等作为滴注液。但是由于丙酮、醋酸乙酯等价格较高,目前,生产中多采用乙醇和煤油做滴注液,效果也比较好。

滴注式气氛的性质主要取决于有机液体分子中的碳氧比。当碳氧比大于1时,气氛为还原性和渗碳性;当碳氧比小于1时,气氛为氧化性和脱碳性。对碳、氢、氧系列的滴注液可分为以下三类:①碳氧比等于1用做稀释剂,甲醇 $CH_3OH \longrightarrow CO+2H_2$;②碳氧比大于1用做渗碳剂,乙醇 $C_2H_5OH \longrightarrow CO+3H_2+[C]$,异丙醇 $C_3H_7OH \longrightarrow CO+4H_2+2[C]$,丙酮 $CH_3COH_3 \longrightarrow CO+3H_2+[C]$,醋酸乙酯 $CH_3COOC_2H_5 \longrightarrow 2CO+4H_2+2[C]$;③碳氧比小于1用做脱碳剂,甲酸(蚁酸)$HCOOH \longrightarrow CO_2+H_2$。

甲醇裂解产生 1/3CO 和 2/3H_2,其碳势较低,它可用做中碳钢光亮热处理的保护气氛或渗碳气氛的稀释气(或载体气)。

所有滴注液在高温裂解后基本组分都是 H_2 和 CO,而 CO_2 和 H_2O 的含量很小,并且 CO_2 和 CO 及 H_2O 和 H_2 的比值很小。在生产中还会产生甲烷,甲烷的体积分数根据热处理工艺过程的需要控制在 1.0%~1.5%以下,避免形成炭黑。

5.1.6 氮基气氛

氮基气氛是一种以氮为基本成分,添加适量的还原剂或渗碳剂的混合气体。这种可控气氛可以通过淡型放热式气氛经净化处理制得,也可以通过工业氮除去残余的氧而制得。氮基气氛的成分组成通常含76%~97%体积分数的氮,其余的为 CO 和 H_2 等还原性气体,有微量的 CO_2 和 H_2O 存在。这类气氛可用于中、高碳钢的退火、正火和淬火保护加热。

制备氮基气氛的主要原料是氮气,不需要消耗大量的液化石油气、天然气、煤气或氨气等,因此可以节省能源,另外,此气氛具有不可燃烧、无爆炸危险、安全性好、无污染等优点。

工业上制备氮基气氛主要有两种方法:一种是利用工业氮做原料的制备方法。工业氮是制氧站的主要副产品,其中含有1.5%~5%的氧,必须经过除氧处理才能作为热处理的保护气氛。另一种方法是用发生炉煤气制取氮基气氛:除前面已讲过的净化放热式气氛外,如采用焦炉煤气,需经吸除 H_2S 后再与空气混合进行不完全燃烧,冷却后除去 CO_2 和 H_2O 即可。

5.1.7 可控气氛类型选择与使用

合理地选择控制气氛,能保证可控气氛热处理的完成,并保证良好的保护效果,同时耗费较少的气氛和原料,成本较低。

选择渗碳气氛的基本原则是,渗碳气氛必须具备较高的碳传递系数和足够的可用碳量,这要由碳势来保证。因此,渗碳气氛中应具有足够的 CO 和 H_2,通常要求 CO 的体积分数不小于18%。

可控渗碳气氛分为载体气与富化气,两类气体的合理搭配,对碳势、气体的消耗量有很大影响。甲醇因裂解后的主要成分为 CO 和 H_2,即 $CH_3OH \rightarrow CO+2H_2$。这种气氛通常优选为载体气,然后与一定的富化气配合使用,保证渗碳效果。

在滴注式有机液体中,掺入一定量的空气,可以使其形成更多的 CO。因此,可以根据通入空气的量来调整气氛的成分,实现碳势的控制,相应地改变气氛中可用碳量、露点和碳势。

H_2 这种气体密度小,热容量小,黏度低,流动性好,使用其作为保护气可以节能和促使炉内温度均匀。这种气氛常作为低碳钢件的保护气氛。

在可控气氛使用中,应力求减少气体消耗量,合理控制炉压,保证炉内稍显正压即可,对控制气氛的控制尽量采取微机控制,这些都是合理使用控制气氛的有效手段。

5.2 碳势的控制和氧势的控制

5.2.1 钢与控制气氛的化学反应

常用的可控气氛主要由 CO、H_2、N_2 及少量的 CO_2、H_2O、CH_4 和 C_nH_m 等气体所组成。在热处理温度条件下,气体与钢铁进行如表 5.3 所示的化学反应。根据表 5.3 中的化学反应式可知,在热处理温度下,O_2、CO_2 和 H_2O 是氧化性气氛,H_2 是还原性气氛,N_2 不参与化学反应,可认为是惰性气体。而对铁而言,CO 是还原气体;对锰、铬等金属而言是氧化性气氛。

从钢与控制气氛的化学反可以看出,要使钢件在加热时不发生氧化,就必须控制炉内成分使其处于还原性;要使钢件不发生脱碳并能保证钢件表面碳浓度增加到一定的值时,就必须对气氛成分作严格的控制,也就是控制炉内的碳势。

表5.3 各种气体与钢铁及其碳化物的化学反应

气体气氛	化学反应	高温反应性质
O_2	$2Fe+O_2 \longrightarrow 2FeO$;$Fe_3C+O_2 \to 3Fe+CO_2$	氧化性
CO_2	$Fe+CO_2 \rightleftharpoons FeO+CO$;$Fe_3C+CO_2 \rightleftharpoons 3Fe+2CO$	氧化性
H_2O	$Fe+H_2O \rightleftharpoons FeO+H_2$;$Fe3C+H_2O \rightleftharpoons 3Fe+H_2+CO$	氧化性
N_2	—	中性
CO	$FeO+CO \rightleftharpoons Fe+CO_2$	还原性
H_2	$FeO+H_2 \rightleftharpoons Fe+H_2O$;$Fe_3C+H_2 \rightleftharpoons 3Fe+CH_4$	还原性
CH_4	$FeO+CH_4 \rightleftharpoons Fe+CO+2H_2$	还原性

5.2.2 碳势的控制

碳势的测定及控制是可控气氛热处理过程的重要环节。如果碳势控制不准确,将影响工件渗碳层的碳浓度分布规律,进而影响其组织和性能。

1. 碳势控制原理

所谓气氛的碳势就是指在一定温度下气氛与钢(奥氏体)中的含碳量达到平衡时,钢的含碳量。而碳势的大小又取决于气氛中两种性质不同的气体组分的体积比值,即 $\varphi(CO)/\varphi(CO_2)$、$\varphi(H_2)/\varphi(H_2O)$、$\varphi(CH_4)/\varphi(H_2)$。所以碳势的控制实质就是控制气氛中这些气体组分之间的相对含量,使炉中气氛的碳势与钢表面要求的含碳量相平衡。

以吸热式气氛为例。在吸热式气氛中影响炉气碳势的主要因素是 CO 与 CO_2、H_2 与 H_2O 之间的相对含量。在高温下吸热式气氛与钢之间存在如下反应,即

$$2CO \rightleftharpoons [C]+CO_2 \tag{5.7}$$

其平衡常数为

$$K_1 = \frac{a_c \cdot P_{CO_2}}{(P_{CO})^2} \tag{5.8}$$

因为

$$a_C = \frac{C_P}{C_S} \tag{5.9}$$

式中 C_S——在某一温度下奥氏体的饱和含碳量,是恒量;

C_P——与 C_S 同一温度下,奥氏体中的不饱和含碳量,即钢的实际含碳量,也就是气氛的碳势;

a_c——奥氏体中碳的活度,即有效碳的浓度。

在正常反应下,气氛中 CO 的含量基本是恒量,为一定值,K_1 为定值。根据式(5.8)和(5.9)即可由气氛中的 CO_2 的含量确定气氛的碳势 C_P。

同时气氛中还存在如下反应

$$CO_2+H_2 \rightleftharpoons H_2O+CO \tag{5.10}$$

其平衡常数 K_2 为

$$K_2 = \frac{P_{CO} \cdot P_{H_2O}}{P_{CO_2} \cdot P_{H_2}} \tag{5.11}$$

将式(5.11)代入式(5.8)可知

$$a_c = \frac{K_1 \cdot K_2 \cdot P_{H_2} \cdot P_{CO}}{P_{H_2O}} \tag{5.12}$$

在一定温度正常反应时,$P_{H_2} \cdot P_{CO}$为恒量,因此通过测定H_2O的含量即可求得气氛的碳势C_P。

因此,对于吸热式气氛来说,只要测定出气氛中的CO_2或H_2O的任一成分的含量就可以求得气氛的碳势。

在实际生产中,为了提高气氛中的碳势,通常是以吸热式气氛为载体气,同时加入富化气(如丙烷、烷液化石油气等)为增碳气,来调节炉气的碳势。这样将使炉气中的CO_2和H_2O的量相应地减少,其反应式为

$$C_3H_8 + 3CO_2 \longrightarrow 6CO + 4H_2 \tag{5.13}$$

$$C_3H_8 + 3H_2O \longrightarrow 3CO + 7H_2 \tag{5.14}$$

由于炉气中CO_2和H_2O的含量降低,从而提高了炉气的碳势。

2. 碳势的测量和控制方法

碳势的测量有热丝电阻法、露点法、红外线分析仪等。热丝电阻法是直接测量方法。其他方法通常是测量某些与碳势有关的因素,间接得出碳势值。

(1)露点法。露点法就是通过测量控制气氛中H_2O的量来实现对气氛的控制。所谓露点就是指气氛中的水蒸气开始凝结成水的温度,即在一定压力下(100 KPa)气体中水蒸气达到饱和状态时的温度。气氛中含H_2O越多,其露点就越高,气氛的碳势就越低。图5.4给出了吸热式气氛的露点与碳势的关系。露点测量仪就是根据上述关系制订出的,间接地测量出气氛的碳势。

工业上经常使用的是氯化锂露点仪,其结构见图5.5。氯化锂是一种吸湿性盐类,能吸收

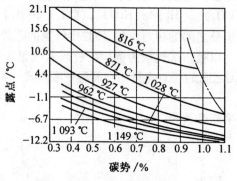

图5.4 吸热式气氛在不同温度下的露点与碳势之间的关系

气体中的水分而发生潮解。干燥氯化锂不导电,吸水后导电性增强。氯化锂露点仪就是利用其吸湿性与导电性之间的关系而制成。将浸有氯化锂溶液的玻璃丝织物包在玻璃管上,其上再绕两根银丝,两丝间通过25 V的电压。当气氛通过感湿元件时,氯化锂吸收了气氛中水分,其电阻减小,使银丝间电流加大,进而使感湿元件被加热,温度升高。感湿元件升温后又将水分蒸发,使氯化锂又变成干燥的晶体,这时其电阻增大,使银丝间电流减小,甚至可能中断,其温度下降。冷却时氯化锂又可以吸收气氛中的水而接通电流。如此反复吸收和蒸发水分逐渐达到平衡。此时氯化锂保持恒定温度,该温度可由电阻温度计进行测量,它反映了气氛中水的蒸气压与氯化锂蒸发的水蒸气压相等的平衡温度。该温度与露点有直接的关系。实际生产中测量的是平衡温度,露点与平衡温度的关系近似直线关系,见图5.6。

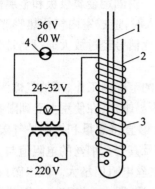
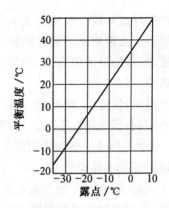

图5.5 露点仪的结构示意图
1—温度计;2—包有玻璃织物的
玻璃试管;3—银丝;4—灯泡

图5.6 露点与平衡温度的关系

露点仪可以进行连续自动测量控制气氛的碳势,但其工作的环境温度不能高于感湿元件的平衡温度,否则会使元件吸收的水汽蒸发,所以在夏季使用时常常需要采取冷却措施;也不能低于气氛的露点,否则将引起水汽在元件上结露。其缺点是反应慢,对管路要求严格,不得有积碳、积水,维修比较麻烦,又不可与NH_3气接触。

(2)红外线分析法。当红外线通过多组分的混合气体时,能被混合气中的CO_2吸收使红外线的强度减弱,并且混合气体中CO_2的含量越高,红外线的强度减弱得就越多。因此,只要测出红外线强度的变化就可确定混合气体中CO_2的含量。红外线气体分析仪就是根据这一原理制成的。

红外线气体分析仪的工作原理见图5.7。两个红外光源产生两束强度相等的平行红外线,在切光片的周期切割作用下被调制成脉冲形式的红外线,轮流射入待测气室和参比气室。由于待测室内含有CO_2气体,而CO_2气体具有吸收红外线的特性,红外线被CO_2吸收后强度降低。参比气室充有N_2,不吸收红外线,所以通过参比室的红外线强度没有变换。这两束强度不同的红外线轮流射入检测室,检测室中充有CO_2,因此检测室轮流吸收两束强

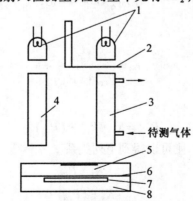

图5.7 红外线气体分析仪的工作原理
1—红外光源;2—切光片;3—待测气室;4—参比气室;
5—检测室;6—固定金属极板;7—金属薄膜;8—检测器

度不同的脉冲红外线。检测器是一个密闭气室,装有一由固定金属极板和金属薄膜组成的薄膜电容器。当两束不同强度的脉冲红外线轮流射入时,造成室内气体热膨胀的不同,引起薄膜振动,从而导致电容量的变化,产生了电信号,此信号经过放大通过测量仪表来控制气氛的碳势。

其特点是:反应快、精度高,可以在环境温度较宽的范围内工作,不怕气体污染,并可以实现多点控制;但也存在不足,仪器复杂,价格昂贵,不易维护,在使用上受到限制。

(3) 热丝电阻法。热丝电阻法是目前唯一一种能够直接测量和控制炉气碳势的方法。其测控碳势的基本原理是:处于单相奥氏体状态的铁及其合金细丝的电阻值与其温度和含碳量有关,而且随着温度的升高及其含碳量的增加,热丝电阻值增大。在渗碳条件下,渗碳温度固定,此时热丝电阻值就随含碳量呈单值函数关系,即 $R=f(C\%)$。因此可以通过测控热丝电阻值 R,就可达到测控炉气碳势的目的。由于热丝很细,它的含碳量能够很快与炉气碳势达到平衡,因此,可以根据细丝在渗碳炉气中因发生渗碳或脱碳所产生的电阻变化,连续地测量和控制炉气的碳势。

热丝电阻法控制炉气碳势对炉气组分及渗碳情况等因素的稳定性没有严格要求,即使在渗碳条件经常变化的周期性操作条件下,电阻法控制碳势的精度也可达到不大于 $\pm 0.05\%$。电阻丝法重现性好,尤其控制滴注式气体渗碳具有控制精度高、重现性好、投资少和使用维修方便等优点。其不足就是探头细丝寿命较短,一般为 25~35 炉次。碳势过高,铁丝在高温单相奥氏体状态下渗碳过饱和而形成碳化物相时,将干扰电阻值与碳势的对应性。因此,炉气碳势不能超过铁丝在渗碳温度下的奥氏体饱和含碳量。此外,炉气炭黑过多,容易污染探头造成失控。炉内不允许有腐蚀性气氛。

5.2.3 氧势的控制

1. 氧势的控制原理

在渗碳气氛中含有微量的氧,它与气氛中的 CO、CO_2 的体积分数之间存在一定的平衡关系,即

$$CO + \frac{1}{2}O_2 \rightleftharpoons CO_2 \tag{5.15}$$

其平衡常数 K_3 为

$$K_3 = \frac{P_{CO_2}}{P_{CO} \cdot (P_{O_2})^{\frac{1}{2}}} \tag{5.16}$$

或者

$$P_{CO_2} = K_3 \cdot P_{CO} \cdot (P_{O_2})^{\frac{1}{2}} \tag{5.17}$$

将式(5.17)带入式(5.8)中,则可以得到下列关系

$$a_c = \frac{K_1 \cdot P_{CO}}{K_3 \cdot (P_{O_2})^{\frac{1}{2}}} \tag{5.18}$$

由式(5.18)可知,在一定温度下,当气氛中 CO 的体积分数为恒量时,a_c 与 P_{O_2} 存在一定的平衡关系,即 C_P 和 P_{O_2} 存在一定的关系。即氧分压越大,则碳势就越低;反之,碳势就越高。所以可以利用氧势直接控制炉内碳势。

2. 氧探头

氧探头是根据氧浓度差电池的原理制成的,可用来测定炉气的氧势。氧浓度差电池是用氧化锆与氧化钙烧结稳定化后,形成一种氧空位结构的氧化锆-氧化钙固溶体,称为氧化锆固体电解质。其内部的氧空位结构在600℃以上高温区具有传导氧离子的特性。在氧化锆电解质管的内外两侧装有铂电极,当氧化锆管两侧的氧浓度不同时,高浓度侧的氧分子可以夺取铂电极上的自由电子形成氧,并通过"氧空穴"到达低浓度侧,再经铂电极将多余电子释放出去,这样就在氧化锆管内形成氧离子流,在氧化锆管两侧产生氧浓度差电势(图5.8)。在两极上的反应为

阴极　　　　　　　　　　$O_2 + 4e^- \rightarrow 2O^{2-}$

阳极　　　　　　　　　　$2O^{2-} - 4e^- \rightarrow O_2$

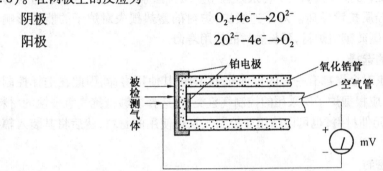

图5.8　氧浓差电池构造原理图

这样,由于氧的浓度差,在两极间产生电动势 E。E 可由下式确定

$$E = \frac{RT}{nF}\ln\frac{P_{O_2}(I)}{P_{O_2}(II)} \quad (V) \tag{5.19}$$

式中　E——氧浓差电势;

　　　R——气体常数;

　　　T——绝对温度;

　　　F——法拉第常数;

　　　n——参加反应的电子数;

　　　P_1——参比气体的氧浓度;

　　　P_x——待测气体的氧浓度。

由式(5.19)可知,只要测出一定温度下的电动势 E 就可以求得被测气体中的氧分压 P_x,从而得到炉内的碳势。

氧探头可以直接插入炉膛内,根据测定的电动势直接反映出炉气的碳势,无需对气体进行取样分析,从而避免了因取样造成炉温变化而引起的测量误差。氧探头结构简单、灵敏度高、反应迅速,可以测量由于气体成分变化而引起的微小碳势变化。但是氧探头也存在不足,就是表面一旦有炭黑沉积容易引起测量误差。氧探头在高温下特别脆,不能碰撞,因此装卸以及在实际使用过程中需要特别小心,以免损坏。

5.3 可控气氛热处理炉综述

5.3.1 可控气氛热处理炉的结构特点

1. 炉衬所用材料要能够抵抗气氛的侵蚀

对于炉气接近于中性时炉气对耐火层的破坏作用很轻,可以用普通耐火砖砌筑炉衬;对于渗碳气氛,炉衬需要采用含铁质低(铁的质量分数小于1%)的抗渗碳砖砌筑。从有利于炉气成分稳定性来说,可控气氛炉的炉衬最好选用重质抗渗碳砖。对于周期炉考虑炉子的蓄热损失可以选用轻质抗渗碳砖。对于连续炉,炉衬的蓄热损失对炉子的能耗影响较小,可以选用重质抗渗碳砖砌筑炉衬,延长炉衬的使用寿命。

2. 炉内金属元件的选择

由于多数控制气氛对金属都有一定的侵蚀作用,缩短其使用寿命,因此在选择控制气氛炉内的金属元件时,应根据炉子所采用的控制气氛类型,选择能够抵抗气氛侵蚀的材料。对于炉内使用的电热元件材料,也可以选用非控制气氛炉使用的材料,然后将其装入辐射管内使用。

3. 炉子要求严格密封

密封性是控制气氛炉的主要特点之一,炉膛密封形式主要与炉型有关,如果采用的有罐炉,则炉子的密封性容易解决,只对炉罐进行隔离密封即可,这种密封结构效果很好,但炉子由于使用了炉罐,降低了炉子的能量利用率,增加热惰性而降低传热效果,使炉子工作温度也受到限制,同时增加炉罐材料的消耗,使其成本增加。

如果炉子没有炉罐,为了保持炉体密封,通常采用的方法是:设置前室和后室;将炉门与炉门框之间尽量压紧;炉体上的所有孔洞都应设可靠的密封装置,如电热元件引出孔、热电偶孔、风扇轴孔和推料机械伸出炉外围孔洞等处都要密封;炉壳也要密封。这种密封结构无需外加炉罐,提高能量的利用率,但是由于密封部位太多,密封效果不是很好。

4. 强制炉气循环运动

保证炉内温度和气氛的均匀,是获得渗碳(或氰化)工件表面浓度一致的重要条件,并使光亮淬火工件不致造成局部渗碳或脱碳。为此,很多可控气氛炉都在炉顶安装风扇,促使炉温和气氛的均匀,并加速对流热交换。同时可控气氛进入炉内的位置也要适当,一般采用控制气氛从加热室的侧面或上方供入。

5. 防爆装置

可控气氛多数是可燃的、易爆的气体,会引起爆炸事故。因此,对于可控气氛炉除要求正确操作外,在炉子的前室、后室等低温区以及容易发生爆炸的地方应设有防爆装置。防爆装置的主要作用是:发生爆炸时能够使突然膨胀的高压气体很快排出泄压,但是在炉子正常工作时则应保持密封性。

6. 安全装置

控制气氛有很多是含有毒气体的,如果处理不当会造成中毒事故。因此控制气氛炉上应装有安全装置。例如,在供气管道上设有自动控制的电磁阀,只能在炉温达到700℃以上才通入控制气氛。再如,将排出的废气出口接到屋顶以上放空或者在室内点燃。

5.3.2 可控气氛热处理炉的分类及结构特点

可控气氛热处理炉种类有很多,按其作业形式不同,可分为周期式和连续式两类。周期炉有箱式炉、井式炉、罩式炉等。周期炉适用于多品种小批量生产,可用于光亮淬火、光亮退火、渗碳、碳氮共渗等热处理。

连续炉有振底式炉、输送带式炉、推杆式炉及各种形式的连续式可控气氛渗碳生产线等,适用于大批量生产,可以进行光亮淬火、回火、渗碳及碳氮共渗等热处理。下面对一些常用的控制气氛炉及生产线作以简单介绍。

(1)密封箱式多用炉。

①密封箱式多用炉的基本结构特点。这种炉可以在保护气氛或可控气氛下进行光亮淬火、退火、渗碳、渗氮、碳氮共渗、钎焊等多种处理,故称之为多用炉。多用炉由加热室、前室、淬火槽及安全防爆装置等组成(图5.9)。内衬用抗渗碳砖砌筑,金属辐射管从顶竖直插入,炉顶有水冷搅拌风扇,可使炉内气氛循环,温度、碳势均匀,淬火槽内有由搅拌装置及加热管,槽内导流装置可使油垂直流过工件,升降台可以采用气动、液压系统操纵,可满足快速入油淬火和平稳提升;前室壁水冷,前室顶排废气口及提升门均有火帘;油冷却器在淬火槽左侧。该多用炉热处理炉主要适用于汽车、拖拉机齿轮、曲轴、缸套及摩托车零件、航空发动机、兵器零件、柴油机、铁路机车及工程机械零件的渗碳、碳氮共渗及光亮淬火等热处理。尤其适用于大批量生产的零部件、薄壁工件乃至实心工件,不同表面渗层深度,并要求精确控制系数的各类工件。

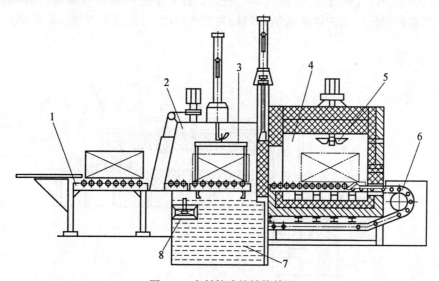

图5.9 密封箱式炉结构简图
1—辅助推拉料机构;2—前室;3—淬火装置;4—加热室;5—风扇;6—输送带;7—淬火槽;8—搅拌器

②密封箱式多用炉热处理自动生产线。箱式多用炉、升降式料台、清洗机、回火炉横移小车、电控设备等可以组成一条密封箱式多用炉生产线,进一步提高其生产率。整个工艺过程有计算机程序自动控制,工人只需负责工件的装夹、卸夹并运送到指定位置,定时确认工艺参数是否正常和执行元件动作是否到位等,并及时记录,这样减轻了劳动强度,改善了劳动环境,效率得到了极大的提高,产品质量也得到了保证。密封箱式多用炉组成的生产

线示意图见图 5.10。

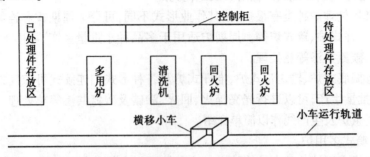

图 5.10 密封箱式多用炉生产线示意图

(2)推杆式炉。推杆式炉是利用杆式推料机构间歇地将装有工件的料盘或料筐从炉子的一端推入炉内,间歇时间根据不同的加热时间来确定,工件进入炉内,在炉内完成整个热处理加热,然后在借助推杆将工件从另一端推出的一种连续作业炉。

①可控气氛推杆式炉的结构特点。可控气氛推杆式炉结构示意图见图 5.11。推杆炉的炉膛分为加热区、保温区、渗碳区、扩散区和预冷区等几个加热区,每一区都单独控温。整个炉膛为贯通式的,炉体为长方形结构,加热元件安装在两侧墙上,炉底上有供装料夹具移动的耐热钢导轨,杆式推料机构采用脉冲式推料,工件在密封的炉内直接落入炉子地下的淬火槽中淬火,然后由输送带将工件传送上来。控制气氛由炉子的顶部通入,在炉膛内设有风扇,强制炉内气流流动,保证其均匀性。推杆式炉进料端设有前室,出料端设有后室,前后室靠外侧的门和炉体两端的炉门均匀交替启闭,可避免空气侵入炉膛和炉气向外溢出。

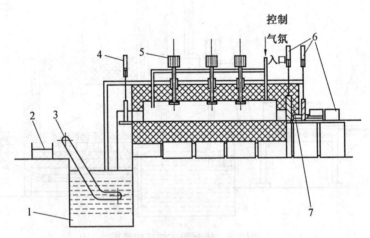

图 5.11 推杆式炉结构示意图
1—淬火油槽;2—料筐;3—提升传送带;4—液压缸;5—风扇机组;6—液压缸;7—推杆

②滴注式推杆炉热处理自动生产线。滴注式单排推杆炉齿轮热处理自动生产线示意图见图5.12。该生产线主要由推杆式淬火炉、推料机构、清洗机、推杆式回火炉、油淬火槽及其辅助装置组成。整个生产线可自动完成生产过程。控制系统可以自动控制测量参数。此生产线适用于对汽车、拖拉机齿轮进行渗碳或碳氮共渗。

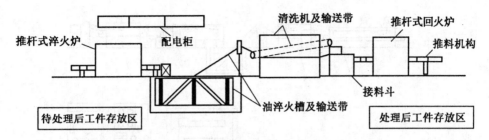

图 5.12 滴注式单排推杆炉齿轮热处理自动生产线

(2)传送带式炉。传送带式炉的结构形式很多,按照适用温度、传动机构的不同,可以分为多种类型。这类炉子由于受传送带高温承载能力的限制,其最高使用温度不宜超过 900 ℃。

①可控气氛传送带式炉的结构特点。可控气氛传送带式炉的结构见图 5.13。该炉的炉衬采用超轻质抗渗碳耐火砖和耐火纤维砌筑而成。为了保证炉内气氛的均匀性,在炉内安装风扇,并且风扇在安装时一定要采取密封措施。电热元件采用辐射管式的,呈水平布置在传送带紧边的上下两面,炉子可以多区控温。传送带采用耐热铸钢板拼合而成。传送带用辊子支撑,其传动过程由主动轴辊和从动轴辊共同完成。因为使用控制气氛,所以炉子的密封性要求很高。

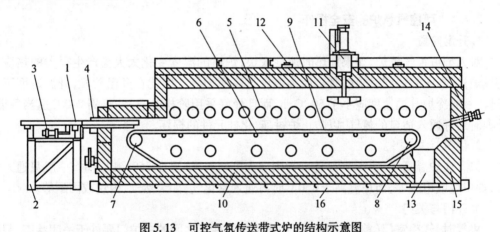

图 5.13 可控气氛传送带式炉的结构示意图
1—喂料槽;2—气动进料机;3—送料推送气缸;4—进料口火帘装置;5—电辐射管;6—托辊;
7—从动轴辊;8—主动轴辊;9—铸造传送带;10—导轨辊;11—炉顶循环风扇;12—气氛进气口;
13—出料口;14—观监孔;15—炉衬;16—炉壳

②传送带炉自动生产线。该自动生产线由阶梯式上料机、前清洗机、链带式保护气氛淬火炉、网带式淬火油槽、后清洗机、网带式热风循环回火炉、可控气氛装置和微机控制系统组成,该自动生产线用于轴承套圈的热处理。该生产线的平面布置图见图 5.14。

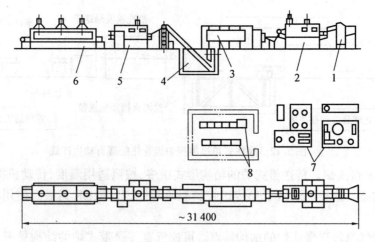

图 5.14 输送带炉自动生产线
1—阶梯式上料机；2—前清洗机；3—链带式保护气氛淬火加热炉；4—淬火油槽；
5—后清洗机；6—网带式热风循环回火炉；7—可控气氛装置；8—微机控制系统

5.4 可控气氛炉的安全操作与维护

5.4.1 可控气氛炉的安全操作

1. 升温阶段

对大型可控气氛炉，如果加热时速度太快，炉衬的温度变化太大会产生很大的热应力造成炉衬受到损坏，同时辐射管会因为温度过高而损坏。因此在升温阶段，升温速度不宜过快，一般冷炉升温速度应小于 50 ℃/h，而且最好采用阶梯升温，并每隔 200℃ 适当等温。升温时最好通入适量的氮气，以防止炉衬、碳化硅元件的损坏。

2. 供气

只有在炉温高于 750℃ 时才能向炉内通入可燃气，炉温在 850℃ 以下时，一般只通入载气，如甲烷或甲醇等，当炉温高于 850℃ 时再通入富化气，如天然气、丙烷或丙酮等。

3. 开门与关门

供气时，气冷室门（前门）要打开，加热室与气冷室之间的中炉门要处于关闭状态，只有当中门上的排气口排出的废气被明显点燃时才可以关闭前门，并通过中炉门排出的废气点燃的方法将前室中的氧气消耗尽，彻底消除爆炸隐患。

4. 停电时的操作

在使用可控气氛炉时，必须要储备足够的氮气，以应付停电和紧急故障停电发生时，氮气能自动充入，以减少因炉温下降引起的气氛体积收缩产生负压，防止外界空气进入炉内引起爆炸事故。如果停电后没有氮气，这时首先在气冷室的炉门口可靠的地方点燃一个火炬，然后打开气冷室的门，以保证气冷室的门一打开，炉内气氛随即被点燃，否则，很容易发生爆炸事故。

5. 停炉

停炉时要先打开气冷室门，把炉内的可燃气体完全烧尽，如果停炉时炉温较高，这时应向炉内通入适量氮气,以保护炉衬。在降温时要适当控制降温速度,如果降温速度过快,会产生较大的热应力造成炉衬和炉内构件受损,绝不允许用风扇或打开中炉门进行降温。

6. 烧炭黑

炉内碳黑不能积累过多,否则会影响氧探头的测量精度以及炉衬的使用寿命等,因此要适当清理炉内碳黑,采用的方法是燃烧除去碳黑。具体何时清理比较合适,其判断依据是,发现处理后的工件颜色变黑且工件上有明显碳黑,或者通过观测窗观测可以看到炉内有碳黑,或者氧探头信号出现异常情况等,就应该烧碳黑了。其烧碳黑的具体方法是:先打开气冷室门,将炉温降到 800~850℃,等炉内可燃气体被烧尽后,再将中炉门打开 100~200 mm,如加热室碳黑较多,炉温出现急剧上升,应将中炉门关小一些。一般情况开门 15~30 min,碳黑即可烧尽。严禁将中门完全打开烧碳黑,防止空气与炉气混合造成爆炸。

7. 进炉检修

炉子每年都需要进行质量检修,在进炉检修之前,一定要保证炉内空气新鲜,避免存在有毒气体。其准备工作为:打开所有炉门,并同时关闭所有供气阀,拆下供气管路上的防泄漏装置;使用风扇有效地将新鲜空气扇入炉内,并将炉内的有毒气体排出。防止淬火油、炉衬内吸附的 CO 和 H_2 等的释放引起中毒和窒息;如果在检修时需要焊接油槽,在焊接前应有效清除油槽内的油,并准备好灭火装置,防止在焊接的过程中发生火灾事故。

8. 急救措施

在使用控制气氛炉的车间必须有急救措施,确保在发生危险时能被及时解决。因此要求该车间必须有一定数量训练有素的急救人员,以便在发生事故时提供快速有效的帮助。在工作场所一定要有具有明显的标志并且很容易拿到的急救物资,如灭火装置、担架、氧气等。

5.4.2 可控气氛炉的使用维护

1. 可控气氛炉体及其辅助零部件的维护

对可控气氛炉应定期进行保养维护,不要等到设备坏了、不能运行时才进行维修。平时维护的主要内容是:对轴承、各运动部件的润滑部位要定期检查,并定期补入润滑油,保证其正常运行;定期检查电热元件的电线接头处的紧固螺栓是否有松动情况,如有要及时拧紧;定期检查辐射加热管是否有弯曲的,如有立即更换,防止因弯曲而造成的短路事故;定期检查所有密封部位是否有泄漏的情况,如有及时进行更换;定期检查风扇的运行情况,如有不正常现象,及时进行维修或更换;定期检查控制柜内电器元件的发热情况,并按照要求进行调整或更换;定期检查各承重部位的磨损、变形情况并进行调整。

2. 氧探头的使用与维护

氧探头上如果有炭黑沉积就会影响碳势的测量精度,因此,氧探头应定期清理炭黑,采用的清理方法为吹扫清理。氧探头吹扫周期应根据其测量的气氛类型、工艺方法来确定,周期不能过长,也不能过短,如果吹扫周期太短,容易影响氧探头的使用寿命,如果吹扫周期太长,造成吹扫不及时,氧探头积累炭黑,从而造成气氛碳势失控。

具体吹扫时间和吹扫时采用的空气用量均应根据氧探头说明书规定。如果吹扫时间过长或采用空气用量过大,均容易造成氧探头温度过高;如果吹扫时间太短或所用空气量太少,均会造成清除炭黑不彻底,从而影响后续使用时的测量精度。所以要恰当进行清理。

氧探头参比气流量应根据氧探头说明书规定进行调整,空气压力不能太大,否则容易造成空气泄漏,影响测量精度。

氧探头的安装位置应尽可能靠近工件,并且气氛循环较好,在使用过程中要定期转换角度。

思考题

1. 在热处理炉中常用的可控气氛有哪些类型?它们的性质和应用有何不同?
2. 何谓露点?露点如何测量?如何将露点用于分析气氛碳势?
3. 氧探头的工作原理是什么?用它测得的电动势与气体中的氧分压有什么关系?怎样根据氧分压分析气氛中的碳势?
4. 可控气氛炉的基本要求是什么?
5. 试说明密封箱式炉生产线在提高效率、保证质量、降低消耗、改善环境、灵活生产方面的作用。
6. 如何解释氧势的含义?
7. 何谓氮基气氛?常用的氮基气氛有哪些类型?

第6章 真空热处理炉

6.1 概 述

真空热处理是随着精密机械制造业、国防等尖端工业的发展而发展起来的新型热处理方法,特别是近些年来,工业发展对零件性能、精度要求的不断提高,使人们越来越重视真空热处理技术。

6.1.1 真空度的划分

低于一个大气压的气体状态称为真空。真空状态下气体的稀薄程度为真空度,国际单位用压力表示,单位为帕(Pa)。此外还有一些压力单位如托(Torr)、标准大气压、毫米汞柱等。

我国将真空区域划分为:低真空、中真空、高真空和超高真空。目前,真空热处理炉的真空度大多在 $10^3 \sim 10^{-4}$ Pa($10 \sim 10^{-6}$ Torr)的范围内。各区域的压力值和有关特点见表6.1。

表6.1 真空区域及有关特点

真空区域	低真空	中真空	高真空	超高真空
压力范围/Pa	$10^5 \sim 10^2$	$10^2 \sim 10^{-1}$	$10^{-1} \sim 10^{-5}$	$<10^{-5}$
适用真空泵	机械泵	机械泵、油增压泵或机械增压泵	扩散泵或离子泵	离子泵、分子泵、扩散泵加冷凝吸附泵
使用真空计	"U"形管弹簧压力表	压缩式真空计热传导真空计	电离真空计	改进型电离真空计磁控真空计

6.1.2 真空加热的主要特点

1. 防氧化作用

金属材料在真空状态下加热不会被氧化,其原因为:在真空状态下氧化介质的含量极少,工件在真空中的氧化速度极其缓慢,在表面上即使有氧化膜形成,但也是极薄的。另外,由于在抽真空的过程中真空泵的油蒸汽扩散到炉内,使真空气氛中含有一定的渗碳气氛,这样就使炉内的氧分压低于金属氧化物的分解压,因此金属不会氧化。对于绝大多数金属来说,在真空度为 $13.3 \times 10^{-4} \sim 1.33 \times 10^{-3}$ Pa 的范围内进行加热时,都可以实现工件的无氧化加热。

在真空中加热不仅使金属本身不氧化,而且使原来已经氧化的金属还能进行分解还原,因此真空加热具有除锈作用。

2. 真空脱脂作用

有些金属零件上面黏附着一些油脂,这些油脂都属于普通油脂,是碳、氢、氧化合物,蒸汽压较高,在真空中加热时容易被分解或挥发,然后随着抽真空过程被真空泵抽走,使金属表面光亮。

3. 真空脱气作用

利用真空熔炼难熔金属、活泼金属可以达到充分除去 H_2、O_2、N_2 的目的。目前,广泛使用的钢液真空脱气处理,使钢液更纯净,钢材更致密,提高了钢的质量。

固态金属在真空下进行热处理,同样具有脱气作用。并且真空度越高,温度越高,脱气时间越长,金属脱气效果越好,脱气越充分,从而使金属具有更高的塑性和强度。

4. 真空下元素的蒸发

由于一些常用的合金元素 Zn、Mg、Mn、Al、Cr 等的蒸气压较高,在真空状态下加热容易造成元素蒸发,从而使工件表面合金元素含量降低,引起合金组织发生变化,使机械性能有所下降。因此,在制订真空热处理工艺时要恰当地选择其真空度,绝不是真空度越高越好,真空度过高反而不利。但有时为了保证工件表面的光亮度,必须满足一定的真空度要求,但是真空度太高又同时引起元素的蒸发,兼顾二者,可以采取如下方法,即先将炉内抽成较高的真空度,然后再充入高纯度的氩气或氮气等中性气体,使炉内处于较低的真空度状态进行加热,这样就可以实现很好的工艺效果。

真空加热除了上述优点外,也存在不足之处,即炉内传热主要靠辐射进行,工件加热较慢,加热均匀性较差,真空设备比较复杂,投资较高。

6.1.3 真空热处理炉的结构特点

1. 严格的真空密封

真空热处理炉的一个关键问题,就是要有可靠的真空密封结构。为了保证真空炉的真空性能,在真空热处理炉结构设计中必须遵循一个基本原则,就是炉体要采用气密焊接,同时在炉体上尽量少开或者不开孔,少采用或者避免采用动密封结构,以尽量减少真空泄漏的机会。安装在真空炉体上的部件、附件都必须设计密封结构,如水冷电极、热电偶导出装置等。

2. 大部分加热与保温材料只能在真空状态下使用

真空热处理炉的加热与保温材料是在真空与高温下工作的,因而对这些材料提出了耐高温、蒸汽压低、辐射效果好、导热系数小等要求。对抗氧化性能要求不高,所以,真空热处理炉广泛采用了钽、钨、钼和石墨等做加热与保温材料。而这些材料在大气状态下极易氧化,常规热处理炉不能采用这些材料做加热与保温材料。

3. 水冷装置

对于内热式真空热处理炉,其炉壳、炉盖、电热元件、中间真空隔热门等部件,均在真空、受热状态下工作。在这种极为不利的条件下工作,必须保证各部件的结构不变形、不损坏、真空密封圈不过热、不烧毁。因此,各部件应该根据不同的情况设置水冷装置,以保证真空热处理炉能够正常运行并有足够的使用寿命。

4. 采用低电压大电流

在真空容器内,当真空度为 $10^2 \sim 10$ Pa 的范围内时,真空容器内的通电导体在较高的电压下,会产生辉光放电现象,在真空热处理炉内,严重的会产生弧光放电,烧毁电热元件、隔热层等,造成重大事故和损失。因此,真空热处理炉的电热元件的工作电压,一般都不超过 80～100 V。同时在电热元件结构设计时要采取有效措施,如尽量避免有尖端的部件,电极间的间距不能太小,以防止辉光放电或者弧光放电的发生。

5. 自动化程度高

真空热处理炉的自动化程度较高,其原因是金属工件的加热、冷却等操作,需要十几个甚至几十个动作来完成。这些动作在真空热处理炉内进行,操作人员无法接近。同时,有些动作如加热保温结束后,金属工件进行淬火工序需要六个动作并且要在 15 s 以内完成这些动作。在这样迅速的条件下完成许多动作,是很容易造成操作人员的紧张而构成误操作。因此,只有较高的自动化才能准确、及时地按程序协调动作。

6.1.4 真空热处理炉的应用

利用真空热处理炉可完成多种热处理工艺,如淬火、退火、回火、渗碳、氮化等;在淬火工艺中可实现气淬、油淬、硝盐淬火、水淬等;还可以进行真空钎焊、烧结、表面处理等。真空热处理炉热效率高,可实现快速升温和降温、无氧化、无脱碳、无渗碳,并有脱脂脱气等作用,从而达到表面光亮处理的效果。

6.2 真空热处理炉的分类

由于产品不同,技术要求及热处理规范也各不相同,所用的真空热处理炉的结构也多种多样,根据炉子的用途和特性可把真空热处理炉分为如表 6.2 所示的几大类。这里只介绍按照热源所在位置不同而分成的外热式真空炉和内热式真空炉。

表 6.2 真空热处理炉的分类

分类依据	名称
用途	真空退火炉
	真空淬火炉
	真空回火炉
	真空渗碳炉
	真空钎焊炉
	真空烧结炉
真空度	低真空炉
	高真空炉
	超高真空炉
工作温度	低温炉
	中温炉
	高温炉
作业性质	间歇作业炉
	半连续作业炉
	连续作业炉
炉型	立式炉
	卧式炉
	组合式炉
热源	电阻加热炉
	感应加热炉
	电子束加热炉
	等离子加热炉
热源所在位置	外热式真空热处理炉
	内热式真空热处理炉

6.2.1 外热式真空热处理炉

外热式真空热处理炉又被称为热壁炉,是指炉内单独设有真空罐,所有的加热元件、耐火材料等安放在真空罐外,被处理的工件放在真空罐内,将真空罐抽成真空后进行加热处理。其采用的加热元件一般为电阻加热元件、烧嘴、喷嘴等。

真空热处理工艺的具体执行过程是先检查设备的各个部分是否接好,再将工件放入炉罐内并密封,然后对炉罐进行抽真空使其达到规定的真空度,再将其加热到规定温度并保温一定时间,将试样进行冷却。

工件真空热处理后的冷却方式有炉内冷却和炉外冷却两种。炉内冷却一般采用向炉内通入特殊气体进行冷却,冷却速度较慢,所采用的特殊冷却气体为氢气、氮气、氩气等,其中氢气的冷却速度最大,但价格高、容易发生爆炸。所以常用高纯氮气来进行冷却,并且冷却效果也较好。炉外冷却是采用将工件移出加热室送入淬火油槽内进行冷却,其冷却速度较快。

总的来说,外热式真空处理炉的优点为:①结构简单,易于制造或利用已有的热处理电阻炉进行改装;②炉子容积较小,抽气量小,炉罐内附件少,密封容易,容易达到所要求的真空度;③电热元件在炉罐外,消除了因真空放电所引起的产品质量缺陷和设备事故;④工件与炉衬不接触,不会发生化学反应;⑤炉子机械动作少,操作简单,故障少,维修方便。其缺点为:①由于热源在炉罐外部,炉子的热惯性大,导致加热速度和冷却速度慢、加热效率低;②金属炉罐是由高温合金或耐热合金制成,不但价格高,而且加工困难;③受炉罐材料的高温强度所限,炉罐的容积不可过大;④受炉罐材料所限,炉子的使用温度一般低于1 100 ℃;⑤因炉罐的一部分暴露于大气中,热损失较大;⑥炉罐的使用寿命较短。

外热式真空热处理炉不能进行快冷,因此一般用于钢、钛、锆及其合金的退火、真空除气、真空渗金属等,使用范围较窄。在金属马弗罐内使用的材料必须具备一定的高温结构强度、抗氧化性、较小的热膨胀系数,同时尽量少含在真空和高温时容易升华的元素,保证其在使用过程中性能的稳定性。另外,金属马弗罐所选用的材料应具备较好的焊接性能,在焊接时焊缝处最好不产生气泡。

6.2.2 内热式真空热处理炉

内热式真空热处理炉的炉壁一般为水冷式,又称冷壁炉。这类炉子的炉膛本身就是一个密封的真空容器,整个加热装置(如加热元件、耐火材料等)、炉床、隔热屏和预处理的工件均放在炉膛内。

在真空条件下高温的加热元件将会挥发,并且受容器内残存的气体作用,使其损耗加大。因此对于这类炉子在选择加热元件时,应尽可能选用在高温及真空条件下挥发性小、稳定性好的材料。

这类炉子的优点是:①不受炉罐的限制,可以制造大型高温炉,最高使用温度可达1 300 ~ 2 200 ℃或更高;②由于不用炉罐其热惯性小,加热速度快,生产效率高,能量利用率高;③炉温均匀性好,工件加热均匀,变形小。其缺点是:①炉内结构复杂,电气绝缘性要求高;②与外热式真空炉相比,炉内容积大,各种构件的吸气量大,又都处于真空空间,所以需要配备大功率抽气系统;③炉子结构复杂,制造成本高,真空空间中使用的各种筑炉材料必须合理选择;④容易产生辉光放电现象,为此要采用低电压大电流供电,需配套系统。

内热式真空热处理炉主要用于真空退火、淬火、回火、烧结和钎焊,是目前真空热处理炉的主流,种类和数量都比较多。

现代真空电阻热处理炉大多是内热式的,这类真空热处理炉的炉型有立式的和卧式的。按其结构形式分为单室、双室和三室,这类炉子不常采用连续式作业。在单式炉中工件就在加热室内冷却;双室炉采用的是加热室和冷却室完全分开;三室炉是在冷却室和加热室的基础上再另设一个准备室,这个准备室可以提供工件进出炉使用。

6.2.3 典型的真空热处理炉

1. 单室真空气冷炉

(1) 卧式单室气冷真空炉。卧式单室气冷真空炉的基本结构见图 6.1。炉子的外壳采用水冷式的双层炉壳。隔热屏外壁是不锈钢板,内壁采用的是钼板,内外壁之间填充陶瓷纤维做保温材料。电热元件采用石墨管,并且电热元件分别布置在加热室的顶部和底部。放置电热元件的炉底一般采用石墨板,在石墨板上嵌有高铝耐火制品,整个加热室是活动的,可从真空室内拉出来,这样对加热室进行维修很方便。冷却系统由上下冷却门、安装在炉壳内的冷却管和炉壳顶部的风扇组成,工件经过加热后进行冷却,其冷却过程是先打开气冷风扇,再将上下冷却门打开,使冷却气体顺利地通过加热室对工件进行冷却。同时利用冷却管对被工件加热后的冷却气体进行冷却,保证工件需要的冷却速度,有时为了提高工件的冷却速度,可以采用高压气冷淬火,因此又研制出了单室高压气淬真空炉。

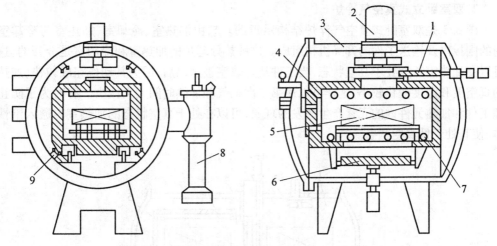

图 6.1 卧式单室气冷真空炉
1—上活动屏;2—气冷风扇;3—炉壳;4—隔热屏;5—工件;
6—底盖;7—石墨加热元件;8—真空机组;9—冷却管

(2) 单室高压气淬真空炉。单室高压气淬炉结构简图见图 6.2。这种炉子的结构与单室气淬真空炉基本相似,所不同的是,高压气淬炉的换热器和风扇安置在加热区的后面,并在加热室顶部和底部分别设有上盖和底盖,这两个盖子在工件淬火时可以打开,从而使冷却气体进入加热室对工件进行冷却。在涡轮风机的推动下将被热工件加热的气体送入换热器中进行冷却,然后再将被冷却后的气体重新导入加热区,如此循环冷却,提高了冷却速度。

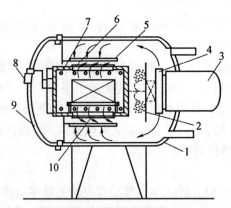

图 6.2 单室高压气淬真空炉结构示意图
1—容器；2—换热器；3—电动机；4—涡轮叶片；5—气体分配器；
6—顶盖；7—加热元件；8—观察窗；9—装卸料门；10—下盖

单室炉的主要特点是占地面积小,炉子结构相对简单。但加热室及其布置在加热室内的零部件也要经常被加热冷却反复进行,同时长期受高速气流的冲击,使其使用寿命较低,并且对工件的冷速也较慢。为了克服单室真空炉的这些不足之处,又研发了双室和三室的气淬真空炉,使加热室和冷却室分开,可以大大提高冷却速率,生产率也得到提高,但结构复杂、造价高、占地面积大。

2. 双室卧立式真空气冷炉

图 6.3 是双室卧式真空气淬炉结构示意图。它由加热室、冷却室、加热室与冷却室中间的闸板以及输送工件的升降机构组成。这种热处理炉的加热室和冷却室是分开的,这样可以使加热室长期处于真空状态,当工件从加热室被运出后,因为其动作完成较快,加热室的真空度和温度变化较小,这样可以使第二次抽气和加热时间大大减少。有时为了防止处理工件和加热元件内的元素产生蒸发的现象,可以在处于真空状态的加热室内通入惰性气体,使其处于低真空状态。

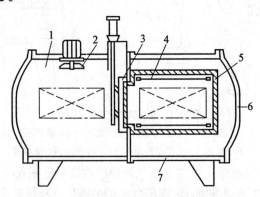

图 6.3 双室卧式真空气淬炉结构示意图
1—冷却室；2—风扇；3—中间闸板；4—加热元件；5—炉体；6—炉门；7—炉壳

对于淬透性比较低的钢采用气冷很难实现完全淬透,甚至对于淬硬层深的件也较难实现,为了克服这些不足,又研发了油冷式真空炉。

3. 油冷式真空炉

真空油淬热处理炉的类型也有很多,有单室的、双室的和三室的,有立式的和卧式的,有周期式的、连续式的等。这些炉子的基本结构与气淬炉大体相似,只是增加了一个淬火油槽,并且在淬火油槽内装有油搅拌装置、加热器、传动装置、热交换器、油温计和观察窗等。图6.4是典型的双室真空油淬炉的结构示意图。

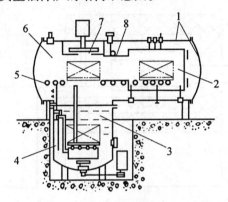

图6.4 双室真空油淬炉结构示意图
1—炉壳;2—加热室;3—淬火油槽;4—升降柱;5—料台;
6—气冷室;7—风扇;8—闸门

图6.5是卧式三室真空油淬炉的典型结构图。这类炉子的结构为:中间是加热室,左边是气淬室,右侧是油淬火室,各室之间有真空闸门。可以进行气冷,也可以进行油冷,与其他真空炉相比其应用范围较宽,生产效率较高。

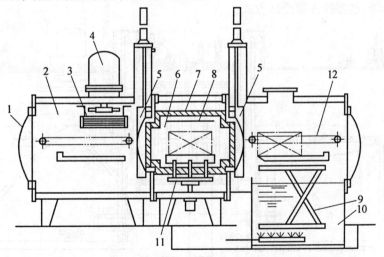

图6.5 卧式正压气淬及油淬三室式真空炉结构示意图
1—受内压炉门;2—正压气淬室;3—热交换器;4—电机;5—中间真空隔门;
6—加热室;7—隔热板;8—电加热体;9—升降机构;10—油槽;
11—活动升降炉床;12—水平移动机构

4. 双室外热式油淬真空炉

该炉的结构示意图见图6.6。外热式炉的结构简单,造价低,操作维护方便,由于电热元件和绝热材料等都在真空容器外部,所以真空抽气量小易于获得真空,也不存在气体放电等问题。但是由于真空空间小,一次装炉量少,炉子的生产率低,而且由于受真空罐材料的限制,使用温度不高,加热和冷却时间较长。这类炉子可用于精密零件和小零件的真空加热淬火、退火以及中间烧结和真空钎焊等。

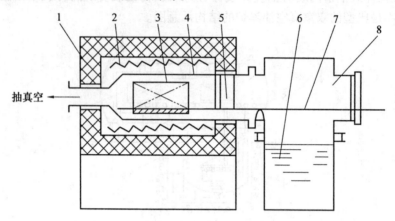

图 6.6　外热式油淬真空热处理炉示意图
1—炉体;2—电热元件;3—工件;4—真空罐;5—隔热屏;6—淬火油槽;7—传动机构;8—冷却室

5. 多功能真空炉

图 6.7 是一种多功能真空炉,一般由加热室和多个不同用途的冷却室组合而成。它可以根据工件的种类、形状和真空处理工艺的要求,任意选择最佳冷却方式,可实现气体淬火、油淬、水淬、盐浴淬火等冷却方式。

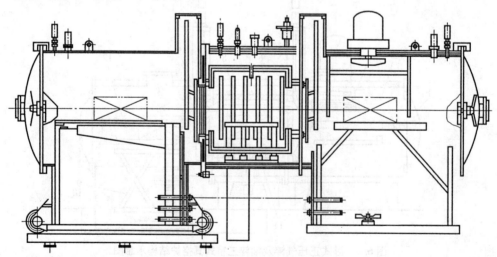

图 6.7　多功能真空炉简图

6. 高效能真空回火炉

为克服低温真空加热冷却缓慢不均的缺点,某公司采用在一个冷却室内加有两个气体循环系统的气体密封真空炉,其结构示意图见图 6.8。两个气体循环系统的作用并不相同,一个是加热循环系统,促使加热室内的气体按照一定的流向进行流动,提高工件的加热速度;另一个是气体冷却循环系统,通过加大热交换器的面积来提高其冷却速度,并且在整个工艺执行过程中工件不需要转移。该炉很适合于高速钢工具的多次回火。

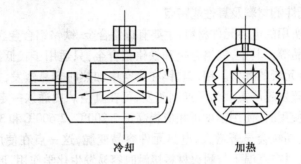

图 6.8 真空回火炉原理图

7. 连续式真空炉

多室连续式真空炉由进料室、加热室、冷却室、中间闸板阀、真空系统、工件传递系统、水冷系统、电控系统等部分组成。由于采用积木组合式设计,根据生产需要可以任意搭配组合成七室、五室、三室等不同规模的生产线,以满足大小不同的产量需要。多室连续式真空炉维修容易、操作方便、热效率高、生产率高,可以广泛应用于金属材料真空热处理、真空钎焊、真空烧结、真空电子器件以及不锈钢真空保温容器的排气与封装等领域的大批量流水线式连续生产。

图 6.9 为三室连续式真空炉,连续自动作业、进料、加热、淬火、出料过程均在真空中进行。该炉加热室内的炉床上有四个工位,即始终保持有四个料筐在加热室内,实现了按一定节拍进一料筐,同时出一料筐的连续处理,可以提高生产率。该炉可实现自动程序操作。

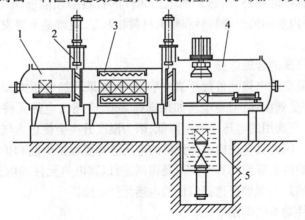

图 6.9 连续式真空炉

1—进料室;2—闸阀;3—加热室;4—淬火室;5—油槽

6.3 电热元件材料及设计简介

6.3.1 电热元件的材料及其性能特点

真空热处理炉所用的电热元件材料，主要有镍铬合金、铁铬铝合金、钼、钨、钽、碳化硅、二硅化钼和石墨制品等。其中，镍铬合金和铁铬铝合金，只适用于较低温度和中度真空范围，以避免其中合金元素的挥发。钼、钽、钨在真空中加热时容易蒸发，并且随着使用温度和真空度的提高而蒸发越严重。为了抑制蒸发，可在真空炉内通入一定压力的惰性气体。如果在惰性气体中使用时，使用温度可相应提高至 2 200℃，2 600℃和 3 000℃。但在高温下长时间加热时，其晶粒会显著增大，电热元件容易变脆，这一点在使用过程中应特别注意。另外，高熔点金属在高温下与耐火材料接触时容易发生化学作用，形成低熔点合金，使电热元件寿命急剧下降，同时也造成耐火材料的损耗。为了防止这种情况产生，安装电热元件时可以采用高纯氧化铝绝缘材料将二者分开。碳化硅在真空中的使用温度为 1 400℃，短时工作可达 1 600℃，但在真空中极易消耗。二硅化钼可在保护气氛中使用，温度达 1 700℃，缺点是在真空中超过 1 300℃时会软化。

近几年来，石墨质电热元件应用得越来越多。石墨具有耐高温，耐急冷急热性好，温度越高机械性能越好，加工性好，价格低和熔点高（达 3 700℃）等优点。在一氧化碳、氮和氢保护气氛中使用温度可达 2 400℃，在真空中温度超过 2 400℃会迅速蒸发，并且容易氧化，在含氧和水的气氛中消耗极快。

6.3.2 电热元件的设计概要

1. 电热元件材料的选择原则

电热元件的选择原则是：所选用的电热元件的材料必须能够满足炉子使用温度的要求，同时还要与炉内所用的绝缘材料和耐火材料相匹配，也就是不要发生化学反应，造成不必要的材料浪费。

2. 电热元件电压的合理选择

由于内热式真空炉电热元件处于真空容器内，如果所加电压太高，真空内会产生辉光放电，使电热元件受到损坏；但是电压如果选择太低，会增大电热元件的电流，导致电损耗增加。炉温越高，所选用的电压应有所降低，因为温度升高会使炉内气压升高，真空放电现象就更容易发生。因此真空炉内电热元件的电压选择要根据炉温和炉子的真空度来确定。一般真空热处理炉的实际使用真空度不是很高，所以其电热元件的电压可以选择在 200 V 以下。高真空度的热处理炉要选择较低的电热元件电压。

3. 电热元件功率的确定

电热元件功率的确定，主要有热平衡计算法和经验计算法两种。其中热平衡计算法与电阻炉的功率计算方法相似。本小节主要介绍一些经验公式法。

（1）表面负荷法。

此方法是根据隔热屏内表面单位面积上允许布置的功率即表面负荷来确定炉子的功率。炉温越高，炉子隔热屏的表面积越大，需要布置的功率就越大，但是相应的热损失也会增多；反之则越小。

根据经验数据为:炉温为 1 300 ℃ 时,表面负荷为 15～25 kW/m²;1 150 ℃ 时,表面负荷为 12～15 kW/m²;850 ℃ 时,表面负荷为为 8～12 kW/m²。只要知道炉子的隔热屏内表面积即可计算出炉子的功率值。

(2)炉膛容积负荷法。

真空炉的炉膛容积与电炉功率 P 之间存在一定的关系一般表示为

$$P/\mathrm{kW} = K\sqrt[3]{V^2} \tag{6.1}$$

式中　K——综合修正系数,受炉子隔热屏的材料、炉温、炉子作业形式等因素的影响,有时为了简化计算,根据炉温给出一个范围值;

　　　V——炉膛的体积,m³。

根据经验,炉温为 1 300 ℃ 时,K 值为 80～120;炉温为 1 150 ℃ 时,K 值为 55～80;炉温为 850 ℃ 时,K 值为 40～55。

对于真空炉来说,炉膛尺寸越大,装料就越多,但是炉子的散热热损失和蓄热量也就越多。因此,在满足使用的条件下尽量减小炉膛尺寸,以免造成不必要的能量浪费。

(3)热效率估算法。

此方法是根据炉子已知的一些技术参数首先估算出炉子的有效功率值,然后根据炉子的热效率计算炉子的设计功率。对于真空炉,按照经验其热效率在 10%～35% 之间。那么炉子的额定功率 P,可按式(6.2)计算

$$P/\mathrm{kW} = \frac{P_{\text{有效}}}{\eta} \tag{6.2}$$

对于不同类型的真空炉其热效率的取值是不相同的。一般连续式和半连续式炉,热效率值取大值。对于大型炉以及非金属隔热屏的炉子,其炉子热效率应比小型炉和金属辐射屏式的炉子要高些。

4. 电热元件的结构设计

电热元件的结构设计合理与否对电热元件的寿命、炉子性能起着重要的影响,特别是高熔点金属与石墨电热元件,选择其合理的结构具有重要意义。

(1)纯金属电热元件的结构形式。纯金属的电热元件有线状、棒状、筒形和带状等多种类型。图 6.10(a)为线状电热元件结构,钼丝通常采用这种结构,可以单股钼丝制成,也可多股线束弯制而成,其加工型较好,因此在 1 200～1 600 ℃ 的真空炉中使用广泛。图 6.10(b)为棒状电热元件,多采用钨棒、钼棒,适用于 1 600～2 400 ℃ 的小型真空热处理炉。图 6.10(c)为筒形电热元件,用 0.2～0.3 mm 厚的钼片或钽片制成,可以制成单相的和星形三相的。图 6.10(d)为带状电热元件,一般用厚 0.4～0.8 mm、宽 40～10 mm 的钼带弯制而成。这种电热元件辐射面积大,加热效果好,安装维修也方便,所以被广泛应用。

(2)石墨电热元件。石墨电热元件有棒状、管状、筒状、板状和带状等多种类型,见图 6.11。同种材料的电热元件绕制成不同结构其性能也不相同。如果石墨电热元件制成棒状和管状时,其适应性很强,可应用于各类真空热处理炉;如果制成筒形,则其具有辐射面积大、加热效果好、电接点少等优点;如果为板状和带状电热元件,与其他结构形式相比,其结构简单、拆装方便、辐射面积大、加热效果好,有利于提高炉温均匀度,尤其带状电热元件应用广泛,但是不能用在有对流循环的炉子上。

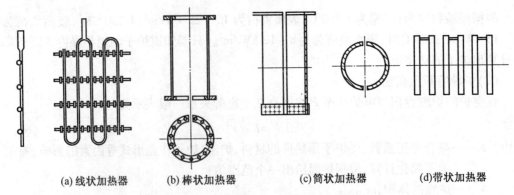

(a) 线状加热器　　(b) 棒状加热器　　(c) 筒状加热器　　(d) 带状加热器

图 6.10　纯金属电热元件的结构形式

(3) 合金电热元件的结构形式。镍铬合金和铁铬铝合金的电热元件，无论采用的是线状还是带状，其结构形式通常采用波纹形（图 6.12），也有极少数采用螺旋形式的。

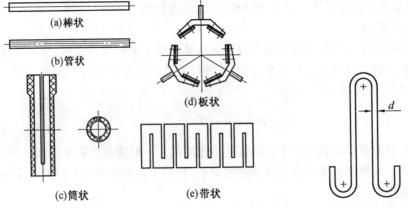

图 6.11　石墨电热元件的结构形式　　　图 6.12　合金电热元件的结构形式

5. 电热元件的布置和供电方式

电热元件的结构及其在炉膛内布置，是保证炉温均匀性最主要的手段。与电阻炉相似，对于尺寸较大的炉子，可以将炉膛分为几个区，同时将电热元件分为几个组，并且每区单独控温，各区段的功率大小根据具体情况而定。对于真空炉的均匀性要求比普通炉子高，这样电热元件的布置位置就要重点考虑。对于中小型炉子，一般是在四个面上布置电热元件。对于大型真空炉，加热区内六个面上都应布置电热元件。电热元件的接法可以采用单相或三相，分配方法与电阻炉相同。

真空热处理炉的供电方式一般是低电压大电流供电。

6.4　真空炉主要部件的设计

真空热处理炉通常由炉壳、隔热屏、电热元件、炉床、气或油冷却装置、观察窗等组成。

6.4.1　炉壳的设计要点

真空炉的炉壳基本上是一个薄壳受压容器，在工作过程中受很大的载荷，因此要求必须有足够的机械强度和稳定性，以防止受力、受热后产生变形和破坏。炉壳结构设计要点如下：

(1) 尽量采用圆筒形结构,这种结构具有良好的机械强度和稳定性,容易加工,并且焊缝少,节省材料。在特殊情况下,也可以做成方形或长方形炉壳。

(2) 为了防止因加热不均匀而引起变形和保护密封圈,炉壳上应设有水冷却装置,以吸收炉壳的热量。水冷却装置可以是在炉壳上焊上冷却水管,也可以采用水冷夹层结构。

(3) 炉壳的结构应保证炉子安装或维修方便,并且便于检查每一条焊缝的气密性及补焊。

(4) 炉壳上要尽量少开孔或不开孔,尽量减少真空泄漏的机会。

(5) 炉壳的底和盖的结构取决于炉壳的直径和形状。直径较小时,可用平底平盖;直径较大时,炉底或炉盖应做成椭圆形封头或蝶形封头。对于较大的平炉盖,为了保证足够的强度和刚度,必须要焊上加强筋板。

(6) 为了保证炉壳具有良好的气密性,应选择可焊性好的材料做炉壳,并且炉壳内壁温度一般不超过150℃。

6.4.2 真空炉隔热屏结构与材料选择

隔热屏是真空热处理炉的重要部件,它起隔热、保温的作用,有时也是固定电热元件的结构基础。隔热屏材料要求有耐热性、保温性、抗热冲击性、抗蚀性、容易加工成型、价格低等性能。隔热屏的材料和结构形式对炉子加热功率会有很大的影响。

选择隔热屏的材料首先以保证炉子处于最高温度下能够正常工作为准;其次是保证所选材料具有良好的保温效果,有足够的高温强度、热导率小、体积密度小等特点,使其尽量减少能耗。在上述技术指标能够满足的情况下尽量采用价格低,容易更换和维修的材料。

隔热屏结构一般有四种形式:全金属隔热屏、夹层式隔热屏、石墨毡隔热屏和混合毡隔热屏。

1. 全金属隔热屏

选用表面光亮的耐热金属与合金板材,做成圆筒、方形或其他形状,包围电热元件,金属隔热屏可以将热射线反射回炉膛,从而起到隔热作用。屏的隔热效果与层数有关,随着隔热层数量的增加,隔热效果也增加,但是当隔热层数增加到一定值后,其作用逐渐减小,同时消耗材料增加,炉体结构和安装的复杂性增加,并且真空中放气表面积增多等。所以,通常1 300℃的热处理真空炉以6层隔热屏为宜,其材料可以选三层钼片和三层不锈钢板。对于容量很大,温度为1 400~1 600℃,可增加到八层,这时节能效果较好。

金属屏材料有不锈钢、钼、钨、镍、钽等,其中不锈钢最高使用温度为1 100℃,所以一般用于温度低于900℃的炉子。对于高温炉一般采用钨、钼、钽等纯金属,金属屏的厚度视炉子的大小而定,一般钼、钽片的厚度为0.2~0.5 mm,不锈钢板为0.5~1 mm。在保证有足够强度的前提下,尽量减少板材厚度,从而减少材料的用量,同时减少炉子的蓄热损失。

金属屏的各层间通过螺钉和隔套隔开,也可采用焊接或铆接结构。屏与屏之间的距离为8~15 mm,内层屏距离电热元件的距离要视炉子的大小、结构而定,一般取30~80 mm,外层屏距离炉壳内壁取80~120 mm。

金属屏的热容量小,脱气效果好,并且热惯性小,但其隔热效果较差,热损失较大,并且金属屏受热后容易变形,造价高。所以金属屏一般用于中小型真空炉。

2. 夹层式隔热屏

夹层式隔热屏是在内外金属屏中间填充耐火纤维的隔热屏。耐火纤维有许多种,包括硅酸铝纤维、高铝纤维、碳纤维等。具体选用哪种耐火纤维则要根据炉子的使用温度来选择。夹层式隔热屏具有结构简单、隔热效果好、热损失小、热惯性小、高温下不变形、价格便宜等特点。但由于耐火纤维吸湿性较大,所以采用这种结构的炉子的真空度较低,通常最高仅达 6.6×10^{-3} Pa。一些真空回火炉、气冷真空炉、真空烧结炉常用此结构。

3. 石墨毡隔热屏

石墨毡具有使用温度高、密度小、热导率小、无吸湿性、耐热冲击性好、易于加工等特点。石墨毡隔热屏是用多层石墨毡组合而成的,各层之间用石墨绳绑扎并将其固定在金属框架的金属网上,各层之间的接缝要错开,以减少通过缝隙造成的能量损失。

石墨毡隔热屏具有结构简单、容易制造、隔热效果好等优点,多用于中等真空的中高温真空炉中;但是,有时由于细小、柔软的石墨毡纤维的飞扬造成电热元件与炉壳之间短路。为了防止这种现象发生,可在隔热屏内壁铺设一层柔性石墨板或铺设一层钼板,气冷真空炉、真空烧结炉基本上都采用这种结构。

4. 混合毡隔热屏

混合毡隔热屏内层通常为石墨毡,外层为硅酸铝纤维毡,其余结构与石墨毡隔热屏基本相同。这种隔热屏具有很好的隔热效果,结构简单,加工制造容易,安装维修方便,而且造价低廉。油淬真空炉通常都采用这种结构。

6.4.3 炉子其他部件

1. 水冷电极

水冷电极是真空炉加热室结构的重要组成部分,其作用是将电能引入到炉内电热元件上的导电装置。其设计要点如下:

(1) 水冷电极与炉壳之间相接处的部位一定要密封,同时水冷电极内要通水防止温度过高,烧坏装置,并且水冷电极与炉壳之间要保持很好的绝缘。其中密封装置一般采用真空橡胶圈或聚四氟乙烯圈密封。绝缘材料采用玻璃布纤维板、云母、夹布胶木或聚四氟乙烯等,并制成套圈将二者隔开进行绝缘。

(2) 电极通常采用紫铜制造,同时要有足够大的横截面积,保证其在水冷的条件下,电流密度允许值为 $10 \sim 18$ A/mm^2。

(3) 电极与电热元件以及电极与电源连线之间的要有良好的接触,同时使其拆卸维修方便。

(4) 电极的热损失要尽量小。降低其热损失的主要措施为:在条件允许的情况下,尽量采用大电压输入,在保证功率不变的情况下,可以减少线路上的电流,从而减少热损失;减少所有接触电阻,降低电阻热能损耗。

2. 观察窗

观察窗是真空电炉常用的装置。其作用为:一是操作者可以通过观察窗随时观察工件在炉内的基本情况;二是可以随时通过观察窗利用温度测量仪测量炉内的温度,以便随时发现问题及时解决。观察窗所放置的位置和使用的数量,一般根据炉子的结构和用途而定。

观察窗的结构力求简单,尺寸尽量小,以减少通过它造成的热量损失,安放的高度要适度,有利于观察。同时,观察窗上使用的玻璃片应根据炉子的使用温度来选用不同的材料,但所选材料必须具有耐高温性和一定的强度。

通常温度在500℃以下的低温炉观察窗上的玻璃片可选用普通钢化玻璃;600~1 100℃时可选用铝硅、石英玻璃,其中石英玻璃价格较贵。

3. 热电偶测量装置

热电偶是热处理炉中不可缺少的重要的控制元件之一,在真空炉上安装热电偶与一般炉子不同之处就是要保证热电偶丝的引出必须符合真空密封要求。可将铠装热电偶通过密封座引入加热室内,见图6.13。目前,铠装热电偶保护管为不锈钢材料,因此一般使用温度限制为1 000℃左右。当炉子使用温度为1 000℃以上时,可以采用高纯氧化铝或氧化镁做热电偶的保护材料。

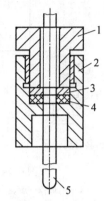

图6.13 铠装热电偶导出装置
1—压块;2—座;3—金属垫;4—密封圈;5—铠装热电偶

对于电热元件、隔热屏以及加热室内的其他结构件采用碳布、碳毡、石墨材料制成的真空炉,不能直接使用裸露的铂铑-铂热电偶丝进行温度测量。这是因为在1 300℃左右的高温下,此材料的热电偶会受含碳气氛的腐蚀,寿命很快降低。也不能使用石英管做铂铑-铂热电偶丝的保护管,如果真空炉的使用温度不超过1 200℃,常用镍-镍钼热电偶;当温度超过1 300℃,也可以使用钨铼热电偶。

6.5 真空炉的真空系统

6.5.1 真空系统的组成及类型

所谓真空系统是指由真空容器(即炉体)和获得真空、测量真空、控制真空等组件组成的系统。其必须满足三个基本要求:①能迅速地将真空热处理炉抽至所要求的极限真空度;②应能及时地排出被处理工件和炉内结构件连续放出的气体以及因真空泄漏而渗入炉内的气体;③使用安装、操作、维修保养要简便,整个系统占地面积要小。

真空热处理炉的真空系统,常见的有低真空系统、中真空系统和高真空系统三种。其中低真空系统通常只采用机械泵即可实现其真空度的要求,有时也选用旋片式或滑阀式真空泵。图6.14为一低真空系统原理图。它是具有机械旋转泵的真空系统。中真空系统在真空热处理炉中应用较广,其真空泵主要有两类:机械增压泵(罗茨泵)和油增压泵。图6.14(b)为采用油扩散泵或油增压泵的真空系统原理图。这种真空系统工作时先开动旋转泵抽预真空,当达到油扩散泵或油增压泵的最大反压强时,油扩散泵才能投入工作。高真空系统主要采用油扩散泵,有时也用扩散泵与增压泵匹配使用。图6.14(c)为由油扩散泵、增压泵和旋转泵组成的真空系统原理图。该真空系统在工作时首先用旋转泵抽预真空,再用油增压泵抽中真空,当大部分气体被抽除后,油扩散泵才能投入工作。

6.5.2 真空系统的基本参数

真空系统的基本参数主要有极限真空度、工作真空度、抽气时间、抽气速率和压升率等。

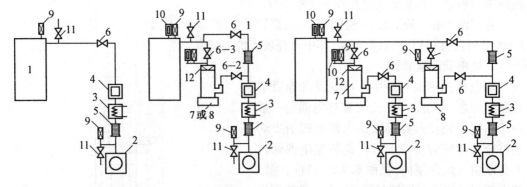

(a)具有旋转泵　　　　　(b)具有油扩散泵或油增压泵　　　(c)具有油扩散泵、油增压泵和旋转泵

图 6.14　真空热处理炉的典型真空系统的原理图

1—电炉；2—旋转泵；3—冷凝器；4—过滤器；5—伸缩器；6—阀门；7—扩散泵；
8—增压泵；9—热偶规管；10—电离规管；11—充空气、保护气体或接入氮检漏仪的阀门；12—冷阱

1. 极限真空度

真空炉(空炉)所能达到的最高真空度称为极限真空度。它不仅与泵的极限真空度和抽速有关，还与炉内总放气量和漏气量成反比。由于总放气量是一个随抽气时间变化的值，故在确定极限真空度时又能规定一个在某个抽气时间内达到的相对值。通常，极限真空度应低于真空泵的极限真空度一个数量级左右。

2. 工作真空度

真空炉在工作时需要保持的真空度称为工作真空度。其具体数值的选择一般根据工艺而定，在满足工艺要求时尽量选择较低的工作真空度，减少合金元素的蒸发，同时真空度降低，真空容易实现，降低生产成本。真空炉的工作真空度总是低于极限真空度，一般工作真空度低于极限真空度半个到一个数量级，最好将其选在主泵的最大抽速附近。

3. 抽气时间

抽气时间是反映了抽气效率的参数，是指炉子从某一压力开始抽到要求压力所需的时间。一般炉子的预抽时间以小于 10 min 为宜。在低、中真空区域的前段抽气时间可以近似为机械泵预抽时间。对于联合机组，总抽气时间包括机械泵预抽时间加上主泵接转后抽到某一压力的时间。其中机械泵从大气抽至某一规定压力的时间为预抽时间。而油扩散泵和油增压泵的预热时间不计入抽气时间内。

4. 抽气速率

真空系统单位时间内所抽出的气体体积称为抽气速率。这是真空系统很重要的一个参数。真空系统的抽气速率与主泵的抽速和流导有关。如果流导很大，则炉子的抽气口的有效抽速接近于泵的名义抽速。如果流导很小，则炉子的抽气口的抽速很小。为了提高炉子抽速，除了选择抽速大的真空泵外，还要尽可能增大管道流导。

5. 压升率

压升率是指在单位时间内在高压或高浓度下的气体通过内渗漏进入真空炉内的气体量的大小，是检验炉子密封性能的重要指标。压升率可用关闭法测量，即将系统抽到极限真空或某一压力后关闭真空炉体各个通气口阀门。如果只用机械泵抽空时应停泵，然后根

据两次读数间的时间去除以两次读数时真空室内压力之差,即得压升率。

6.5.3 真空计

测量低于大气压的气体压强的工具称为真空计。真空计可以直接测量气体的压强,也可以通过与压强有关的物理量来间接测量气体压强。前者称为绝对真空计,后者称为相对真空计。

真空计是真空系统的测量仪表。目前,热处理炉上常用的真空计有弹性压力真空计、热电偶真空计、电离真空计等。在选择真空计时应考虑到以下几点:真空计适用的压力范围;是测量气体的全压强还是分压强;真空计的误差是否与气体有关;所要求的测量精度。

真空供气流量计,应用真空炉进行渗碳、渗氮或其他化学渗入时,需用气体流量计进行供气计量。常用的流量计是转子流量计,其结构简单,使用方便,且在流量量程方面可以满足要求。转子流量计的刻度标值与所使用压强和气体密度有关,故应用所使用的气体和压强进行标定。

6.5.4 真空热处理炉的性能试验

对于受试验的真空炉应按照技术说明书、有关技术标准和有关安全规程进行准备并投入运行。试验前必须检查电气线路和开关系统,并采取一切必要的安全措施。试验必须在真空炉经过充分烘烤除气和真空炉处在正常工作条件下进行。

(1)极限真空度的测量。在空炉冷态情况下,按照真空泵使用要求启动真空系统,经过一定时间后,炉子应能达到技术要求中提出的极限真空度。

(2)空炉抽空时间的测量。从炉内起始压强(一般为大气状态)达到极限真空度的时间,即为空炉抽空时间。在试验中,油扩散泵和油增压泵的预热时间不包括在空炉抽空时间内。

(3)压升率的测量。在真空炉经过充分烘烤除气后用关闭法测量。当炉内达到极限真空度后,关闭真空系统各通气口的真空阀门,并关停真空泵,则压升率为

$$\Delta P = \frac{P_2 - P_1}{t} \tag{6.3}$$

式中 ΔP——压升率,Pa/h;
P_2——第二次读数时真空炉内的真空度值,Pa;
P_1——第一次读数时真空炉内的真空度值,Pa;
t——两次读数间的时间,一般不少于 1 h,h。

第一次读数一般应在关闭真空阀门 15 min 后进行。

(4)工作真空度的测量。在真空炉工作温度下其真空度应能达到规定的真空度。

(5)空炉升温时间的测量。在真空炉空炉处于室温,并且炉内的真空度已达到工作真空度后即可进行试验。记录炉子从室温升到额定温度所需要的时间即为空炉升温时间。

(6)炉温均匀度的测量。在真空炉处于考核温度的热稳定状态下,真空度处在工作真空度时进行测量。共测五次,取五次最大温度差值的算术平均值。测量区域、测温点的点数和各点位置,应根据技术文件的规定处理。

6.6 真空炉的使用与维护

6.6.1 真空炉的使用与维护

(1)真空炉应该安放在清洁、少灰尘、无腐蚀性、无爆炸性气体的房间内,环境温度不高

湿度不大的地方,并且炉子外表面应经常擦拭,保持清洁干净。

(2)真空炉的真空卫生要求很高,炉内所有构件或零件应清洁、干燥,如果有灰尘或不干净时,应用酒精或汽油浸湿的绸布擦拭干净并干燥,以防止水分、污物进入炉内。

(3)各传动件发现卡位、限位不准及控制失灵等现象时,应立即排除,不要强行操作,以免损坏机件。

(4)停炉后,炉内需保持在 6.65×10^4 Pa 以下的真空状态。

(5)机械传动件要定期加油或换油,减少磨损,延长其使用寿命。

(6)炉体上的密封结构、真空系统等零部件拆装时,应用酒精或汽油清洗干净,并在干燥后涂上真空油脂,然后再组装上。

(7)真空系统各组件要分别按其使用说明书使用维护。

(8)维修操作应在停电情况下进行。在带电情况下进行维修工作时,必须保证操作人员、维修人员及设备的绝对安全。

(9)若真空系统没有截止阀,操作时还要注意,每次停泵前关上炉体的阀门,然后手动开启放气阀,停泵向泵内充入大气,以防反油。

6.6.2 真空炉常见的故障及排除方法

表 6.3 说明了真空热处理炉常见的故障,并说明了其排除的具体方法。

表 6.3 真空炉常见故障及其排除方法

故障内容	产生原因	排除方法
真空泵		
真空度低	(1)泵油黏度过低 (2)泵油量不够 (3)泵油不清洁 (4)轴的输出端漏气 (5)排气阀门损坏 (6)叶片弹簧断裂 (7)泵缸表面磨损	(1)换用规定牌号的油 (2)加油 (3)更换新油 (4)更换轴端油封 (5)更换新阀片 (6)更换新弹簧 (7)修复或更换
泵运转出现卡死现象	(1)杂物抽入油内 (2)长期在高压强下工作使泵过热,机件膨胀,间隙过小	(1)拆泵修理 (2)泵不宜在高压强下长期工作,加强泵的冷却
泵运转有异常噪声	(1)泵过载 (2)泵腔内部零件局部磨损	(1)换泵 (2)更换磨损零件
泵启动困难	(1)泵腔内充满油 (2)电动机电路短路 (3)电动机有故障 (4)传动带太松 (5)泵腔内有赃物 (6)泵腔润滑不良	(1)停泵后应将泵内充大气 (2)排除电路故障 (3)检修电动机 (4)张紧传动带 (5)拆泵修理 (6)加强润滑
喷油	(1)进气口压强过高 (2)油太多超高油标	(1)减低进气口压强 (2)放出多余的油

续表 6.3

故障内容	产生原因	排除方法
油温过高	(1)杂物吸入泵内 (2)吸入气体温度过高 (3)冷却水量不够	(1)取出杂物 (2)进气管路上装冷却装置 (3)增加冷却水流量
机械增压泵		
真空度低	(1)转子与转子,转子与定子的径向间隙大,转子与端盖侧向间隙大 (2)轴的输出端漏气 (3)前级泵真空度低 (4)泵腔内含油蒸气	(1)调整间隙,修理或更换泵 (2)更换轴端油封 (3)修理或更换前级泵 (4)清洗泵并烘干
泵运转有噪声	(1)传动齿轮精度不够或损坏 (2)轴承损坏 (3)转子动平衡不好 (4)入口压力过高	(1)更换齿轮 (2)更换轴承 (3)标准转子动平衡 (4)控制入口压强
油扩散泵		
抽率过低	(1)泵心安装不正确 (2)泵油加热不足	(1)检查喷口安装位置和间隙是否正确 (2)检查电热器功率及电压是否符合规定要求
真空度低	(1)泵油不足,泵油变质 (2)泵冷却不好 (3)系统和泵内不清洁 (4)泵心安装不正确 (5)泵漏气 (6)泵过热	(1)加油,换油 (2)改善冷却 (3)清洗并烘干 (4)检查喷口安装位置和间隙是否正确 (5)消除漏气 (6)降低加热功率改善冷却
真空炉主体及电气系统		
最高温度达不到额定值	(1)隔热屏损坏 (2)电热元件老化	(1)检修或更换隔热屏 (2)更换电热元件
绝缘电阻低于正常使用值	(1)碳纤维与电极接触 (2)局部短路 (3)绝缘件污染	(1)消除碳纤维 (2)排除短路部位 (3)清洗或更换绝缘件
温度控制失灵	(1)热电偶的偶丝断或污染 (2)温度控制仪表故障 (3)热电偶补偿导线接反或短路	(1)更换热电偶 (2)按仪表说明检修仪表 (3)重接或排除
自动控制线路工作不正常	(1)仪器、仪表有故障,不按规定发信号 (2)中间继电器工作不正常	(1)检修仪表 (2)检修或更换中间继电器
传送机构不动作或中途中断	(1)机械压块未压行程开关 (2)行程开关故障 (3)电动机故障 (4)液压传动机构的电磁阀故障	(1)调整压块或行程开关 (2)检修或更换行程开关 (3)检修电动机 (4)检修或更换电磁阀

续表 6.3

故障内容	产生原因	排除方法
真空热处理零件质量与设备有对影响的故障		
油淬零件表面不亮	(1)炉子真空度低 (2)淬火冷却油脱气不彻底 (3)入油温度过高	(1)提高炉子真空度 (2)淬火冷却油脱气 (3)按规定温度入油
气淬零件表面不亮	(1)炉子真空度低 (2)保护气体纯度不够 (3)充气管路没有预抽气	(1)提高炉子真空度 (2)提高保护气纯度 (3)每次开炉前应把充气管路预抽干净
零件表面合金元素挥发	真空度过高	按零件材料不同控制炉子真空度

思考题

1. 简述真空热处理炉的加热特点。
2. 试述真空热处理炉的分类。
3. 真空热处理炉设计的基本内容是什么？
4. 简述真空系统的组成及其选用。
5. 真空度是如何测量的？
6. 试说明真空度的划分方法。

第7章 感应加热设备

7.1 概　述

感应加热多数用于金属零件表面淬火，是使工件表面产生一定的感应电流，迅速加热零件表面，然后迅速淬火的一种金属热处理方法。感应加热设备，即对工件进行感应加热，以进行表面淬火的设备。它是将三相工频交流电整流后变成直流电，再把直流电变为可调节的电流，供给由电容和感应线圈里流过的交变电流，在感应圈中产生高密度的磁力线，并切割感应圈里盛放的金属材料，在金属材料中产生很大的涡流。这种涡流同样具有中频电流的一些性质，即金属自身的自由电子在有电阻的金属体里流动要产生热量。例如，把一根金属圆柱体放在有交变中频电流的感应圈里，金属圆柱体没有与感应线圈直接接触，通电线圈本身温度已很低，可是圆柱体表面被加热到发红，甚至熔化，而且这种发红和熔化的速度只要调节频率大小和电流的强弱就能实现。

国内领先的感应设备有：KGPS 系列中频电源、IGBT 系列中频电源、GTR 系列中频感应透热电炉、GW 系列中频感应熔化电炉、中高频感应淬火电炉、中频调质生产线等设备。设备广泛应用在锻造、铸造、热处理、机械热加工、粉末冶金等各个领域。

根据感应加热设备工作频率的不同，可分为以下 3 大类。

1. 工频感应加热设备

用 50 Hz 的工业频率电流，通过感应器加热工件，即工频感应加热。工频感应加热设备可由单相、两相和三相电源供电。工频感应加热设备不需要变频装置，设备简单，投资少，输出功率大，电流穿透层深，只适用于大截面零件的表面淬火，如冷轧辊、柱塞及大车轮等，表面淬硬层深度达 15 mm。用于透热加热，零件截面尺寸可在 150 mm，并且加热速度低，加热温度均匀，不易过热。整个加热过程温度容易控制。

2. 中频感应加热设备

工作频率范围是高于工频，低于 10 kHz。通用频率挡级是 150 Hz，250 Hz，450 Hz，1 000 Hz，2 500 Hz，8 000 Hz，10 000 Hz，一律采用单相供电。感应器不能直接利用电网电源，必须采用一套将 50 Hz 电能变为中频（500～10 000 Hz）电能的装置。其淬硬层在 5 mm 以上。目前采用的中频电源壳可分为两类：电动发电机组（又称为机械式）和静止变频器。后者包括离子型变频器、电磁倍频器和可控硅变频器。

3. 高频感应加热设备

高频感应加热设备是采用电子管振荡器将 50 Hz 电能变为高频（70 000～200 000 Hz）电能的装置，利用所得到的高频电流做加热产品的电源，淬硬层在 3 mm 以下。超音频感应加热设备也属于这种类型的设备。

7.2 感应加热的基本原理

感应加热可用于淬火、回火、正火、调质、透热等热处理工艺。感应加热的原理可以用电磁感应定律和焦耳-楞次定律来描述。图7.1为感应加热原理的示意图。被加热的产品放在感应器(通称为感应圈)中,而感应器接入交流电源线路,于是在感应器内就形成了交变电磁场。按照电磁感应定律,在被加热产品内就引起感应电势,其大小为

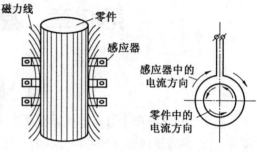

图7.1 感应加热示意图

$$e = -\frac{d\varphi}{dt} \tag{7.1}$$

式中 e——感应电势的瞬时值,V;

$\frac{d\varphi}{dt}$——磁通量 φ 对时间的变化率,主要决定于在感应器内流过电流的频率。

电流频率越高,$\frac{d\varphi}{dt}$ 值越大,感应电动势 e 的值也就越大。式(7.1)中的负号表示感应电势的方向是与 $\frac{d\varphi}{dt}$ 的方向相反。

由于金属被加热件内存在着电势,所以在工件内部将产生闭合电流,称为涡流,它与感应器中在每一瞬间电流的方向相反。涡流强度与感应电势的大小成正比,而与涡流回路的电抗成反比。由于金属的电抗值很小,涡流可达到很高的数值,因为在工件内部产生很大的热量,使工件表层温度快速地升高。根据焦耳-楞次定律知通电一段时间后在工件内产生的热为

$$Q = 0.24 I^2 R t \tag{7.2}$$

式中 Q——当工件通过电流强度为 I 的电流时,通电 t s 后工件所产生的热量;
I——流过工件的电流;
R——工件的电阻;
t——通电时间。

因此,感应加热设备就是利用电磁感应原理,使处于交变磁场中的金属材料内部产生感应电流,从而把材料加热的一种电热设备。

对铁磁材料来说,除了电磁感应产生涡流热效应外,还有由于磁滞现象所引起的热效应,同样会使工件加热速度增加。但应指出,工件加热主要还是依靠涡流的热效应。

在工件截面上涡流的密度是不均匀的,由表面到中心呈指数规律衰减,其衰减程度可表示为

$$I_x = I_0 \exp\left(-\frac{2\pi}{c}\sqrt{\frac{\mu f}{\rho}} \cdot x\right) \tag{7.3}$$

式中 I_x——离表面为 x 处的涡流强度;

I_0——表面的涡流强度；

c——光速；

ρ——工件材料的电阻率；

μ——工件材料的磁导率；

x——距离工件表面的距离；

f——电流频率。

上述现象称为集肤效应(又称为表面效应)。

在工程上，规定I_x降至I_0的$1/e$($e=2.718$)处的深度为电流透入深度，用δ表示，则可求出

$$\delta/\mathrm{mm} = 50\,300\sqrt{\frac{\rho}{\mu f}} \tag{7.4}$$

由式(7.4)可知，电流透入深度δ的大小是与交流电流的频率f的平方根成反比。电流频率越高，电流透入深度就越浅，表面效应越显著。

钢铁材料在加热过程中，电阻率ρ随温度的升高而增加，在800～900℃范围内各类钢的电阻率基本相近，大约为$10^{-4}\,\Omega\cdot\mathrm{cm}$。磁导率$\mu$在失磁性以前基本不变，在居里点以上，$\mu$值将下降为1。因此，热态电流透入深度$\delta_热$将比室温下的冷态电炉透入深度$\delta_冷$大几十倍。

如果将$\mu=1$和$\rho=10^{-4}\,\Omega\cdot\mathrm{cm}$代入公式(7.4)中，可以求出钢在800～900℃范围内电流透入深度为

$$\delta_热/\mathrm{mm} \approx \frac{500}{\sqrt{f}} \tag{7.5}$$

7.3　感应加热电源

7.3.1　感应加热电源的简介

感应加热电源的种类根据频率范围可以分为工频电源、中频电源、超音频电源和高频电源。其中工频电源采用的是电网供电电源，其频率为50 Hz。使工频电源转换为感应加热工艺所需频率的单向电源的变频装置称为变频器或逆变器。输出频率小于10 kHz的感应电源称为中频电源。输出频率在10～100 kHz范围的感应电源称为超音频电源。输出频率大于100 kHz的称为高频电源。

根据电源频率的调制模式不同，感应加热电源又分为机械变频式机组和静态变频器两种。其中机械变频机组调制的频率一般为中频，所以又称中频发电机组。它是用三相鼠笼式异步电动机带动单向中频发电机来发出中频电流的。这种变频机组受结构限制，其调制的最大电流频率不超过10 000 Hz，一般标称频率有1 000 Hz，2 500 Hz，6 000 Hz，8 000 Hz等。机械式变频机组具有使用维护简单、负载适应能力强、性能可靠等优点，目前有些企业仍在使用。其缺点是效率低、占地面积大、运转噪声大、启动停机操作程序麻烦等，因此，目前有被静态变频器取代的趋势。

静态变频器根据采用的变频器件不同分为可控硅中频电源、晶体管中高频电源以及电

子管高频电源。不同电源具有不同的特点和不同的效率,但都能满足一定的用途。随着科技的进步和电子器件的发展,机械发电机式和电子管式感应加热电源逐渐被可控硅式、晶体管式逆变电源所替代。

7.3.2 电源频率及功率的选用

1. 电源频率的选用

感应加热淬火表层淬硬层的深度,取决于交流电的频率,一般是频率高加热深度浅,淬硬层深度也就浅。频率 f 与加热深度 δ 的关系有如下经验公式

当为 20℃ 时

$$\delta = \frac{20}{\sqrt{f}}$$

当为 800℃ 时

$$\delta = \frac{500}{\sqrt{f}}$$

式中 f——频率,Hz;
δ——加热深度,mm。

如果选择的设备频率很高,使电流透入深度远远小于所要求的淬硬层深度,即 $\delta_热 \ll x$,此时为了得到要求的淬硬层深度 x,必须依靠热传导作用使表面层(即电流透入区)的热量向内部传导,使内层逐渐升温到临界点以上温度,这样才能使淬硬层达到要求的深度。这种依靠热传导来增加淬硬层深度的方法势必延长加热时间,降低生产率,表面的辐射热损失也将增加。此外,工件截面上温度分布平缓,也会使过渡层厚度增加。

如果选择的设备频率 f 能使电流透入深度 $\delta_热$ 等于或大于淬硬层深度 x,即 $\delta_热 \geq x$,此时淬硬层很快升温到临界点以上温度,无需延长加热时间就可得到要求的淬硬层深度。这种方法的特点是加热时间短、表面辐射热损失少,工件截面上过渡层厚度较浅。

在淬火温度下电流透入深度 $\delta_热 = \frac{500}{\sqrt{f}}$ mm,因为要满足 $\delta_热 \geq x$ 的条件,即 $\frac{500}{\sqrt{f_{max}}} \geq x$,最高频率 f_{max} 不能超过 $2\,500/x^2$。另外,降低频率会使电流透入深度加大,这样可能使淬硬层深度超过规定值,所以频率也有一最低值 f_{min}。根据经验,最低频率应符合的条件为 $\delta_热 = 4x$,即 $\frac{500}{\sqrt{f_{max}}} \leq 4x$,最低频率 f_{min} 不应低于 $150/x^2$。设备频率应在上、下限之间,即

$$\frac{1.6 \times 10^4}{x^2} \leq f \leq \frac{2.5 \times 10^5}{x^2} \tag{7.6}$$

最理想的情况是当 $\delta_热 = 2x$,此时

$$f = \frac{6 \times 10^4}{x^2} \tag{7.7}$$

根据公式(7.5)和公式(7.6)计算出的数据列于表 7.1 中。应当指出,使用的频率越高,涡流越大,产生的热量也越多。但热量是不会随着频率增大无止境的增加。因为设备的频率越高,集肤效应越显著,电流透入深度也越小。尽管设备频率是影响淬硬层深度的主要因素,但也应考虑感应器与工件间隙对淬硬层深度的影响。间隙增大,淬硬层深度也加大;反

之,淬硬层深度减小。除此之外,感应器的单位表面功率对淬硬层深度也有影响。

表 7.1 淬硬层深度与推荐设备频率

淬硬层深度/mm	1.0	1.5	2.0	3.0	4.0	6.0	10.0
最高频率/Hz	250 000	100 000	60 000	30 000	15 000	8 000	2 500
最低频率/Hz	1 500	7 000	4 000	1 500	1 000	500	150
最佳频率/Hz	60 000	25 000	15 000	7 000	4 000	1 500	500
推荐使用设备	真空管式	真空管式或机式(8 000 Hz)	真空管式或机式(8 000 Hz)	机式(8 000 Hz)	机式(2 500 Hz)	机式(2 500 Hz)	机式(500 Hz,1 000 Hz)

2. 电源功率的选用

感应加热设备功率可以根据硬化区的不同选择加热工艺的不同功率。其计算方法为经验计算法。

(1)能量近似法。

把金属工件表面层体积为 V 的金属层加热到淬火温度需要的能量为

$$Q/kJ = c \times V \times r \times \Delta T/10^6 \tag{7.8}$$

式中 c——从室温到淬火温度工件的平均比热容,$kJ/(kg \cdot K)$;

V——加热层的体积,mm^3;

r——工件的密度,g/cm^3;

ΔT——加热层从室温到淬火温度的温差,K。

假定加热时间 $t = 5$ s,感应器的效率为 $\eta_1 = 80\%$,电源系统的效率为 $\eta_2 = 90\%$,则需要的电源功率为

$$W = \frac{Q}{t \cdot \eta_1 \cdot \eta_2}$$

(2)根据单位面积的功率密度加热面积计算电源功率。

作为初估的工件功率密度为 $1 \sim 3$ kW/cm^2,对整体表面淬火取 $\Delta W = 2$ kW/cm^2,则电源加热功率为

$$W/kW = \Delta W * A$$

式中 A——工件加热表面积,cm^2。

7.3.3 感应加热表面淬火的主要特点

与普通加热淬火比较,感应加热表面淬火具有如下特点:

(1)加热速度极快,可扩大奥氏体转变温度范围,缩短转变时间。

(2)淬火后工件表层可得到极细的隐晶马氏体,硬度稍高(高出 2~3 HRC)。脆性较低及较高疲劳强度。

(3)经该工艺处理的工件不易氧化脱碳,甚至有些工件处理后可直接装配使用。

(4)淬硬层深,易于控制操作,易于实现机械化,自动化。

7.4 感应淬火机床

感应淬火机床是指完成感应淬火工艺的机械装置,它可以是淬火单机,也可以是由淬

火、回火以及自动上下料机构组成的生产线。

7.4.1 感应淬火机床的种类和用途

（1）按生产方式分，感应淬火机床可以分为通用淬火机床、专用淬火机床及淬火生产线三大类。其中通用淬火机床适用于单个或小批量生产，应用面较广；专用淬火机床适用于批量或大批量生产；生产线将多种热处理工艺组合在一起，生产效率更高，适用于大批量生产。

（2）按照感应加热电源分，感应电源不同，淬火机床结构也有所不同，按电源频率分为高频淬火机床、中频淬火机床和工频淬火机床。高频感应淬火机床适用于浅层感应淬火，一般硬化层小于3 mm；中频感应淬火机床适用于较深层的感应加热淬火，根据频率不同，加热层深可以从3 mm到10 mm；工频感应淬火机床则主要针对大型轧辊等的深层淬火要求而设计的。

（3）按处理零件类型，一般可分为轴类淬火机床、齿轮淬火机床、导轨淬火机床、平面淬火机床等。

（4）按处理零件安装的形式，可分为立式淬火机床和卧式淬火机床。

（5）按热处理工艺类型，可分为淬火、回火、退火、调质及透热等用途的淬火机床设备。

7.4.2 感应淬火机床的基本要求

1. 使用要求

在选用淬火机床时，一般要考虑以下几点：

（1）通用性，一台淬火机床应能处理轴类、齿轮、环形零件等多种常见的感应淬火零件。

（2）定位准确，可靠性好，移动、转动速度稳定，控制电器、机件、监控仪表动作准确，可靠，重现性好。

（3）机床操作简单，使用维修方便。

（4）机床保护措施齐全，能保证安全工作，容易维护，维护费用较低。

（5）机床占地面积小，生产率高，能耗少。其中耗能少主要是指机床工作时发电机的时间利用率高，也就是加热时间与机动时间的比值大。这样既能减少发电机的空载损失，又能节省劳动力费用。

2. 功能要求

（1）感应淬火机床上要有工件夹持装置、工件运转机构、感应器的调整及运动机构，工件与感应器之间的相对运动速度的调节机构等装置，并且工件移动速度的精度及机床的几何精度满足相关标准。

（2）满足高频加热电能的传输功能。机床的加热回路包括输送电缆、淬火变压器、匹配电容器、感应器导板、感应器。电缆一般采用特制的同轴电缆，以减小电感，降低损耗，同时要求满足床身的运动要求。感应器要设计合理，连接导板要保证过流面积，并尽量短，同时要有一定的刚性。

（3）要具有淬火系统和淬火介质回收装置，并且淬火系统能够满足工件对冷却速度的要求。为了节省资源降低生产成本和保护生产环境，淬火介质要回收。

（4）保障设备运行的冷却系统。中高频电源、淬火变压器和感应器等设备在工作过程中会发热，导致其温度升高，如果不及时降温会影响其正常工作，甚至会损坏，因此在工作过程中需要可靠的冷却，淬火机床必须有冷却系统。现在实际生产中冷却系统采用的是封闭的软水系统。冷却水出口温度和压力检测输入机床控制系统,保证设备的正常运行。

7.4.3 感应淬火机床的基本结构

各类感应淬火机床及淬火装置,基本上是由以下几部分组成。

(1)机架。机架是机床的主要部件。它必须有足够的刚性,结构力求简单。机架可用铸铁件或型钢或厚钢板焊接而成,前者稳定,抗震性强而后者的制造成本较低。

(2)升降部件。在同时感应淬火时,由于零件需从感应器中进出,所以此时升降部件应便于装卸。在连续感应淬火时,零件与感应器要作连续相对运动,机床上应设计升降、横向或回转等运动机构,并且其运动机构的运动速度可调。

(3)零件装卡及转动部件。圆形零件在加热时应旋转,以确保感应加热均匀,但是旋转速度要适中,一般旋转速度采用 30~200 r/min。如果旋转速度过快会影响零件的冷却。例如,齿轮喷冷时,零件旋转太快,齿两侧冷却不一致,影响硬度及齿向变形。旋转速度应根据工艺参数进行调整。

(4)传动机构。目前采用变频调速装置,其结构简单、稳定、可靠,完全可以实现工件转速调节的需要。

(5)感应器。对待处理工件实施加热的原件。

(6)工艺参数及程序控制装置。感应淬火机床的控制台上应备有工件移动速度、转动速度、冷却水流量、冷却水压及水温、工件表面温度等参数的测量装置,而且这些装置应放在操作者易观察到的地方。除此之外,淬火机床控制台上还应备有手动及自动各种操作按钮以及多工位的时间继电器,保证机床能够正常工作。

(7)多工位结构。为了淬火机床的生产率,在机床上可设计成多工位结构,如凸轮轴双工位淬火机床、端头淬火多工位机床等。

(8)上下料机构。在全自动淬火机床中还应考虑采用上下料机构。

(9)其他辅助装置。如果采用的淬火冷却介质对淬火机床有影响,在设计中都应作为特殊问题加以考虑。对于轴承及转动、滑动部件等部位都应采取防水和防锈措施,防止这些部位受潮。有时还要考虑到工人的操作环境,设置照明及抽风装置。

7.4.4 自动淬火生产线

自动淬火生产线是针对特定的批量产品在一套设备上完成所有的热处理工艺过程的专门设备。不同的工艺步骤在不同的工位上完成,各工位之间通过机械手、传动机构等来衔接,效率高,自动化程度高。

自动淬火生产线一般由上下料机构、淬火机构、回火机构、转移机构等组成。上下料机构可以采用手动也可以采用自动;淬火机床可以是一台,也可以是几台共同组成;转移机构一般有输送带和机械手等。动作一般由PLC程序控制,动作衔接有完善的驱动机构和检测保护机构。用户通过操作面板设定和查看工艺参数,执行状态,同时系统有一定的自检功能,故障信息可以在操作界面上看到。

7.5 感应器

感应器是高频机和中频机等感应加热设备的能量输出器件。在进行感应加热热处理时，为保证热处理质量和提高热效率，必须根据工件的形状和要求，设计制造结构适合的感应器。常用的感应器有外表面加热感应器、内孔加热感应器、平面加热感应器、通用型加热感应器、特殊型加热感应器、单一型加热感应器、复合型加热感应器等。在选材上，应选用电阻率小的高纯铜，规格、壁厚应能满足最大工作电流的要求。为避免感应圈与工件碰触打火、感应线圈匝间打火及防磁饱和等对机器或工件造成损坏和影响。在制作时，不但要设计好感应方案，确定感应圈的形状，计算出各主要参数，还需要选择好隔热、绝缘、保温及防护等材料，如高温绝缘套管、高温保温棉、石英管、石墨管、硅胶和耐火材料等。感应圈的性能直接影响设备的有效输出功率、工作效率、稳定性可靠性和使用寿命等。因此，每个感应器都应该严格设计和制作，甚至需要试验论证之后才可使用。

7.5.1 感应器设计的基本原理

考虑到感应器和工件之间的耦合效应，在设计感应器时应遵循以下几点要求：

(1) 在机床精度保证的前提下，感应器和工件之间的耦合距离应尽可能的近一些，这样可以提高其能量转换效率。其电流频率越高效果越明显。

(2) 在设计环形感应器时，由于交流电流的圆环效应，使线圈的内部磁力线密度最大，如果处理棒状实体件，其加热效率较高。但是如果处理内孔、凹槽类零件时效率很低，这时必须加驱流导磁体，将电流驱赶到外侧以提高其加热效率。

(3) 感应器线圈与工件的距离不同，其加热速度也不同。为了使工件加热均匀，在加热时工件应转动。

(4) 如果工件表面不规则，当处于感应器交变磁场中，棱角突出部分感生电流密度大，温度上升快，即存在尖角效应，在设计感应器时应注意避免。

7.5.2 感应器的设计

感应器的结构是否合理不但会影响加热温度的分布，而且也影响加热层的形状与深度，同时对感应加热设备的功率能否充分发挥也有很大的影响。因此，正确设计感应器对保证产品质量和提高技术经济指标是非常重要的。但是目前对中高频设备所用的感应器的设计还没有完善的理论计算方法，在实际生产中都是在一定的经验基础上，综合各方面的知识来进行感应器的设计，并在实践的过程中不断改进感应器的结构使其更合理化。这里仅介绍中高频感应器的设计。

1. 中高频电流的特点

设计感应器时应首先了解所采用的电源电流的特点，只有掌握了其特点才能根据工件表面淬火的技术要求，设计与制造出结构合理的感应器来。

(1) 集肤效应。当交流电流通过施感导体时，在导体的表面电流密度最大，越向内部电流密度越小，这种现象称为集肤效应。并且电流的频率越高，集肤效应越显著。当电流频率很高时，电流大部分集中在导体表面，而中心部分无电流，这样导磁体的有效电阻增加，导体发热显著增加。因此，感应器的施感导体常常采用空心的铜管制成，管内通水冷却，以降低施感导体的温度。

(2) 邻近效应。当两个通过交流电流的导体彼此相距很近时，每个导体中的电流将要重新分布。如果两个导体中电流方向相反，则最大电流密度就出现在两导体相邻的一侧，见图7.2(a)。如果两导体内电流的瞬时方向相同，则最大电流密度将出现在两导体相背的一侧,图 7.2(b)。两个导体间距越小,则电流重新分布的现象越明显。这种电流向一侧集中的现象称为临近效应。导体内电流的频率越高,临近效应越明显。这在设计感应器时是不能被忽视的。

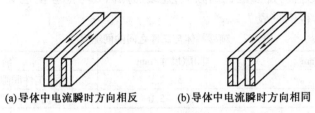

(a)导体中电流瞬时方向相反　　(b)导体中电流瞬时方向相同

图 7.2　邻近效应

(3)圆环效应。当交流电流通过环形导体时,电流在导体横界面上的分布将发生变化,此时电流仅仅集中在圆环的内侧,这种现象称为圆环效应。圆环的曲率半径越小,径向宽度越大,圆环效应就越显著。在许多情况下,电流只在圆环的内侧通过,而在外侧没有电流。当加热圆柱体时可以充分发挥圆环效应,提高加热效率,但是当加热内孔时,由于圆环效应的存在使临近效应减弱,从而降低了热效率。

(4)尖角效应。当感应器与工件间的距离相同时,在工件尖角处感应电流的强度远较其他光滑部位强烈,往往会造成此处过热,这种现象称为尖角效应。尖角效应是由于磁力线易于在尖角处集中,感应涡流较大的缘故。因此,在设计不规则形状工件用的感应器时,就要考虑尖角效应的影响。应将尖角或突出部位的间隙适当加大,使磁力线不要过分的集中,以削弱此处感应电流的密度。

2. 感应器结构尺寸的确定

感应器的结构随处理工件技术特点的不同而不同,但它基本上是由两部分组成,即施感导体与汇流板。施感导体又称感应圈,均用紫铜管制成,常用的紫铜管直径为 6 mm、8 mm、10 mm、12 mm、14 mm、16 mm、20 mm 等,使用时常制成正方形或矩形,管壁厚度为 1.0~1.5 mm。汇流板是连接施感导体和感应加热设备的变压器次级线圈的,以便向施感导体输入电流。汇流板厚度一般用厚度为 2~3 mm 的紫铜板制成,其间距为 1.5~3 mm。图 7.3 为处理圆柱形工件外表面的高频感应器。感应器的设计主要包括施感导体的形状、尺寸、圈数,施感导体与工件加热面的间隙,汇流板的尺寸,连接方式及冷却方式等。其结构尺寸主要根据中高频电流的特点以及感应线圈的使用寿命等综合考虑。

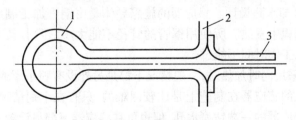

图 7.3　高频感应器

1—施感导体;2—冷却水管;3—汇流板

(1)施感导体与工件表面的间隙。施感导体与工件的间隙大小,直接影响到施感导体与工件之间的耦合效应,间隙大,耦合效应较弱,能量转换效率低;间隙小,耦合效应强,能量转换效率高,工件加热速度快。但间隙过小,操作不方便,易产生短路,降低使用寿命。同时,间隙的大小还受到设备的功率和淬硬层深度的影响,设备功率大,则间隙应大些;功率小,则应小些。中频感应加热应比高频大,连续加热因要考虑移动也应大些。施感导体与工件间隙尺寸推荐范围见表7.2。

表7.2 施感导体与工件之间的间隙尺寸

工件直径/mm	间隙尺寸/mm	备注
<30	1.5~2.5	内孔工件间隙 1~2.5 mm
>30	2.5~5.0	平面工件间隙 1~4 mm

(2)施感导体的内径(D)。外圆加热用的施感导体采用矩形或方形界面的铜管绕成,其内径为

$$D = D_0 + 2s \tag{7.9}$$

式中 D_0——工件的直径,mm;
s——工件外表面与施感导体感应器的内表面间的间隙,mm。

(3)施感导体的高度。在同时加热时,施感导体的高度会直接影响工件淬硬层的分布,如果施感导体的高度大于加热区的高度,则得到的淬硬层深度分布均匀;如果施感导体的高度小于或等于淬硬区的高度,得到的淬硬层深度分布则不均匀,这是在表面淬火时不允许发生的情况。因此,为了获得均匀分布的淬硬层深度,要求长轴件进行局部一次性加热时,施感导体的高度为

$$H/\text{mm} = L + (8 \sim 10) \tag{7.10}$$

式中 L——淬硬区的长度,mm。

对于短轴类零件进行局部一次性加热时施感导体的高度为

$$H/\text{mm} = L - 2s \tag{7.11}$$

式中,s 为施感导体与工件的间隙,mm。

若轴形零件淬硬区较长,可采用多圈感应器或移动连续加热。连续加热工件的移动速度由施感导体的高度和加热时间来确定。

(4)施感导体的圈数。施感导体在大多数情况下是采用单圈的,因为单圈结构简单,容易制造。只有当工件的淬硬区长度要求较大时,才采用双圈或多圈施感导体,提高其加热效率。但是圈数不宜过多,因为圈数过多会增加阻抗,降低热效率。

(5)感应器的冷却水路设计。感应器的施感导体是由铜管加工制成的,并在管内通水冷却,防止在工作过程中发热。所使用铜管的管径不能太小,否则,其内流水不畅通,就会造成施感导体发热,工作时间不能过长。

在实际生产中采用同时加热时,一般情况下都是另外设有喷水圈或水槽(或油槽)进行淬火,因为带喷水孔的感应器在制造上是比较困难的,只有在个别情况下才被采用。连续淬火时,一般均在感应器的一端钻喷水孔,但也可在感应器下部另设独立喷水圈。

连续加热自喷式感应器的喷水孔在感应器的下端,不放工件时喷出的水流应集中在感应器的中心,喷水孔要分布均匀,喷水量要一致。

(6)汇流板的尺寸。汇流板的间距一般在 1.5~3 mm 之间,随着间距的增加会使感抗

增加。当间距很小时,为了防止接触短路,中间需要塞入云母片或用黄蜡布包扎好。汇流板长度取决于工件的形状、尺寸、淬火夹具等具体条件,汇流板的长度越小越好,因为长度增加会增加感抗,降低施感导体上的电压,从而减少输入到工件表面上的功率。

7.5.3 感应器的制作

1. 感应器用材

感应器一般用紫铜制作。对于手工制作,一般选用紫铜管;对于机制感应器,一般用紫铜板或其他铜材。选用铜材的厚度依据是电流透入深度。管材壁厚一般为 1.6δ(δ 为电流透入深度,mm),因此实际选材壁厚不能小于 1.6δ 实际制作时往往比计算的厚些,这主要是考虑制作工艺、结构强度以及机加工或修整时的余量。

2. 感应器的加工

一般分手工制作和机器加工。手工制作一般采用管材弯制。在制造前要先制备出具有一定形状的靠模,然后利用靠模进行弯制,只有这样才可以保证其加工尺寸精度的要求。如果在弯制过程中铜管发生硬化现象,可以通过再结晶退火消除其硬化之后再进行加工。机加工时可以采用铜的板材一次加工成需要的组件,然后再拼焊在一起组成一个完整的感应器。无论采用哪种制作方式,感应器的焊接都是很关键的,一定要保证焊缝的质量。焊料一般采用黄铜焊料或含银焊料。

3. 导磁体和屏蔽作用

由于中、高频电流具有圆环效应,当中高频电流通过环形感应器时,电流集中在感应器内侧,当加热圆筒形工件的内表面时,因磁力线集中在内侧,所以降低了感应器的效率。为提高感应器的热效率,应在感应器上使用导磁体。恰当地使用导磁体可以提高加热表面的功率密度,改善感应器和工件的耦合效应,并能提高热效率。常用的导磁体材料有矽钢片、铁氧体以及非晶导磁体。近年来也有使用膏状或糊状导磁体的。

利用感应淬火进行局部淬火时,当需要加热的部位和不需要加热的部位靠得很近时,将会使不需要淬火的部位淬硬。如果工件上有凸台、凹坑或尖角时,感应淬火时也会使这些部位产生变形或开裂,为避免这些现象产生,常采用"电磁屏蔽"的方法,即在凸台或尖角处加上铁磁材料环,在铁磁材料环中因漏磁的产生而使磁力线不能穿过那些不需加热的部位,从而起到屏蔽作用。对于凹坑可以采取向其内钉入铁磁材料钉或楔子进行屏蔽,从而避免工件在感应加热时这些部位产生过热或开裂等现象。

思考题

1. 试述感应加热的基本原理。
2. 简述如何选择感应加热设备的频率和功率。
3. 简述感应加热电源的基本种类及其差别。
4. 简述感应热处理的主要特点。
5. 简述感应加热设备的主要应用。
6. 试分析感应器的基本设计方法。
7. 对于不进行表面淬火的部位应如何进行保护?
8. 简述感应淬火机床的基本分类和性能要求。
9. 试分析设计感应器时应注意的主要问题。

第8章 热处理冷却设备

热处理冷却设备包括淬火设备、缓冷设备和冷处理设备。淬火冷却是将加热后的工件以一定的冷却速度进行冷却,从而获得所要求的组织和性能的过程。在此过程中进行了复杂的热交换,这一热交换过程受到淬火介质的成分、浓度、温度、流量、压力、运动状态及工件形状等因素的影响,实现对这些参数的控制是靠具有结构合理和性能优良的淬火设备来保证的。

淬火设备必须具备的基本要求是:能容纳足够的淬火介质,满足工件冷却的需要;能控制淬火介质的温度、流量和压力等参数,以充分发挥淬火介质的冷却能力;具有搅拌装置,强制介质流动加快热交换过程;设置有使淬火件能够完成淬火工艺过程的机械装置,并实现操作机械化;工件淬火的过程尽量实现计算机控制,提高其控制的准确性;设有安全防火装置和通风排烟装置等辅助设施。

淬火设备按冷却工艺方法分为浸液式淬火设备、喷射式淬火设备、淬火机和淬火压床;按介质类型分为水淬火介质冷却设备(即水槽)、盐水淬火槽、碱性溶液淬火槽、油槽、聚合物溶液淬火槽、浴态淬火槽、流态化床淬火装置、气体淬火装置等。不同淬火设备的基本结构是有差别的。

缓冷设备是工件加热后进行缓慢冷却而采用的设备,主要有热处理炉和缓冷室(坑),用于退火冷却、正火冷却及渗碳后预冷。因为工件在缓冷设备中的冷却速度较低,为了防止工件在冷却过程中发生氧化和脱碳,可以向缓冷室(坑)内通入保护气氛。利用热处理炉进行缓冷时可以通过控制炉子的供热功率或向炉内通入冷气来实现控制冷速的目的。

冷处理设备用于将淬火工件冷至室温以下的低温,以使钢中的残余奥氏体继续转变为马氏体。冷处理的温度一般为 $-60 \sim -120$℃,最低可达 -196℃。

8.1 淬火槽及淬火介质的循环冷却系统

8.1.1 淬火槽的基本结构

淬火槽一般由槽体、介质供入和排出管、溢流槽等部分组成,较复杂的还另设有加热、冷却、搅拌和排烟防火等装置。

常用淬火槽的截面形状根据淬火件或夹具的形状尺寸确定,有长方形、圆形或正方形,在实际生产中长方形的淬火槽应用较多。对于井式炉来说一般采用圆形的较多。淬火槽的槽体一般是在上端开口,槽体通常采用低碳钢板焊接而成,并且在槽体的内外涂上防锈液。在槽体上口边缘设有溢流槽,以容纳从槽体内因工件上浮而溢流出来的热介质。溢流槽与槽体通过焊接连在一起。为了使淬火介质在整个淬火槽内均匀流动,溢流槽最好设在槽体的四周,在实际生产中为了简化结构,常设在槽体后侧或左右两侧;为了使淬火介质能够流入溢流槽内,在淬火槽体上与溢流槽接触的部位开有溢流孔或溢流缝隙,并安装有过滤网,在溢流槽的下部设有介质排出管。介质供入管设在淬火槽的底部侧壁上,有的伸入到槽内,供入管距离槽底有一定的距离,一般为 100～200 mm,以免搅动槽底沉积的污物。在槽底下还设有事故排油管。图 8.1 为置换冷却式淬火槽。

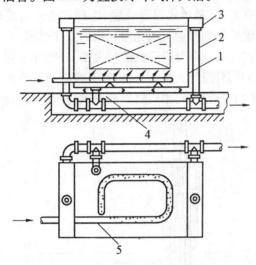

图 8.1 置换冷却式淬火槽
1—淬火槽;2—介质排出管;3—溢流槽;4—事故放油管;5—介质供给管

淬火介质的温度是影响工件淬火效果的重要因素之一,因此,要严格控制淬火介质的温度,从而保证其具有足够的冷却速度,以保证处理工件的质量。要保证淬火介质的温度,必须在淬火槽内设有加热装置和冷却装置。常用的加热装置有管状电热元件或管状蒸汽加热元件。淬火介质的冷却方法有很多,常见的有自然冷却、搅拌冷却、冷却水套或蛇形管冷却、循环置换冷却以及直接利用冷却器进行冷却等。自然冷却效果很差,这种冷却方法一般用于生产量很小的周期性淬火冷却。搅拌淬火介质可以提高介质的运动速度,控制介质的运动方向,使槽内介质温度均匀,并且可以冲破工件表面上的气泡,避免形成软点,还可以防止淬火油过热变质,延长使用寿命,同时提高冷却速度;在淬火槽内四周或两侧装有蛇形管或冷却水套,连续通入冷却水来进行冷却淬火介质,有较好的冷却效果,这种冷却方式一般只适用于中、小型淬火槽。采用置换式冷却方式是最好的冷却方法,即连续地向淬火槽内供入冷的淬火介质来置换槽内的热介质,其冷却效果最好,这种方法常用于生产批量较大、连续生产或大型淬火槽。也有采用将冷却器直接置入冷却介质中进行冷却的,这种冷却方式同时产生置换冷却和搅拌冷却的效果。但淬火槽结构复杂,有效容积大大减小。

有时为了使工件局部或孔洞部位冷却,可采用引导淬火介质流过或喷射到淬火部位的淬火装置。

为了改善劳动条件和安全生产,淬火油槽应设有排烟装置,大型工件的淬火油槽,在液面上方常设有灭火装置,一旦油面起火可以喷射灭火剂进行灭火。

8.1.2 机械化淬火槽

机械化淬火槽都安装有提升或运送工件的机械化装置,可进行机械化自动化操作。可以分为周期作业和连续作业两类。

1. 周期作业机械化淬火槽

周期作业机械化淬火槽就是在非机械化淬火槽的基础上,另设有提升工件的机械化装置。其机械化装置分为气动、液压或机械等形式。周期作业机械化淬火槽常见的工件提升机械化装置有料斗式提升装置、悬臂式提升装置、连杆式或链条式升降机构等。下面以悬臂式提升机淬火槽为例说明周期作业机械化淬火槽的工作过程。

图 8.2 是一种悬臂式气动升降台提升机的淬火槽。利用压缩空气作动力,工作时利用车间起重设备将工件起吊到升降淬火托盘上,由提升汽缸通过活塞杆使其沉入淬火液中淬火。支架起导向作用,冷却完毕后,再由气缸提起淬火托盘进行出料。

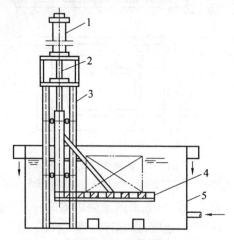

图 8.2 悬臂梁式气动升降台淬火槽
1—汽缸;2—悬臂梁;3—导向架;4—托盘;5—淬火槽

2. 连续作业机械化淬火槽

这种淬火槽中常设有输送带、输送链等连续作业的机械化升降运送装置。其中以输送带式淬火槽应用最广,常与连续作业炉配用,主要用于处理形状规则的各种小型零件的批量连续生产。

(1)输送带式淬火槽。输送带式淬火槽的结构见图 8.3。长方形淬火槽中安装一运送工件的输送带。输送带分水平和倾斜两部分。工件淬火的基本过程是:工件直接由落料装置自动掉到淬火槽输送带上。工件的冷却过程主要在水平部分进行,并随着输送带的运动

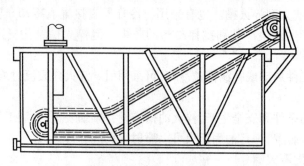

图 8.3 输送带式淬火槽

逐渐被运送到倾斜的部分,倾斜部分逐渐升高带动工件移出淬火槽。输送带的运动速度可以根据工件需要的淬火冷却时间来调节。常用输送带的倾斜角度为30°～45°。为了防止工件在输送带的倾斜部分下滑,可以在输送带上焊上一些筋或横向挡板。

(2) 磁吸引提升机淬火槽。配磁吸引提升机淬火槽的结构示意图见图8.4。磁性吸铁条安装在输送带的滑道内部,防止磁性吸铁条受损。该淬火槽设有油喷射装置,将淬火液喷向落料口。淬火件落入淬火油槽后,由油喷射装置喷油冷却,冷却后的工件通过电动机带动密封在滑道支架内部的磁性传送带而被提出淬火槽,在输送带端部通过消磁圈进入收集箱中。为了防止在淬火过程中造成油温过高,在淬火槽旁设有油冷却器,对被工件加热后的油进行冷却。同时淬火槽旁边设有两个恒温控制器:一个是双触点恒温控制器,控制淬火槽加热和冷却;另一个是安全控温器,防止油温过热。

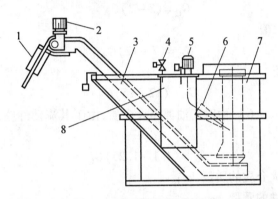

图8.4 磁吸引提升机淬火槽

1—消磁器;2—提升电动机;3—磁吸引输送带;4—恒温器;5—液压泵;6—喷嘴;7—油槽;8—油冷却器

(3) 液流提升式淬火槽。液流提升式淬火槽的结构示意图见图8.5。这种淬火槽的工作原理是利用液压泵向淬火管弯道中喷入淬火介质而形成的液压流来输送工件,同时完成工件的淬火过程。其基本运行过程是:当淬火工件由料斗落到淬火管道的弯管口处时,受到由液压泵泵出的高速淬火介质冲击,并卷入介质中进行淬火,然后淬火工件随同淬火介质一起被液压流输送入贮料斗内。这种提升淬火槽特别适用于钟表、仪表等仪器上的小零件成批淬火使用。

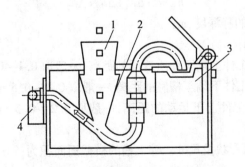

图8.5 液流提升式淬火槽

1—料斗;2—淬火管道弯管口;3—贮料斗;4—液压泵

8.1.3 淬火槽槽体结构尺寸的设计
1. 周期作业淬火槽的设计

淬火槽的尺寸设计是根据淬火工件的形状、生产率、一次淬入工件的质量、工件的材质、淬火槽的作业方式、车间的空间情况等,先确定淬火介质的需要量,然后再确定淬火槽的形状、尺寸,进而确定加热、冷却、循环等辅助装置。

(1)确定所需要淬火介质的体积。工件的淬火过程就是工件与淬火介质的热交换过程。所以可以根据热平衡计算法确定淬火介质的需要量,但是由于热平衡计算法计算得到的结果往往偏低,又比较麻烦,一般不进行详细计算,而是采用经验法估算来确定淬火介质的需要量。

置换冷却的淬火槽
$$G_{估} = (3 \sim 7) G_{件}$$

蛇形管冷却的淬火槽
$$G_{估} = (7 \sim 12) G_{件}$$

自然冷却的淬火槽
$$G_{估} = (12 \sim 15) G_{件}$$

对于水及水溶液 $G_{实} = G_{估}$,而对于油类淬火介质,由于其流动性差,实际需要量要大于估算量,一般

$$G_{实} = (1.1 \sim 1.25) G_{估}$$

式中 $G_{估}$——估算淬火介质的质量,kg;
$G_{件}$——处理工件的质量,kg;
$G_{实}$——实际需要介质的质量,kg。

实际所需淬火介质的体积为

$$V_{介质} = \frac{G_{实}}{\rho}$$

式中 ρ——淬火介质的密度,g/cm³。

(2)确定淬火介质的深度 $h_{介}$。淬火介质的深度取决于淬火件的长度 l,淬火件在介质中移动的距离及淬火件与介质上表面和槽底的距离,即

$$h_{介} = l + \Delta h_1 + \Delta h_2 + \Delta h_3$$

式中 $h_{介}$——淬火介质的静深度,m;
l——工件长度,m;
Δh_1——淬火时,工件上端至介质液面的距离,一般取 0.1~0.5 m;
Δh_2——淬火时,工件下端至槽底的距离,一般取 0.1~0.5 m;
Δh_{31}——淬火时,工件上下运动的距离,一般取 0.2~0.5 m,长件可以取 0.5~1.0 m。

(3)淬火槽的横截面形状及尺寸。淬火槽的横截面面积为

$$A/m^2 = \frac{V_{介}}{h_{介}}$$

淬火槽的具体尺寸可以在确定其形状后,根据淬火槽的横截面积来具体确定。

淬火槽的高度 h，根据淬火介质的静深度、工件浸入淬火介质后液面上升高度、淬火介质因受热膨胀而使液面上升的高度以及淬火介质液体表面至淬火槽上边缘的距离等来确定。淬火介质液体表面至淬火槽上边缘的距离一般取 0.1~0.4 m。

(4) 溢流槽尺寸的确定。溢流槽的体积通常认为等于工件投入介质后液体上升的体积与淬火介质受热后体积膨胀量之和。溢流槽的宽度一般为 0.2~0.7 m，溢流槽的横截面积可以根据淬火槽的具体形状、尺寸和溢流槽的宽度来确定；溢流槽的深度等于其体积除以横截面积。

(5) 置换淬火槽其介质供入、排出和事故油管尺寸的确定。置换淬火槽其介质供入、排出管尺寸是根据单位时间内介质的置换量或供入量以及介质供入管或排出管内的流速来确定的。对于介质的流速，一般规定水的供入速度为 0.5~1.0 m/s，而油为 1~2 m/s；排出速度水和油均为 0.2~0.3 m/s。

事故油管的尺寸确定，是根据生产车间发生火灾或其他事故时要求排油的时间和排油管内油的流速来确定的。一般规定排油时间为 8 min，事故油管的排油速度，自然排油时采用 0.2~0.4 m/s，用泵排油时采用 1.5 m/s。

淬火介质供入管的进口一般开在淬火槽的槽底稍上方的侧壁上，排出管常在淬火槽上口边缘侧壁或溢流槽下部，以便冷介质流入槽内后，热介质可借助浮力作用上升流出。事故油管开口常在淬火槽底部或侧壁上接近槽底之处。

2. 连续作业淬火槽的设计

连续作业淬火槽的设计，一般不进行热平衡计算，其尺寸的确定是根据其机械装置来确定的。下面以输送带式淬火槽为例简单介绍其尺寸的确定方法。

首先根据配套淬火炉的输送带宽度或淬火炉出料口的宽度来确定淬火槽输送带的宽度，一般淬火槽输送带的宽度应略大一些。淬火槽输送带的长度分为水平和倾斜两部分，水平部分的长度取决于工件的淬火冷却时间（取决于淬火工艺）和输送带的运动速度（一般为淬火炉输送带运行速度的 2~3 倍），而倾斜部分取决于工件的提升高度和输送带的倾斜角。输送带的倾斜角，一般规定没有挡板时小于 35°，有挡板时适当大些，可取 35°~45°。输送带的带轮直径一般为 0.2~0.5 m，淬火槽的宽度比输送带的宽度宽 0.2~0.3 m，输送带距离淬火槽的前后壁距离一般为 0.1~0.15 m，下输送带距离槽底的距离一般为 0.1~0.4 m。设计参考图见图 8.6。

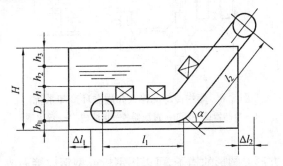

图 8.6 输送带式淬火槽计算参考图

8.1.4 淬火介质的循环冷却系统

淬火介质冷却系统用于冷却从淬火槽中被置换出来的热淬火介质,经冷却和过滤后重新送回淬火槽中继续使用的装置。根据工作方式,淬火介质冷却系统可分为单独冷却和集中冷却两种。单独冷却只用于一个淬火槽,一般由一个冷却器、一个过滤器和一个泵组成。这种系统淬火介质的循环路线是,热介质由液压泵从溢流槽中抽出来,介质经过滤器到冷却器,被冷却后的淬火介质又重新回到淬火槽内。如果要加大淬火介质的流动速度,可另设一介质循环系统,既从淬火槽上部抽淬火介质,又从油槽下部打入。这种系统结构紧凑,淬火介质的冷却完全由冷却器来承担,淬火介质中的污物经过滤器清除或沉积在槽底。图8.7为该系统淬火介质的流程图。

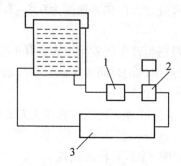

图8.7 单独冷却的淬火介质循环冷却系统
1—过滤器;2—泵;3—冷却器

在集中冷却的冷却系统中,各种装置常成组设置,并且另设一个集液槽。其基本组成为淬火槽、泵、冷却器、过滤器和集液槽组成。这种冷却系统的应用较广泛,可以按照淬火槽的工作情况开动各组装置中的一个或几个,见图8.8。集中冷却的冷却系统中各个组成部分的基本结构及作用简述如下。

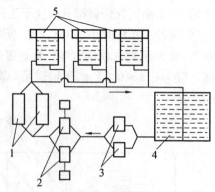

图8.8 集中冷却的淬火介质循环冷却系统
1—冷却器;2—泵;3—过滤器;4—集液槽;5—淬火槽

1. 集液槽

集液槽一般为长方形或圆形的槽子,可以用钢板或型钢焊接而成,也可以用水泥砌筑。集液槽一般由两部分或三部分组成,中间用钢板隔开。集液槽的作用是:储存热的淬火介质,并进行一次自然冷却,通过沉淀除去部分夹带的杂质。

集液槽的体积应该大于全部淬火槽及冷却系统中淬火介质容量的总和。如果用于冷却油,其体积应该比全系统介质容量大30%~40%;如果用于冷却水溶液,应大于20%~30%。为了更好地发挥集液槽的冷却作用和介质的储备量,近年来有加大集液槽体积的趋势,有的增大到50%~100%。为了安全起见,集液槽一般安装在车间外部的地下,其上口的高度低于全部淬火槽底部的安装高度。

2. 过滤器

过滤器安装在集液槽与泵之间,主要作用是去除氧化皮、盐渣等污物,保护泵和冷却器。一般冷却系统中使用两个过滤器并联,其中一个工作时,另一个进行清理。如果车间生产量较小,冷却系统使用率不高,也可以使用一个过滤器。在淬火介质冷却系统中,一般采用双筒网式过滤器,一般采用铜丝网,网孔直径一般为0.5 mm×0.5 mm。网式油冷却过滤器的技术规格列于表8.1中。

表8.1 网式油冷却过滤器的技术规格

型号	公称压力/(kg·cm^{-2})	过滤装置		连接管螺纹	质量/kg
		面积/m^2	网孔尺寸/mm		
LLQ-1	3	0.1	0.5×0.5	G1″	153
LLQ-2.5	3	0.2	0.5×0.5	G11/4″	250
LLQ-5	3	0.4	0.5×0.5	G11/2″	445
LLQ-10	3	0.8	0.5×0.5	G2″	677

3. 泵

在淬火介质冷却系统中所用的泵主要是齿轮泵和离心泵。在供水或水溶液时,多采用离心泵,其工作压力一般为0.3~0.6 MPa。如果是输送盐水、苛性碱等水溶液,则应选择塑料泵和耐蚀泵。供油时大都采用齿轮泵,有时也用离心泵。

选择泵时应根据介质种类、要求的生产力、工作压力或吸程及扬程决定。常用工作压力2.5~3.5×10^5 Pa,泵的流量应有储备能力,一般为介质容量的1.5~2.5倍。如果是输送热水或热油的泵,有可能会产生气蚀,从而使泵不能正常工作,温度越高影响越大。为了避免泵发生气蚀,热处理淬火介质冷却系统的泵一般都安装在淬火槽的下部。

4. 淬火介质冷却器

淬火介质冷却器的作用是用冷却水来冷却由淬火槽流出的热介质。冷却器用于油冷却的有列管式、板式、螺旋板式和风冷式等;用于水冷却的有塔式。

(1)列管式冷却器。列管式冷却器也叫做塔式冷却器,其结构见图8.9。整个冷却器为一两端具有双层底的钢制圆筒,在圆筒内安装有许多平行圆筒轴线的钢管,钢管的端部插在管板的孔眼中。冷水由下端进水口流进冷却器,受折流隔板的导向作用作曲线流动。在流动的过程中与热油进行热交换,最后经上部的出水口排出。热油从进油口流入进到圆筒中细管之间的空隙内,受到隔板的阻挡而使其改变流向,向下流入冷却器左半部的冷却管中,流至底部后又折回向上流入

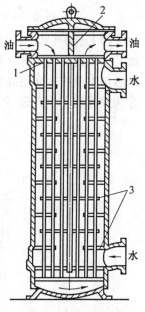

图8.9 管式油冷却器
1—管板;2—隔板;3—折流隔板

右半部管中,最后由出油口排出,经过这一过程使热油得到了冷却。

列管式冷却器的效率高,冷却能力大,占地面积小,还可借助控制冷却水供给量自动调节介质冷却温度,应用较广。其缺点是结构复杂,不易清理。

(2)淋浴冷却装置。这是一种简便而有效的冷却装置,适用于水及水溶液介质。常用的淋浴冷却装置有两种形式:一种是空架单管冷却器,在空架单管上开有许多小孔,通过小孔使淬火介质喷射到空气中冷却,然后再收集起来送到集液槽中;另一种是将热介质经过泵打到高处,再由许多喷头或多孔管喷出冷却。图8.10是一个淋浴式淬火介质的冷却装置。其工作原理是:来自淬火槽的热介质由喷管向下喷出后,流经百叶窗冷却通道被冷却,冷却后的淬火介质流入集液盘中被收集起来,然后送到冷却箱中进一步冷却,冷却水箱安在冷却水槽中,最后再经回流管送回到淬火槽中重新使用。

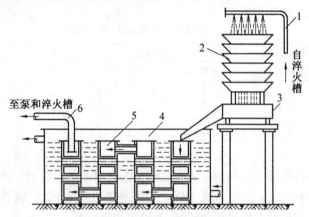

图8.10 淋浴式淬火介质冷却系统
1—介质水管;2—百叶窗冷却通道;3—集水盘;4—冷水槽;5—冷却箱;6—回流管

(3)自然冷却的冷却槽。这种冷却槽可以兼作集油槽、储油槽和事故油槽使用,为了保证其冷却能力,自然冷却的冷却槽容积一般都很大,有的达30 t甚至50 t以上。热介质流入后与大量的冷介质混合以达到冷却的目的,整个油槽中的油都是自然缓慢冷却的。这种方法只适用于生产量不大或不连续生产中。其结构见图8.11。

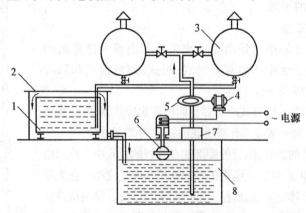

图8.11 自然冷却的冷却槽
1—淬火槽;2—溢流槽;3—冷却油槽;4—马达;5—油泵;6—浮子油面控制器;7—集油槽开口;8—集油槽

在实际生产车间除了采用上述的各种类型的淬火槽之外,对于一些薄壁类零件、形状比较复杂的零件、长轴类零件等,在淬火过程中容易产生变形或弯曲,影响淬火质量。为了减少工件的变形和弯曲等现象,在淬火时直接采用淬火机床进行淬火,淬火机床是能够使工件自动完成淬火过程的机械装置,使工件在一定的压力下淬火,加压是为了减少工件在淬火过程中产生变形。目前,常用的淬火机床主要有淬火压床、淬火成型机、淬火压力校正机等。

8.2 冷处理设备

冷处理是将淬火工件冷至室温以下的某一温度进行保温,使钢中的残余奥氏体继续转变为马氏体,提高钢件的硬度,稳定组织和工件尺寸的一种处理技术。冷处理温度一般为 -60~120℃,最低可达 -196℃。

制冷设备的制冷原理是通过固态物质液化或气化,也可以通过液态物质气化,来吸收固体溶解释放的溶解潜热或液体气化的气化潜热,使周围环境降温。

制冷机的制冷原理是将制冷气体压缩形成高压气体,气体升温;让该高压气体通过冷凝器来降低温度,从而形成高压液体,该液体通过节流阀,体积膨胀成为低压液体。再让低压液体进入蒸发器,低压液体通过吸收周围介质热量而蒸发成气体,同时使蒸发器的温度降低,这样蒸发器所处的空间就可以作为低温空间使用,此空间就称为低温容器。

目前,在实际的热处理生产中常用的冷处理设备可分为如下三类。

8.2.1 干冰冷处理设备

使用干冰(即固体二氧化碳)可使温度降低到 -78℃。在工业上,用干冰进行冷处理的方法有两种。

1. 直接使用干冰法

将工件和干冰小块一起装入容器中冷却,加盖密封,使工件进行冷处理。直接使用干冰的冷处理设备,其结构是一个圆筒形容器。其中外壁是采用双层结构,常用木板或钢板制成。内壁用低碳钢、铜或铝等合金制成,在两壁之间的空隙内填充石棉、纤维毡、塑料等保温材料,以保证冷冻室内的冷却条件。这种设备结构简单,成本较低,但是工件冷速较慢,冷却效果较差,因此在生产中使用较少。

2. 利用干冰制造液体冷冻剂法

这种冷处理的方法就是在干冰冷处理设备的基础上,把固体干冰配制成液体冷冻剂来实施其冷却性能。液体冷冻剂的配制方法是将干冰捣碎成很小的块状装入冷处理容器中,然后把酒精或丙酮直接倒入容器中,并不断搅拌制成糊状液体冷冻剂,等到冷冻液温度达到所需温度时,即可浸入工件,然后继续添加干冰保持恒定温度。这种设备结构简单,制造方便,冷却效果好,但是成本高。

8.2.2 使用液化气体的冷处理设备

为了得到更低的温度,可以使用液化气体做冷冻剂,即利用沸点较低的液化气体蒸发时吸收热量的作用来冷却工件的方法。常用的液化气体有液态氧、液态氮和液态空气。这种方法可以实现超冷处理,最低温度可达 -196℃。图 8.12 为一台液态氮超冷处理设备的流程图。液氮储存设备需要专门设计,严格制作。如果使用普通的储存罐,除了具备良好的隔热保温性能外,还要留有液氮气化逸出的细孔,以确保安全。此方法所使用的设备结构简单,制造维护比较方便,可以迅速达到所需温度。但是液氮不能长期储存和长途运输,供应上受到限制,生产成本较高。

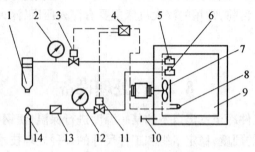

图 8.12　液氮超冷处理设备流程图

1—液氮;2—气压计;3—电磁阀;4—温控仪;5—液氮喷口;6—CO_2喷口;7—风扇;
8—温度传感器;9—冷处理室;10—安全开关;11—电磁阀;12—气压计;13—过滤器;14—液态CO_2

8.2.3　冷冻机式冷处理设备

采用冷冻机进行冷处理时,是将工件直接放在冷冻机的冷却室中进行冷却。冷冻机冷处理设备常用氨、氟利昂等低沸点气体做冷冻剂,在压缩机的作用下使气体压缩液化放热后,再使其膨胀气化,从环境中吸收热量。如此反复循环,使环境温度降低。

冷冻机根据循环级数可分为单级式和多级式两类。多级式的工作温度较低,在热处理生产中应用较广。

单级冷冻机的工作原理(图 8.13),是采用气态冷冻剂进行制冷的。气态冷冻剂首先在压缩机的作用下,压缩升温流入冷凝器内,将自身的热量传给冷却剂而降温液化。液态冷冻剂再经节流阀流入汽化器中降压气化,在这个过程中通过热量的交换过程使冷冻室达到低温,从而实现冷冻的目的。使用过的汽化冷冻剂经压缩机再循环利用。单级冷冻机常采用水做冷却剂,用氨、丙烷等做冷冻剂,最低工作温度为-10～-50℃,压力一般不超过15个大气压。

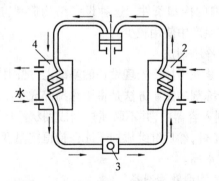

图 8.13　单级冷冻机的工作原理

1—压缩机;2—汽化器;3—节流阀;4—冷凝器

如果采用多级冷冻机,可以得到更低的工作温度,其工作原理相当于几个单级冷冻机串联在一起使用。利用前一级冷冻机的汽化器作为后一级冷冻机的冷凝器,用以液化沸点更低的气体冷冻剂,从而达到更低的工作温度。图 8.14 为一台二级冷冻机的工作原理图。第一级循环中使用的冷冻剂为氨,其沸点为 $-33.4℃$;第二级循环中使用的冷冻剂为乙烷,其沸点为 $-103℃$,可以使冷却室温度降到 $-103℃$。

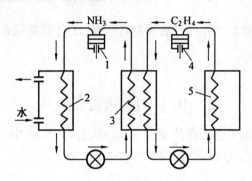

图 8.14　二级冷冻机工作原理图
1、4—压缩机;2—水冷却器;3—热交换器;5—冷却室

思考题

1. 热处理冷却设备有几大类?各是什么?
2. 缓冷设备的使用目的是什么?
3. 冷处理的目的是什么?
4. 简述普通淬火槽的基本组成。
5. 简述淬火槽的基本设计内容。
6. 简述淬火介质循环冷却系统的组成及各部分的作用。
7. 简述制冷机的制冷原理。
8. 简述热处理中常用的冷处理方法。
9. 为了提高工件的淬火质量,对淬火冷却设备应采取哪些措施?

第9章 热处理辅助设备

热处理辅助设备包括对工件进行表面清理设备、工件清洗设备以及校正、起重运输等操作所用的各种设备。

9.1 清理设备

清理设备是用来清除工件表面的氧化皮、盐渣、油污等污物的设备。按照工作原理可以分为化学清理设备和机械清理设备两大类。

9.1.1 化学清理设备

化学清理设备是采用化学方法清除工件表面的氧化皮、盐渣和油污等污物的,使用的酸洗液一般为硫酸、盐酸或磷酸的水溶液,有时也采用电解清理。其中使用最多的是第一种。

硫酸水溶液的浓度(质量分数)一般为 5%~20%,酸洗温度在 60~80℃ 范围内,可以在酸洗槽底部通入蒸汽加热。硫酸是氧化性酸,其酸洗速度较低,但如果配以超声波使用可以加快酸洗速度。工件经过酸洗后,还要放到 40~50℃ 的热水中冲洗,然后再放入质量分数为 8%~10% 的苏打水溶液中中和,最后再用热水冲洗。

随着酸洗时间的延长硫酸的质量分数会降低,当质量分数降低到小于 4% 时,反应就会显著减慢,酸洗时间增长,必须向酸洗槽内添加硫酸。此外,酸洗时间不能过长,否则当氧化皮全部溶解后,造成基体金属中的铁被溶解,析出氢,造成酸洗加速,同时会使工件产生氢脆。

化学清理设备主要是各种酸洗槽。由于酸洗液对酸洗槽具有侵蚀作用,所以酸洗槽常用塑料、耐酸混凝土、木材等耐酸材料制造。

9.1.2 机械清理设备

机械清理设备是利用抛丸器或喷嘴将钢丸(砂)高速射向零件表面,利用钢丸(砂)的冲击作用,清除零件表面的氧化皮和黏附物。如果对抛射和喷射过程加以控制,还可以达到强化的作用,以提高零件的疲劳寿命。常用的机械清理设备有抛(喷)丸机和喷砂机。

1. 抛(喷)丸机

(1)抛(喷)丸机的组成。抛丸机主要由以下四个部件组成:

①抛丸器。抛丸器一般用高速旋转的叶轮将弹丸在高离心力作用下向一定方向抛射。在工作过程中,有的抛丸器可作一定角度的摆动或上、下移动。

②弹丸收集、分离和运输系统。

③使零件在抛丸清理过程中连续不断运行和翻转的承载体。

④除尘系统。

（2）抛丸机的分类。抛丸机按零件承载体的结构不同分为滚筒式抛丸机、链板式抛丸机、转台式抛丸机、台车式抛丸机、鼠笼式抛丸机和吊挂式抛丸机等。

滚筒式和链板式抛丸机适用于清理不怕碰撞的中小型铸件。滚筒式抛丸机靠筒体内螺旋状的导筋，使铸件翻转并向前运行。链板式抛丸机则通过链板的运动，使铸件翻转和运行。转台式、台车式和吊挂式抛丸机用于清理大中型零件，通常设有固定的抛丸室，被清理的零件在抛丸室内回转或移动。抛丸室一般装有几个抛丸器，装在不同的位置上，从不同的方位抛射弹丸，以提高抛丸机的清理效率和清理质量。吊挂式抛丸机可根据被清理零件的需要，在悬链上配置若干个吊钩，清理时零件挂在吊钩上，在向前运行的同时自行翻转。零件在抛丸室外装卸，在室内进行清理。

按工作制度又可将抛丸机分为间歇式和连续式两种。这里简单介绍一下台车式抛（喷）丸落砂清理机的工作原理及应用。

①工作原理。将工件放入橡胶履带滚筒中，操作人员按下"运行"按钮，抛丸室门气动关闭，抛丸清理开始，履带向前运行，工件不断地进行翻滚，高效强力抛丸器将抛丸高速抛射到正在翻滚的工件表面上，工件可完全均匀地得到清理。钢丸通过履带上的溜孔流入螺旋输送机，再将钢丸输送到斗式提升机，经斗式提升机提升到分离器，被分离后存储待用。抛丸结束后，抛丸室门自动开启，履带反转，将工件卸出。

②应用。压铸件、精密铸件、精密锻件等的清理、光饰；热处理件、铸件、锻件的表面氧化皮的去除；弹簧的强化；紧固件除锈和前处理。

这类设备具有抛丸效率高、弹丸覆盖均匀、无抛丸死角、设备噪声低等优点。

2. 喷砂机

喷砂机是采用压缩空气为动力，以形成高速喷射束将喷料高速喷射到被需处理工件表面，使工件外表面的机械性能发生变化的一种机器。

（1）喷砂机的分类。喷砂机一般分为干喷砂机和液体喷砂机两大类。干喷砂机又可分为吸入式和压入式两类。

①吸入式干喷砂机。一个完整的吸入式干喷砂机一般由六个系统组成，即结构系统、介质动力系统、管路系统、除尘系统、控制系统和辅助系统。其工作原理是以压缩空气为动力，通过气流的高速运动在喷枪内形成的负压，将磨料通过输砂管吸入喷枪并经喷嘴射出，喷射到被加工表面，达到预期的加工目的。

②压入式干喷砂机。一个完整的压入式干喷砂机工作单元一般由四个系统组成，即压力罐、介质动力系统、管路系统和控制系统。其工作原理是以压缩空气为动力，通过压缩空气在压力罐内建立的工作压力，将磨料通过出砂阀压入输砂管并经喷嘴射出，喷射到被加工表面达到预期的加工目的。

③液体喷砂机。液体喷砂机相对于干式喷砂机来说，最大的特点就是很好地控制了喷砂加工过程中粉尘污染，改善了喷砂操作的工作环境。

一个完整的液体喷砂机一般由五个系统组成，即结构系统、介质动力系统、管路系统、控制系统和辅助系统。其工作原理是以磨液泵作为磨液的供料动力，通过磨液泵将搅拌均匀的磨液（磨料和水的混合液）输送到喷枪内。压缩空气作为磨液的加速动力，通过输气管进入喷枪，在喷枪内，压缩空气对进入喷枪的磨液加速，并经喷嘴射出，喷射到被加工表面达到预期的加工目的。在液体喷砂机中,磨液泵为供料动力,压缩空气为加速动力。

(2)喷砂机的用途。喷砂机可以用于工件表面的清理、工件表面涂覆前的前处理、改变工件的物理机械性能提高或降低表面粗糙度(如变表面拉应力为压应力、提高表面的润滑状态、降低偶件的运动噪音、提高表面的摩擦系数等)、对工件表面的光饰加工、清洁电刷、接触器等器件的表面,改善其导电性能等。

喷砂机的主要优点是喷砂机金属零件基本不受损坏,尺寸精度不会改变;喷砂机可以很容易地处理像凹槽这样难以接触的部位;处理成本低等。

9.2 清洗设备

清洗设备是用于清除工件表面黏附的油污、盐以及其他污物所用的设备。根据其工作方式可分为间歇式和连续式两种。前者有清洗槽、室式清洗机、强加压喷射清洗机等;后者有输送带式清洗机、推杆式清洗机以及各类生产线等各类专用的清洗设备。

9.2.1 清洗槽

清洗槽是清洗作业中最常用的设备,对简单的擦洗、浸洗可以是唯一的清洗设备。最简单的清洗槽只有槽体,而组成完善的清洗槽还有其他组成部分,溢流槽或溢流口,清洗液加热装置,清洗液过滤装置,通风装置,清洗液液面控制装置,温度控制装置和配套管路,以及清洗工件传送装置,有的还设有空气喷头,搅动溶液进行清洗。

利用清洗槽进行清洗时是将工件浸入到溶液中清洗。

9.2.2 清洗机

为了提高生产效率,在热处理车间一般采用清洗机清洗工件。清洗机装有喷射装置,将清洗液直接喷射到工件表面进行清洗,并设有装料及运送工件的机械化装置。

图9.1为室式清洗机,适用于批量不大的中小零件清洗。整个设备为一封闭的箱室。箱室上部为工作室,其中有上下两个多孔喷头,先将工件放在料车上,然后将料车放在两个喷头之间进行清洗。

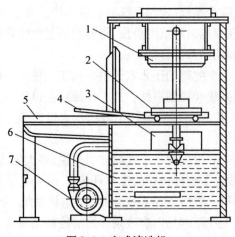

图 9.1 室式清洗机

1—上部多孔喷头;2—料车;3—下部多孔喷头;4—料车手柄;5—料车移动导轨;6—储液室;7—离心泵

图 9.2 为输送带式清洗机,适用于批量较大的小型零件清洗。在工作室中设有一条水平的输送带,工件放在输送带上通过输送带传动轮将工件送入清洗室内。当工件进入清洗室后进入两个喷头之间,由喷头喷射出的热清洗液对其进行清洗,工件清洗的时间为 4~8 min。喷头中的热清洗液是经水泵及管道供给的,水的压力为 3~5 个大气压。用过的清洗液还要回收重新使用。

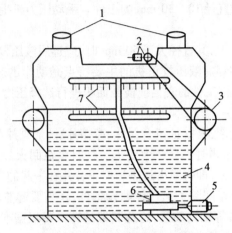

图 9.2 输送带式清洗机示意图

1—排气管;2—主动轮;3—输送带传动车轮;4—清洗槽;5—电动机;6—水泵;7—喷头

9.2.3 清洗剂

金属清洗剂可分为两大类:溶剂型清洗液和水剂型清洗液。

1. 溶剂型清洗液

溶剂型清洗液有石油溶剂和有机溶剂两类。在溶剂型清洗剂中,如三氯乙烯、三氯乙烷、四氯化碳等有良好的清洗效果,清洗流程也较简单,但这类清洗剂有破坏大气臭氧层及引发癌症的作用,被列为禁用物品。

2. 水剂型清洗液

水剂型清洗液有碱性清洗液和含表面活性剂清洗液两类。碱性清洗液具有价格低、用途广、操作方便等优点。碱性清洗液清洗能力随清洗液温度增高和浓度升高而增强,但碱浓度升高对金属有一定腐蚀作用。碱是通过造脂作用而脱油,因此需要定期更换清洗液。

合成洗涤剂中含有表面活性剂,可渗入零件的油膜内起清洗乳化作用。根据被清洗淬火油种类的不同,合成洗涤剂中还可加入如稳定剂、消泡剂及缓蚀剂等成分。合成洗涤剂清洗液成本低,效果好,使用方便。

9.3 校正与校直设备

工件在热处理(特别是淬火)过程中由于热应力和组织应力的作用,将会产生不同程度的变形,可用各种校正方法加以校正。在选用校正设备和工具时一般根据生产工件的大小和复杂程度来选择。常用的校正设备和工具有手动压力机、液压校正机、回火压床、平台、锤子等。

9.3.1 手动压力机

选择压力机时,要尽量采用一机多用的设备。由于待校正工件直径不同,所需校正压力也不同。当待校正工件细长形时,多采用手动压力机。手动压力机结构简单,操作方便。手动压力机根据其压力范围不同分为齿杆式和螺杆式两大类。齿杆式手动压力机的工作压力一般为 1~5 t,常用于校正直径 5~10 mm 的工件。螺杆式手动压力机的工作压力一般为 2~25 t,常用于校正直径 10~30 mm 的工件。手动压力机生产效率较低,压力较小。

9.3.2 液压校正机

当待校正工件尺寸较大,其直径大于 50 mm 时,应选用液压校正机对其进行校正,因为手动液压机的压力已经不够。液压校正机的主要特点是动作迅速平稳,工作压力范围大,一般为 5~200 t。根据校正工件的直径或横截面积进行选择压力。

9.3.3 回火压床

对于一些很薄的圆盘形工件(如离合器片、摩擦片、圆形锯片等),即使在淬火机床上进行淬火,淬火后或在回火加热时仍会产生变形。这时要在回火加热的同时对其进行校正,采取的方法是利用回火压床,即将回火加热和校正合并在一起的设备。

在实际的热处理生产车间除了上述辅助设备外,还需要起重运输设备、热处理工艺执行过程中所需要的工夹具等辅助装置,这些装置的选择要根据本单位生产的零件特点、生产方式、产品技术条件等进行选择。

思考题

1. 简述热处理清理设备的基本工作原理。
2. 热处理车间的主要辅助设备有哪些?
3. 简述热处理车间常用的清理设备和清洗设备。
4. 喷砂机的主要用途是什么?
5. 常用的清洗剂有哪些?说明其特点及应用。

第10章 热处理炉温度测量与控制装置

热处理炉的炉温测量与控制,是热处理工艺执行过程中不可缺少的一个环节,炉温测量与控制装置(或系统)也是现代热处理炉不可分割的一部分。

温度是热处理的一个最主要的工艺参数,在热处理中要测量和控制的温度应该是零件的温度而不是炉膛内空间的温度。但是直接测量零件的温度很难实现,因此在大多数情况下仍用炉温来表示零件温度,为了用炉温来表示金属加热温度的相对值,就要求测温元件在炉膛中的位置固定,不能随意变动。因为一旦测温元件的位置有所变动,即使在炉温相同的情况下,零件温度也有变化,这时必须重新检验炉膛温度。

热处理炉的炉温测量是通过炉温测量系统来完成的,炉温测量系统主要由感温元件和与之相匹配的测温线路和仪表构成。

10.1 热电偶

热电偶是热处理炉最常用的感温元件。它是将温度转换成热电势的一种感温元件,配以二次仪表,通过测量热电势从而测定温度值。热电偶结构简单,给出的热电势稳定,使用方便,测量精度高,测量范围广,应用比较普遍。

10.1.1 热电偶的工作原理

根据电子理论,当 A、B 两种金属相接触时(图10.1),由于两种金属的自由电子密度不同,电子将从密度高的金属移向密度低的金属,直到二者之间的自由电子处于动态平衡。这样就使接触面两边的金属分别带正负电,并产生电位差,这个电位差称为接触电位差。并且这个接触电位差随着金属温度的不同而不同。假设两种金属由于自由电子的迁移而产生的电位分别为 U_A 和 U_B,且 $U_A<U_B$;两种金属自由电子的密度分别为 n_A 和 n_B,且 $n_A>n_B$,则二者之间的接触电位差的数值为

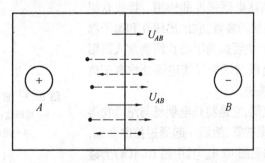

图10.1 两种金属接触时由于电子扩散形成接触电位差

$$U_{AB} = U_B - U_A = \frac{kT}{e}\ln\frac{n_A}{n_B} \tag{10.1}$$

式中 k——玻尔兹曼常数；

e——电子电荷的绝对值；

T——接触面的热力学温度；

n_A 和 n_B——分别为 A、B 两种金属的电子密度。

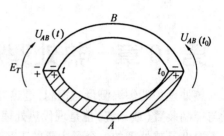

图 10.2 两种金属的闭合回路可以形成温差电势

如果金属 A、B 的另一端也相互接触形成闭合回路，并且两个接触面的温度不同，分别为 T_1 和 T_2(或以 t 和 t_0 来表示，见图 10.2)，那么，以 E_T 表示闭合回路内的总电势，应有

$$E_T = U_{AB}(T) - U_{AB}(T_0) = \frac{kT}{e}\ln\frac{n_A}{n_B} - \frac{kT_0}{e}\ln\frac{n_A}{n_B} = f(T) - f(T_0) \tag{10.2}$$

由于 T 和 t 之间只差一个常数 273，所以(10.2)式可以改写成

$$E_T = f(t) - f(t_0) \tag{10.3}$$

显然，只有当 $t \neq t_0$ 时，E_T 才不为零，所以总电势就是发生在两种金属接触面间的温差电势，简称温差电势。从上述两个表达式可知，温差电势与两接触面的温差和两金属的自由电子密度之比有关，而与接触面大小及体积无关。

若保持某一接触端温度 t_0 不变，则热电势 E_T 仅为另一端温度 t 的函数，即

$$E_T = = f(t) + C \tag{10.4}$$

其中，C 为常数。通过测定温差电势 E_T，便可以决定温度 t，这就是热电偶的工作原理。

10.1.2 热电偶的基本结构

工业用普通热电偶是由热电极、绝缘管、保护套管和接线盒四部分组成。其结构示意图见图 10.3。其中热电极的直径一般为 0.35~3.2 mm，长度主要取决于热端插入测量部位的深度。绝缘管是防止两根热电极之间短路的。其界面形状有圆形、椭圆形以及单孔、双孔和四孔之分，其材料一般为高铝陶瓷。保护管起到保护热电偶免遭腐蚀并提高热电偶强度的作用。接线盒提供热电偶与延伸导线连接的装置，它的出线孔和盖子都用垫片和垫圈加以密封，主要是为了防止污物落入而影响接线的可靠性。热电极与延伸导线连接处均有正负极性标志，便于检查和接线。

还有一种铠装热电偶，它是将热电偶丝与绝缘物熔铸在一起，外面再套上保护管，然后一起通过拉制而成，它的工作端的截面结构见图 10.4。其中图 10.4(a)为碰底型，图 10.4(b)为不碰底型。铠装热电偶的保护套管有不锈钢的和铜的。热偶丝的直径有 $\phi 1$~6 mm 等几种。这种热电偶具有能任意弯曲、耐高压、反应时间短、牢固耐用等优点。

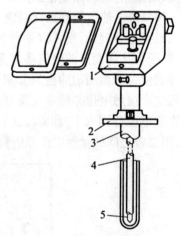

图 10.3 普通热电偶结构示意图
1—接线盒；2—法兰；3—保护管；
4—绝缘管；5—热电极

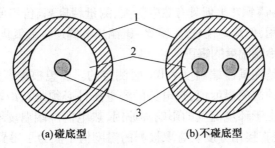

(a)碰底型　　　　　(b)不碰底型

图10.4　铠装热电偶断面结构图
1—金属套管;2—绝缘材料;3—热电极

10.1.3　热电偶的类型及使用特性

常用热电偶的类型及其特性列于表10.1中。热处理最常用的热电偶有三种,即铂铑-铂热电偶(S)、镍铬-镍硅热电偶(K)和镍铬-康铜(E)热电偶,它们的测量范围和允许偏差见表10.1。铂铑-铂热电偶能在很宽的温度范围内使用,测温精度高,其热电势较大,性能很稳定,适宜在氧化性和中性气氛中使用,但价格也比较昂贵。

表10.1　热电偶的类别及特性

热电偶	分度号	测量范围/℃	使用温度	允许误差
镍铬-镍铝(硅)	K	0~1 300	0~400 400~1 100	±1.6 ℃ ±0.4%t
			0~400 400~1 100	±3 ℃ ±0.75%t
铂铑$_{10}$-铂	S	0~1600	0~1 100 1 100~1 600	±1 ℃ ±[1+0.003(t-1 100)] ℃
			0~600 600~1 600	±1.5 ℃ ±0.25%t
铂铑$_{13}$-铂	R	0~1 600	0~1 600	±1 ℃ ±[1+0.003(t-1100)] ℃
			0~1 600 600~1 700	±1.5 ℃或±0.25%t ±0.25%t
铂铑$_{30}$-铂铑$_6$	B	0~1 800	600~800 800~1 700	±4 ℃ ±0.25%t
镍铬-金铁	NiCr/AuFe$_{0.67}$①	-270~0	-270~0 -270~0	±0.5 ℃ ±1 ℃
镍铬-康铜	E	-200~900	-40~800 -40~800	±1.5 ℃或±0.4%t ±2.5 ℃或±1.5%t
			-200~40	
铜-康铜	T	-200~400	-40~350 -40~350 -200~40	±0.5 ℃或±0.4%t ±1 ℃或±0.75%t ±1 ℃或±0.75%t
铁-康铜	J	-40~75	-40~750 -40~750	±1.5 ℃或±0.4%t ±2.5 ℃或±0.75%t
钨铼-钨铼	WRe$_5$/WRe$_{20}$	0~2 800	0~1 800 1 800~2 800	[0.08+4×10^5(t-1 000)]mV
铱铑-铱	IrRh$_{30}$/Ir	0~2 100	0~2 100	—

---

① 下角标数字表示化学成分中这一成分的质量分数。

镍铬-镍硅、镍铬-康铜热电偶具有热电势大、测量精度高、价格便宜等优点,可以在中性及氧化性气氛中使用,但均匀性较差,镍铬-康铜热电偶还容易氧化。

10.1.4 热电偶冷端温度的修正

热电偶的分度表是在其冷端温度为0℃时测定的。要想根据事先测得的热电势的大小用分度表查出正确的被测温度值,热电势的测量条件必须是在冷端温度为0℃时的量。然而,在实际使用时,由于环境温度的影响等原因,热电偶冷端温度不可能恒为0℃,此时测得的热电势,就不能直接用分度表查取被测的温度值了。为了得到正确的测量值,避免冷端温度变化所引起的测量误差,使用时可采用以下方法对热电偶冷端温度进行修正。

(1)计算电势补正法。在仪表测得的电势值上加上现场热电偶冷端相应温度的热电势值,再根据补正后的热电势值从分度表中查出热电偶热端(即测量端)的相应温度值。

(2)调节仪表机械零点补正法。当热电偶与二次仪表成套使用时,对于按温度刻度具有机械零点调节器的二次仪表,如果热电偶工作时冷端温度能够保持恒定,测量精度要求又不太高,这时可以将仪表指示针从刻度起点预先调节到已知的冷端温度上,这样就把修正值直接加到仪表上,可以认为仪表指示值就是热电偶的热端温度值。

(3)在热电偶与二次仪表间连接冷端温度补偿器。冷端温度补偿器在测量时能够自动补偿因冷端温度变化而产生的测量误差。这样就可以直接测得热端电势值。

10.1.5 热电偶的补偿导线

由于热电偶的热电极一般都是贵重金属,价格昂贵,但使用补偿导线可以减少昂贵的热电极金属的使用,降低成本。另外,如果热电偶的冷端距离炉体太近会受到炉体热辐射的影响。为了避免此情况,通常在热电偶和测温仪表之间用补偿导线连接,所谓补偿导线就是一对化学成分不同的金属线,并且在0~100℃范围内与其配接的热电偶具有相同的温度与热电势关系,否则会影响测量结果。

选用补偿导线时应注意:

(1)要选用与热电偶相对应的补偿导线进行配接,常用热电偶的补偿导线见表10.2。
(2)补偿导线与热电偶连接端的温度应保持在100℃以下。
(3)补偿导线与热电偶相接时,二者的正负极必须对应连接,否则,会产生很大的测量误差。
(4)冷端得到了延伸,其温度也要发生变化,所以测量时必须对其温度进行补偿修正。

表10.2 常用热电偶的补偿导线

热电偶名称	补偿导线				热端为100℃、冷端为0℃时的标准热电势/mV
	正极		负极		
	材料	绝缘颜色	材料	绝缘颜色	
铂铑$_{13}$-铂	铜	红	镍铜	绿	0.643±0.023
镍铬-镍铝(硅)	铜	红	康铜	棕	4.10±0.15
镍铬-康铜	镍铬合金	褐绿	考铜	黄	6.95±0.30
铁-康铜	铁	白	康铜	棕	5.02±0.05
铜-康铜	铜	红	康铜	棕	4.10±0.15
钨铼$_5$-钨铼$_{10}$	铜	红	铜镍	蓝	1.377±0.045

10.1.6 热电偶的使用注意事项

热电偶安装和使用不当,会增加测量误差并降低使用寿命。因此,根据测温范围和工作环境,正确安装和合理使用热电偶是很重要的。

(1)热电偶应选择合适的安装位置。因为热电偶的热端只能测得其周围一小部分区域的温度,因此热电偶的位置应安装在炉膛内温度比较均匀,能够代表工件实际温度的地方,不能安装在炉门旁或距加热热源太近的地方。

(2)热电偶的安装位置应尽可能避开强磁场和电场,尽量减少外界干扰产生的测量误差。例如,在电极盐浴炉中,热电偶不能距离电极太近。

(3)热电偶插入炉膛的深度要适中,不能太小,如果太小不能反应炉膛的真实温度;但也不能太深,否则装卸件时容易碰坏热电偶。其插入深度一般不小于热电偶保护管外径的8~10倍。

(4)热电偶的接线盒不应靠到炉壁上,以免冷端温度过高,影响仪表的测量精度,一般距离炉壁约200 mm为宜。

(5)为了防止热电偶在高温下使用发生变形,尽可能垂直安装使用。如果必须要水平安装,则其插入炉膛的深度不要过大,一般为500 mm以下,而且炉外部分要用支架托住。热电偶使用一段时间后要旋转180°继续使用。在测量盐浴炉温度时,为防止热电偶接线盒温度过高,往往采用直角形热电偶。

(6)热电偶穿出炉壁的引出孔要进行密封,防止此处存在空气对流影响测量精度,同时起到保温效果。接线盒出线孔也要密封,并使孔的开口向下,防止污物落入。

(7)测量低温时可以采用保护管开口或无保护管的热电偶。

(8)要经常检查热电偶各部分是否有受损情况,一旦有应停止使用,必须进行修理或更换。

10.2 常用温度显示与调节仪表

常规温度显示与调节仪表,是模拟量显示式的仪表,其类型和特性见表10.3。

表10.3 常用显示仪表的类型和特性

类别		结构形式	主要功能	型号
模拟量显示仪表	动圈式	指示仪	单针指示	XCZ
		调节仪	二位调节,三位调节,时间比例调节,电流PID调节,时间程序调节	XCT
	自动平衡式	电子电位差计	单针指示或记录,双笔记录或指示,多点打印记录或指示 带电动调节,带气动调节,旋转刻度指示,色带指示	XW
		电子平衡电桥 {直流 / 交流}	用数字显示被测温度等物理量	XQ XD
		电子差动仪	显示、位式调节和报警	
数字量显示仪表	数字式	显示仪	人-机联系装置	XMZ
		显示调节仪		XMT
	图像字符显示	数字式 视频式		CRT

10.2.1 动圈式温度仪表

动圈式温度仪表根据其所配备的测温元件的不同,可以分为毫伏计式(配热电偶)和不平衡电桥式(配热电阻)两大类,统称 XC 系列仪表。这两类仪表都有指示型和调节型之分;XCZ 为指示型,仅能测量指示温度;XCT 为调节型,既可测量指示温度,还具有调节温度的功能。两者精度均为 1%。配有热电偶的 XCT 仪表结构简单,量程较宽,价格比较低廉,在热处理车间得到广泛的应用。表 10.4 以 XCT-101 型温度仪表为例说明了动圈式温度仪表的型号命名及其意义。

下面以 XCT-101 型温度仪表为例简单介绍动圈仪表的结构和工作原理,其结构图见图 10.5。其测量机构与一般的磁电式直流毫伏计本质上是相同的,都是由一个磁电式表头(动圈测量机构)和连接它的测量电路组成。表头中的动圈处于永久磁钢形成的磁场中,当动圈中有电流流过时,便产生一电磁力矩而偏转,同时将张丝扭变,当张丝的转矩与电磁力矩相等时,动圆将停留于某一偏转角,此偏转角正比于流过动圈的电流,即正比于热电偶的热电势。当炉温低于给定温度时,指示指针上的小铝旗在 L_3 间隙之外,此时振荡器产生高频振荡,输出的高频信号经检波放大后输出 20~25 mA 的直流电流,驱动继电器动作,使加热炉通电,炉温上升。当炉温到达给定值时,指示指针上的小铝旗进入 L_3 间隙(其位置由给定指针设定),使 L_3 的电感减小,振荡器停振,降低输入继电器的电流,"高-中"触点闭合,"中-低"触点断开,使加热炉断电。如此循环,使炉温自动控制在给定指针所指定的范围内。

表 10.4 动圈式仪表型号各节各位的代号及意义

第一节						第二节					
第一位		第二位		第三位		第一位		第二位		第三位	
代号	意义	代号	意义	代号	意义	代号	意义	代号	意义	代号	意义
X	显示仪表	C	动圈式(磁电式)	Z T	指示仪 指示调节仪	0 1 2 3	单标尺表示设计序列及种类: 高频振荡(固定参数) 高频振荡(可变参数) 时间程序高频振荡(固定参数)	0 1 2 3 4 9	表示调节功能: 二位调节 三位调节(狭带) 三位调节(宽带) 时间比例调节 时间比例加二位调节 比例积分微分(连续输出式)	1 2 3 4	配热电偶 配热电阻 配霍尔变送器 配压力变送器

如果电炉在使用过程中热电偶回路断线,测温仪表中的动圈无电流流过,指示指针无偏转,振荡器总是处于振荡状态,电炉始终通电加热。当炉温超过规定值后,由于不能及时断电往往造成跑温事故,轻者造成废品,重者出现重大设备事故,因此温度测量装置中要设有断偶保护措施。

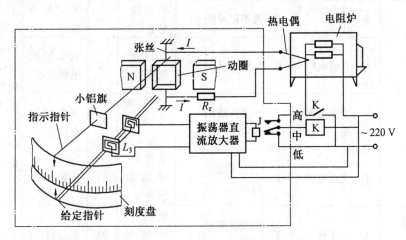

图 10.5　XCT-101 型仪表的基本结构示意图

10.2.2　电子自动平衡指示调节仪表

电子自动平衡指示调节仪表是一种能够连续显示与记录被测参数变化情况的自动化仪表,它可直接输入电压、电流、热电偶信号,也可通过变送器来测量不同的参数,因而在工业部门得到越来越广泛的应用。这类仪表还可以通过附加各种调解器、报警器等装置以扩大它的功能。在金属热处理行业中已经成为炉温测量的常用仪表,热处理工艺过程的自动化系统中,它是不可缺少的一个组成部分。自动平衡显示仪表的命名及意义见表 10.5。

下面以 XWB-101 型电子电位差计为例,简单地说明了电子自动平衡调节仪表的工作原理。其工作原理示意图见图 10.6。这种仪表用热电偶作为变送器来测量温度。当热电偶产生的热电势 E_T 与其两端电压 U_{DA} 相等时,测量电路处于平衡状态,可逆电动机不转动,测量电路中的滑动触点 D 停留在一个位置上,指示出炉子的温度。而当二者不相等时测量电路中就会产生不平衡电压 ΔE,破坏测量电路的平衡状态。如果热电偶产生的热电势 E_T 大于其两端电压 U_{DA},即 $\Delta E>0$,则该不平衡电压,经过振动变流器将其变成 50 Hz 的交流电压,然后再由放大电路将这一信号进行电压放大和功率放大,从而产生足够大的推动力推动可逆电动机转动,带动测量电路中的滑动触点 D 朝着使 ΔE 趋于零(电路平衡)的方向滑动,降低热电偶产生的热点电势,直到 $\Delta E=0$ 时为止。这时电路达平衡,可逆电动机则停止转动,触点 D 停留在一个相应的位置,即指示出此时炉子降温后的温度值。可逆电机同时带动记录机构记录出相应的温度值。当 $\Delta E<0$ 时,可逆电动机立即向着相应的方向转动,直到电路达到新的平衡状态为止,同时指示与记录出了升高后的炉温。这种测量仪表的可逆电动机还可以带动调节机构工作,实现炉温的自动控制。

表10.5 自动平衡显示仪表型号的意义

第一节						第二节		尾注
第一位		第二位		第三位		第一位	第二位	A-快速(0.5~1 s)
代号	意义	代号	意义	代号	意义	代号	意义	代号	意义
X	显示仪表	W	直流电位差计	B	圆图记录仪	1	单指针、单笔	00	无附加装置	B-小信号(<10 mV,>1 mV)
		Q	直流电桥	C	长图记录仪	2	双指针、双笔	01	表面定值电接点	AB-快速小信号
		L	交流电压平衡	D	小形长途记录仪	3	多点指示、多点记录	02	表内定值电接点	Z-电阻抗输入
		D	交流电桥	E	小形圆标尺指示仪	4	单指针、单笔电动调节	03	报警器	G-高阻抗输入
		C	电子秤	F	中型长图记录仪	5	单指针、单笔气动调节	04	多量程	
				G	中性圆图记录仪			05	量程扩展	
				H	旋转刻度仪表			06	辅助记录	
				X	携带式仪表			07	自动变速	
								08	程序控制	
								09	积算装置	
								10	计数器	
								11	计算单元	
								12	模数转换	
								13	电阻发信装置	
								14	多点任意定值与报警	

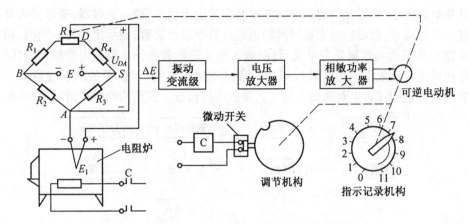

图 10.6　XWB-101 型电子电位差计工作原理示意图

10.2.3　数显仪表简介

这类仪表跟传统的动圈式仪表相比,具有可靠性好、精度高、抗震性好、安装方便等优点,并且可以实现多重调节方式。这种仪表的工作原理比较简单,操作方式也很简单。其结构与原理见图 10.7。首先由感温元件将被测对象的温度量转换成电压量,这一电压信号进入测量桥路,测量桥路对热电偶的冷端进行自动补偿,同时电压信号被放大器放大,然后进入非线性校正装置内对热电偶与被测温度之间的非线性关系进行校正并将电压信号输出,送入 A/D 转换器把模拟量转换成数字信号后送入数码管进行显示,显示测量值和设定值,还具有把测量值与设定值进行比较发出调节指示,或驱动继电器调节输出;有报警设定,发出报警输出功能。

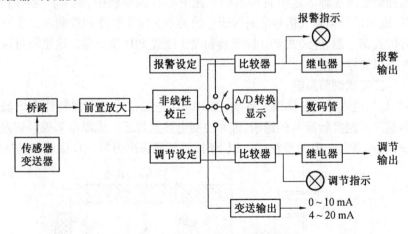

图 10.7　温度显示调节仪结构框图

10.2.4　数字式温度仪表简介

数字式温度仪表是在精密测量技术、计算机技术、自动化技术和电子技术的基础上产生和发展起来的,它能够提供数字化输出和数字显示。数字式温度仪表具有测温精度高、反应速度快、抗干扰能力强、体积小等优点,可以通过计算机控制来实现生产过程的高度自动化。因此,数字式温度控制仪表在工业控制中正在迅速取代传统的控温仪表。

其基本原理是:感温元件将炉子的温度转换为电压信号,送入变送器,变送器再将其转换为直流电流信号,然后经过模拟转换器再进入数字显示装置,显示出炉温。同时,模拟转换器将模拟信号送入数据处理单元,与所输入的工艺参数进行比较发出控制指令代码,控制指令代码再经过数据模拟转换成模拟信号推动执行机构,对炉子的温度进行调节和控制。数字处理机构还可以对所输入的工艺参数进行修改。其结构和原理图见图10.8。

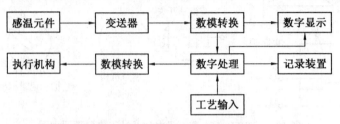

图10.8 数字式控温仪表结构框图

比较先进的数字式温度仪表能够对多阶梯式热处理工艺进行全自动控制,包括升温速度、保温时间、冷却速度等。

10.3 炉温的自动控制

在金属热处理工艺中,温度参数必须进行准确的测量,但更重要的是给予精确的控制,以保证产品的质量。要实现精确的控制就必须使用自动化仪表组成的炉温自动调节系统。在一般情况下,热处理工艺要求能将炉温控制在一个稳定的数值上,即被测炉温保持给定的数值。这种调节系统称为定值自调系统。在炉温自调系统中,调节器是一个关键的环节,调节器的输出信号与输入信号之间所依存的关系决定了温度的控制精度及特性。常用的调节器有位式调节器、连续式 PID 调节器和准连续式 PID 调节器。这里将对这几种类型的调节系统作以简单介绍。

10.3.1 二位式调节系统

图 10.9 是二位式炉温自动调节系统;图 10.10 是二位式调节器特性和炉温曲线。二位式调节器利用控制接触器 C 的通断,进而控制电热元件通电或断电来控制炉温。当炉温低于 $t_0 - \Delta\sigma$ 时,也就是炉温偏差在 $-\Delta\sigma$ 以下时,调节器输出为"1",C 接通,电炉以全功率

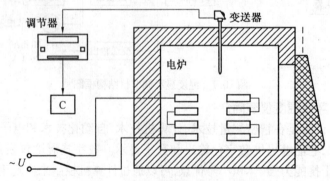

图10.9 二位式炉温调节系统示意图

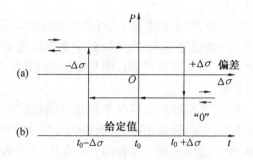

图 10.10 二位式调节器的特性

加热,炉温上升,当炉温超过 $t_0+\Delta\sigma$,即炉温上升到偏差大于 $\Delta\sigma$ 时,调节器输出"0",C 断开,电炉停止供电,炉温开始下降,如此周期性重复,调节器"通"和"断"不断交替,使炉温在给定值上下周期性波动,这一波动叫做调节"动差"。波动的幅度和频率与调节器不灵敏区 $2\Delta\sigma$、电炉的功率以及热电偶的热惰性等因素有关。

10.3.2 三位式调节系统

采用二位式调节方法仅控制炉子的通断电,不能改变其输入的功率,在此基础上既可控制炉子的通断电,也可以改变炉子的输入功率。三位式温度显示调节仪有上限、下限两个温度给定值,通过两组控制触点的通断来控制炉温和输入功率。当炉温低于给定温度下限值时,期中两组触点均接通,电炉以大功率输入,当炉温高于给定温度下限,低于给定温度上限时,一个触点接通,另一个触点断开,炉子变为小功率输入,超过上限值时,两个触点均断开,没有功率输入,因此称作三位式控制。这种控制电路使炉温波动限制在仪表给定温度上、下限值范围内,控温质量得到提高,通过调整表内两组触点的位置变化,可改变给定温度上、下限值,调节炉温波动范围的大小。

炉温位式调节系统是目前国内工厂广泛使用的一种炉温控制系统。它的特点是结构简单,使用方便,成本较低;但调节精度不高,被调参数波动较大,调节器因频繁动作容易损坏,且噪声较大,故有逐渐被取代的趋势。

10.3.3 炉温的准连续调节

所谓准连续调节,是指调节器通过控制仪表中触点的开关动作来实现炉温的调节,但其调节性能和连续调节器相仿,准连续调节系统又称断续 PID 调节系统。

如果能够使仪表控制触点在给定温度附近不停地周期性地进行通断,并且其接通和断开的时间随着温度偏差信号而变化,这时仪表中控制触点的通断动作就起到了相当于连续调节电炉输入功率的作用,使炉温控制质量得到较大的提高。

控制仪表中的控制触点的接通时间与断开时间之和称为动作周期;接通时间与动作周期之比称为时间比值。这个时间比值的具体数值与电炉的输入功率大小是相对应的,如果改变触点的通断比例,炉子的加热功率也随之变化,从而保证炉子的输入能量与各项能量支出相匹配,这就能够保持温度处于稳定状态,这种调节方式称为时间比例调节。时间比例调节不是在温度显示调节仪整个量程中都有的,它只在给定温度附近的一定范围内存在,如果超出此范围就没有比例调节作用了,即当温度低于此温度范围时,控制触点一直接通;当温度高于此温度范围时,控制触点一直断开,调节器没有调节作用。

10.3.4 炉温的连续调节

为了能够更精确地控制炉温,提高炉温调节质量,可以利用以比例积分微分调节器(简称 PID 调节器)组成的 PID 自动控制系统,在热处理中主要使用电动式连续 PID 调节器。为了达到连续调节炉温的目的,通常采用带 PID 调节器的温度指示记录调节仪表和与之配套的执行器组成自动控制系统。

当炉温出现偏差时,PID 调节器输出的信号不是简单的位式关系,而是与输入信号即偏差成比例、积分、微分的关系,连续地输出电流,通过输出信号调节电器元件的导通程度,从而调节炉子的输入功率,使炉温向着减少偏差的方向变化,直至偏差消除,炉温无波动地处在给定值上为止。

1. 比例调节规律

其特性是输出信号(即调节器输出电流 ΔI)与输入信号(即调节器输入偏差 $\Delta \sigma$)成比例关系,即

$$\Delta I = -K_p \Delta \sigma$$

式中 K_p——放大倍数。

当炉温受到干扰而降低时($\Delta \sigma$ 增加,且为负值),调节器输出电流便增大(ΔI 为正),此时炉子输出功率增大,炉温回升,偏差被逐渐克服,最后炉温回到原值上。

比例调节能够较快地克服干扰所引起的温度波动,并且克服波动的能力还随着偏差的增大而加强。但是这种调节系统不可避免地会出现静差。所谓静差就是指干扰产生后,炉温恢复到稳定态的数值与给定值之间的差值。由于炉温的偏差是不可避免的,所以静差也就是不可避免的。要想消除静差,需要进行"再调",即将原来给定的炉温数值调整到符合要求的数值。在实际生产中,炉子的工作过程经常受到负荷及环境温度变化的干扰,因此静差经常存在,要消除静差就必须不断进行"再调",这是纯比例调节系统的主要缺点。为了克服这一缺点引入积分调节规律,构成比例积分调节规律。

2. 积分调节规律

积分调节器的输出信号 ΔI 与输入信号 $\Delta \sigma$ 的积分成正比。只要有偏差存在,积分作用就不断进行。只有当偏差为零时,调节器的积分作用才会停止。在炉温自动调节系统中采用理想的积分调节器是可以完全消除静差的,积分调节过程结束后,被调参数会回到原来给定值,但是积分调节也存在不足,就是积分调节的输出是慢慢增大的,造成其调节作用的滞后性,因此对偏差的校正作用也具有滞后性。在炉温自动控制中,由于调节作用的滞后性,有时使温度达到稳定状态需要的时间较长,调节过程中温度的波动也会较大,为改善这一缺点,又引入微分调节。

3. 微分调节规律

微分调节规律的调节特点是仪表输出信号的变化与输入信号的变化速度成正比关系,即输入信号变化速度越大,则微分作用的输出也越大,如果输入信号固定不变,就不会引起微分输出,因此,微分调节作用可以阻止被调量的一切变化,对被调量有稳定作用。但是微分调节对缓慢变化的输入信号不起作用,因此微分调节不能单独使用。

4. 比例积分微分调节规律

同时具有比例、积分、微分调节规律的调节器称为 PID 调节器。其调节特性见图

10.11,这是三种调节作用的综合,其中比例调节能很快地校正偏差,积分调节能最终消除静差,而微分调节是在偏差出现时能立即产生大幅度地校正偏差的动作,从而缩短调节时间,因此,PID 调节是一种比较理想的调节方式。

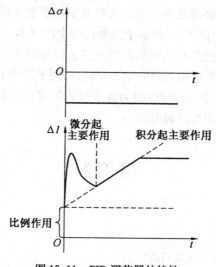

图 10.11　PID 调节器的特性

5. 连续式调节的执行器

执行器是通过接受调节器发出的某一调节规律的信号来改变热源输入的功率,从而实现对温度自动控制的器件。要想提高炉温自动控制精度既要选用良好的执行器,又要选用精度较高的显示调节仪表,只有二者很好的配合才能实现炉温的自动控制。

目前,常用的执行器有晶闸管、饱和电抗器、磁性调压器等电器设备,其中晶闸管元件具有功率大、体积小、效率高、无惯性、使用方便、成本低等一系列优点,因而在连续 PID 炉温调节系统的执行元件中被越来越普遍地使用。

6. 炉温仪表选用的一般原则

热处理工艺执行过程中加热温度控制的是否准确会直接影响到热处理工件的质量,影响生产成本,而炉温的控制是通过炉温仪表配以合适的调节器来实现的,因此炉温仪表的合理选用是非常重要的。其选择原则一般遵循如下几项:

(1)热处理工艺对温度的控制精度要求。选择仪表时首先了解热处理加热温度的变化对工件的组织性能的影响程度,从而确定出其加热温度允许的误差范围,即温度允许波动范围,以便为仪表的测量和控制精度的选择提供最基本的数据。如果工件允许加热温度波动范围越小,则对仪表的效能和精度的要求也就越高。

(2)自动化程度。在热处理工艺执行过程中温度控制尽量采取自动控制和连续调节,这样可以减少因为手动调节中产生的人为误差,同时减轻工人的劳动强度,稳定产品质量,有利于随时检查分析各个工艺环节所出现的问题,并得到及时的处理,保证产品质量。

(3)测温仪表的量程。热处理炉中所使用的温度仪表,其量程应与热处理炉经常使用的温度范围相对应,即热处理炉经常使用的最低温度作为仪表的量程下限,而把最高工艺温度作为仪表量程的上限,达到这一要求就可以相应地提高仪表的测量精度。

(4)仪表的工作环境。选用仪表时要考虑热处理加热炉的工作环境,如果热处理车间距离锻造或机械加工车间很近,在锻造设备或机加工设备工作时不可避免地要产生很大的震动,影响仪表的测量稳定性,因此选择这类热处理设备的仪表要尽可能选用抗震性能好的仪表,保证其测量的稳定性和精度。

(5) 仪表的成本。在能够满足热处理工艺对温度精度要求的前提下,尽量选用价格便宜、性能可靠、维修容易的仪表,降低整个热处理的生产成本。

(6) 管理和维护。在热处理车间相同类型的热处理加热炉一般是几台,这样选择仪表时,对于相同类型的加热炉要采用相同类型的仪表,以便于管理和维护,同时仪表可以互换使用,可以避免某台设备在使用过程中因为温度仪表的故障而影响产品质量,同时也减少了仪表的备件,简化了仪表的管理和维护。

思考题

1. 简述热电偶的工作原理。
2. 简述炉温自动控制的过程。
3. 简述炉温仪表的选择原则。
4. 简述炉温自动调节的基本方法及其调节过程。

第 11 章 热处理炉设计计算实例

11.1 热处理电阻炉的设计计算实例

以箱式电阻炉为例,说明电阻炉的设计计算过程。

11.1.1 设计技术要求

为某使用方设计一台箱式电阻炉,其技术要求:
(1)生产率为 95 kg/h;
(2)额定温度为 950℃;
(3)用途:中碳钢、低合金钢毛坯或零件的淬火、退火、正火、调质及回火等使用;处理产品类型为中小型零件,尺寸不定,产品品种众多,处理批量不大;
(4)炉壳的外表面温度不超过 80℃;
(5)设备的作业形式为周期式生产。

11.1.2 设计计算过程

1. 炉型的选择

根据给出的技术条件和产品特点,可以选用普通箱式电阻炉。

2. 炉膛尺寸的确定

(1)确定炉底面积。根据技术要求生产无定型产品,无法用实际排料法确定炉底面积,只能用炉底强度指标法计算确定。已知炉子的生产率 g 是 95 kg/h,根据表 3.10 选择箱式炉用于正火和淬火的单位面积生产率 g_0 为 120 kg/(m²·h),故可以计算求得炉底的有效面积为

$$A_1/\text{m}^2 = \frac{g}{g_0} = \frac{95}{120} \approx 0.8 \tag{11.1}$$

取炉底面积利用系数 $K=0.75$,则由式 $\frac{A_{\text{有效}}}{A_{\text{实际}}}=0.75$ 可得,炉底的实际面积为

$$A_{\text{实际}}/\text{m}^2 = \frac{A_{\text{有效}}}{0.75} = \frac{0.8}{0.75} \approx 1.07 \tag{11.2}$$

(2)确定炉底的长度与宽度。当炉底长度小于 2 m 时,其长宽比可取 $L/B=2/1$。又知,$L \times B = 1.07$,可以解得 $L \approx 1.462$ m,$B \approx 0.731$ m。为了便于砌砖,取 $L=1.624$ m,$B=0.692$ m。

(3)确定炉膛的高度 H。根据统计资料,炉膛高度与宽度之比在 0.59~0.9 之间。一般取在 0.7 左右。现按照电热元件布置要求,根据标准砖尺寸,选定炉膛高度为 $H=0.484$ m。因此确定炉膛的尺寸为:长 $L=1.624$ m;宽 $B=0.692$ m;高 $H=0.484$ m。

3. 炉体结构的设计

两侧墙、前后墙的结构基本相同,可以选择相同的结构,耐火层为 115 mm 厚的 QN-1.0 轻质黏土砖+65 mm 厚的、密度为 100 kg/m³ 的普通硅酸铝纤维毡+115 mm 厚的 A 级硅藻土砖,保温层外面覆一层 5 mm 厚的石棉板,使用石棉板的目的是防止炉体受潮。

炉顶采用 115 mm 厚的 QN-1.0 轻质黏土砖,+80 mm 厚的密度为 100 kg/m³ 的普通硅酸铝纤维毡,+115 mm 厚的膨胀珍珠岩,保温层外面覆一层 5 mm 厚的石棉板。

炉底采用 B 级硅藻土保温砖砌筑方格子,内填充蛭石粉的复合炉衬,其厚度为 182 mm,在其上面铺一层 50 mm 厚的密度为 100 kg/m³ 的普通硅酸铝纤维毡,在纤维毡上面平铺四层 QN-1.0 型轻质耐火黏土砖,在四层轻质耐火黏土砖的上面用 230 mm 厚的耐火黏土砖做支架,在支架间隙处放置炉底电热元件的搁砖,电热元件搁砖采用重质高铝砖。然后在支架上放置炉底板。同时在保温层与炉壳之间放一层 10 mm 厚的石棉板。

炉门材料选用 65 mm 厚的 QN-1.0 型轻质耐火黏土砖+80 mm 密度为 100 kg·m⁻³ 的普通硅酸铝纤维毡+65 mm 厚的 A 级硅藻土砖。炉门口的边缘要采用重质耐火砖砌筑。

炉底板材料采用耐热铸铁,根据炉底实际尺寸分三块或四块,厚度为 20 mm。炉壳和炉底支架使用普通低碳钢板,炉墙和炉顶钢板厚度取 5 mm,炉底外壳钢板取 8 mm,炉子支架及加强筋采用 4 号或 5 号角钢或槽钢。

4. 炉壳外表面温度的校核

(1) 炉墙各界面温度及炉壳外表面温度的校核。由于炉子侧墙和前后壁炉衬结构相似,故作统一数据处理,简化计算,将炉门包括在前墙内。

所设计的三层平壁炉墙的结构示意图见图 11.1。首先假设三层炉墙各界面及炉壳外表面的温度分别为 $t_2=800℃$,$t_3=530℃$,$t_4=70℃$,则耐火层 s_1 的平均温度为

$$t_{m1}/℃ = \frac{950+800}{2} = 875$$

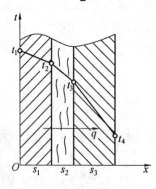

图 11.1 三层平壁炉墙

硅酸铝纤维层 s_2 的平均温度为

$$t_{m2}/℃ = \frac{800+530}{2} = 665$$

硅藻土砖层 s_3 的平均温度为

$$t_{m3}/℃ = \frac{530+70}{2} = 300$$

s_1 层炉衬材料的热导率由表 2.1 查得,即
$$\lambda_1/(\mathrm{W \cdot m \cdot K})^{-1} = 0.22 + 0.256 \times 10^{-3} T_{m1} =$$
$$0.22 + 0.256 \times 10^{-3} \times 1\,148 \approx 0.514$$

s_3 层炉衬材料的热导率由表 2.3 查得,即
$$\lambda_3/(\mathrm{W \cdot m \cdot K})^{-1} = 0.042 + 0.23 \times 10^{-3} T_{m3} =$$
$$0.042 + 0.23 \times 10^{-3} \times 573 \approx$$
$$0.174$$

s_2 层材料的热导率由表 2.2 查得,在给定温度相差较小范围内近似认为热导率与温度呈线性关系,由于 $t_{m2} = 663$ K,可知其热导率为
$$\lambda_2/(\mathrm{W \cdot m^2 \cdot K})^{-1} \approx 0.165$$

当炉壳温度为 70 ℃,室温为 20 ℃,由表 1.1 查得 $\alpha_\Sigma = 12.83\ (\mathrm{W \cdot m^2 \cdot ℃})^{-1}$。
根据式(1.48)可知,通过炉墙的热流密度为
$$q_墙/(\mathrm{W \cdot m})^{-2} = \frac{T_1 - T_室}{\dfrac{s_1}{\lambda_1} + \dfrac{s_2}{\lambda_2} + \dfrac{s_3}{\lambda_3} + \dfrac{1}{\alpha_\Sigma}} = \frac{1\,223 - 293}{\dfrac{0.115}{0.514} + \dfrac{0.065}{0.165} + \dfrac{0.115}{0.174} + \dfrac{1}{12.83}} \approx 686$$

验算各界面和炉壳外表面的温度
$$T'_2/\mathrm{K} = T_1 - q_墙 \frac{s_1}{\lambda_1} = 1\,223 - 686 \times \frac{0.115}{0.514} \approx 1\,070$$

所以 $t'_2 \approx 797$ ℃。其误差率
$$\Delta = \frac{t_2 - t'_2}{t_2} = \frac{800 - 797}{800} \approx 0.375\% < 5\%$$

满足设计要求,不需重设计算。
$$T'_3/\mathrm{K} = T_2 - q_墙 \frac{s_2}{\lambda_2} = 1\,070 - 686 \times \frac{0.065}{0.165} \approx 799$$

所以 $t'_3 \approx 526$ ℃。其误差率
$$\Delta = \frac{t_3 - t'_3}{t_3} = \left| \frac{530 - 526}{530} \right| \approx 0.75\% < 5\%$$

满足设计要求,不需重设计算。
$$T'_4/\mathrm{K} = T_3 - q_墙 \frac{s_3}{\lambda_3} = 799 - 686 \times \frac{0.115}{0.174} \approx 345$$

所以 $t'_4 \approx 73$ ℃ < 80 ℃。
满足设计要求,不需重设计算。同时满足一般热处理电阻炉表面温升小于 50 ℃ 的要求。

(2)炉顶各界面温度及炉壳外表面温度的校核。假设各界面及炉壳外表面的温度分别为 $t_{2顶} = 840$ ℃, $t_{3顶} = 580$ ℃, $t_{4顶} = 60$ ℃,查表 2.1 和表 2.3 分别得
$$\lambda_1/(\mathrm{W \cdot m \cdot K})^{-1} = 0.22 + 0.256 \times 10^{-3} T_{m1} \approx 0.519$$
$$\lambda_3/(\mathrm{W \cdot m \cdot K})^{-1} = 0.115$$

由表 2.2 查得,在给定温度相差较小范围内近似认为热导率与温度呈线性关系,由于 $t_{m2} = 710$ ℃,可知其热导率为 $\lambda_2 \approx 0.174\ \mathrm{W \cdot (m^2 \cdot K)^{-1}}$。

当炉壳温度为60℃,室温为20℃,由表1.1查得 $\alpha_\Sigma = 13.93 \text{ W} \cdot (\text{m}^2 \cdot \text{℃})^{-1}$。根据式(1.48)可知通过炉顶的热流密度为

$$q_{顶}/(\text{W} \cdot \text{m}^{-2}) = \frac{T_1 - T_{室}}{\dfrac{s_1}{\lambda_1} + \dfrac{s_2}{\lambda_2} + \dfrac{s_3}{\lambda_3} + \dfrac{1}{\alpha_\Sigma}} = \frac{(950+273)-(20+273)}{\dfrac{0.115}{0.519} + \dfrac{0.080}{0.174} + \dfrac{0.115}{0.115} + \dfrac{1}{13.93}} \approx 527$$

计算得到炉顶各界面的温度分别为833 ℃和585 ℃,炉顶壳外表面的温度为58 ℃。根据校核均符合设计要求,不需再重算。

(3)炉底各界面温度炉底壳外表面温度的校核。材料相同设为一层,假设炉底各界面的温度分别为 $t_{2底}=650℃, t_{3底}=500℃, t_{4底}=70℃$,查表2.1和表2.3分别查得

$$\lambda_1/(\text{W} \cdot (\text{m} \cdot \text{K})^{-1}) = 0.22 + 0.256 \times 10^{-3} T_{m1} \approx 0.495$$

$$\lambda_3/(\text{W} \cdot (\text{m} \cdot \text{K})^{-1}) = 0.068 + 0.23 \times 10^{-3} T_{m3} = 0.263$$

由表2.2查得,在给定温度相差较小范围内近似认为热导率与温度呈线性关系,由于 $t_{m2}=800℃$,可知其热导率为 $\lambda_2 \approx 0.191 \text{ W} \cdot (\text{m} \cdot \text{K})^{-1}$。

当炉壳温度为70℃,室温为20℃,由表1.1查得 $\alpha_\Sigma = 10.35 \text{ W} \cdot (\text{m}^2 \cdot \text{K})^{-1}$。根据式(1.48)可知通过炉底的热流密度为

$$q_{底}/(\text{W} \cdot \text{m}^{-2}) = \frac{T_1 - T_{室}}{\dfrac{s_1}{\lambda_1} + \dfrac{s_2}{\lambda_2} + \dfrac{s_3}{\lambda_3} + \dfrac{1}{\alpha_\Sigma}} = \frac{(950+273)-(20+273)}{\dfrac{0.268}{0.495} + \dfrac{0.050}{0.191} + \dfrac{0.182}{0.263} + \dfrac{1}{10.35}} \approx 584$$

计算得到炉底各界面的温度分别为633 ℃和480 ℃,炉底壳外表面的温度为75 ℃。根据校核均符合设计要求,不需再重算。

根据上述温度的校核可知,炉体结构的设计是合理的。

5. 砌体平均表面积的计算

炉子砌体外廓尺寸:

$$L_{外}/\text{mm} = L + 2 \times (115+65+115) = 2\ 214$$

$$B_{外}/\text{mm} = B + 2 \times (115+65+115) = 1\ 282$$

$$H_{外}/\text{mm} = H + h_{拱} + (115+80+115) + 67 \times 4 + 50 + 182 =$$
$$484 + 92.7 + 310 + 268 + 50 + 182 = 1\ 386.7$$

式中 f——炉顶的拱顶高度。

此炉采用拱顶角为60°标准拱顶,取拱弧半径 $R=B$,则 f 可由 $f = R(1-\cos 30°)$ 求得。

(1)炉顶平均面积。

$$A_{顶内}/\text{m}^2 = \frac{2\pi R}{6} \times L = \frac{2 \times 3.14 \times 0.692}{6} \times 1.624 \approx 1.176$$

$$A_{顶外}/\text{m}^2 = B_{外} \times L_{外} = 1.282 \times 2.214 \approx 2.838$$

$$A_{顶均}/\text{m}^2 = \sqrt{A_{顶内} \times A_{顶外}} = \sqrt{1.176 \times 2.838} \approx 1.83$$

(2)炉墙平均面积。

炉墙包括前后墙及侧墙,简化将炉门包括在炉前墙内。

$$A_{墙内}/\text{m}^2 = 2(LH+BH) = 2H(L+B) = 2 \times 0.484 \times (1.624+0.692) \approx 1.088$$

$$A_{墙外}/m^2 = 2H_{外}(L_{外}+B_{外}) = 2\times1.3867\times(2.214+1.282) \approx 9.696$$
$$A_{墙均}/m^2 = \sqrt{A_{墙内}\times A_{墙外}} = \sqrt{1.088\times9.696} \approx 3.248$$

(3)炉底平均面积。
$$A_{底内}/m^2 = B\times L = 0.692\times1.624 \approx 1.124$$
$$A_{底外}/m^2 = B_{外}\times L_{外} = 1.282\times2.214 \approx 2.838$$
$$A_{底均}/m^2 = \sqrt{F_{底外}\times F_{底内}} = \sqrt{2.838\times1.124} \approx 1.786$$

6. 计算炉子的功率-热平衡计算法

(1)加热工件所需的热量 $Q_{件}$。

由附表7可查得,工件在950℃及20℃比热容分别为0.678 kJ·(kg·K)$^{-1}$和0.502 kJ·(kg·K)$^{-1}$,计算可得

$$Q_{件}/(kJ\cdot h^{-1}) = p(c_{件}T_1 - c'_{件}T_0) = 95\times(0.678\times1223 - 0.502\times293) \approx 64800.3$$

(2)加热炉内辅助件所需热量 $Q_{辅}$。

本炉内只使用炉底板和装料的料盘,料盘随工件进行加热,其质量可以直接算入生产率内,炉底板一般加热一次直接算入炉子的蓄热损失中。

(3)通过炉衬的散热损失 $Q_{散}$。

$$Q_{散}/(kJ\cdot h^{-1}) = Q_{顶} + Q_{墙} + Q_{底} = q_{顶}\times A_{顶均} + q_{墙}\times A_{墙均} + q_{底}\times A_{底均} =$$
$$527\times1.83 + 686\times3.248 + 584\times1.786 \approx 4235.6 \text{ (W)} \approx 15248$$

(4)开启炉门的辐射热损失 $Q_{辐}$。

设装出料所需时间为每小时6 min,根据式(1.46)有

$$Q_{辐} = 3.6\times5.675A\phi\delta_t\left[\left(\frac{T_g}{100}\right)^4 - \left(\frac{T_a}{100}\right)^4\right]$$

式中,$T_g = 950+273 = 1223$ K,$T_a = 20+273 = 293$ K。由于正常工作时炉门开启高度一般为炉膛高度的一半,故炉门开启面积

$$A/m^2 = B\times H/2 = 0.692\times0.484/2 \approx 0.167$$

炉门开启率为6/60 = 0.1,由图1.11查得 $\phi = 0.69$,所以

$$Q_{辐}/(kJ\cdot h^{-1}) = 3.6\times5.675A\phi\delta_t\left[\left(\frac{T_g}{100}\right)^4 - \left(\frac{T_a}{100}\right)^4\right] =$$
$$3.6\times5.675\times0.167\times0.1\times0.69\times\left[\left(\frac{1223}{100}\right)^4 - \left(\frac{293}{100}\right)^4\right] \approx$$
$$5249.38$$

(5)开启炉门溢气热损失 $Q_{溢}$。

$$Q_{溢} = Vc\left(\frac{T_2-T_1}{2}\right)\delta_t$$

式中,$V = 2200BH\sqrt{H}$。其中 B 为炉门宽度;H 为炉门开启高度。则

$$V/(m^3\cdot h^{-1}) = 2200\times0.692\times0.484\sqrt{0.484} \approx 512.62$$

由附表6可知,空气的比热容可取 $c = 1.139$ kJ/(m^3·K),从而求得开启炉门溢气热损失为

$$Q_溢/(\text{kJ} \cdot \text{h}^{-1}) = Vc\left(\frac{T_2 - T_1}{2}\right)\delta_t = 512.62 \times 1.139 \times \left(\frac{1\,223 - 293}{2}\right) \times 0.1 \approx 27\,150.15$$

(6)其他热损失 $Q_他$。

$$Q_他/(\text{kJ} \cdot \text{h}^{-1}) = 0.5 Q_散 \approx 0.5 \times 15\,248 \approx 7\,624$$

(7)热量总的支出 $Q_总$。

$$Q_总/(\text{kJ} \cdot \text{h}^{-1}) = Q_件 + Q_散 + Q_辐 + Q_溢 + Q_他 = 64\,800.3 + 15\,248 + 5\,249.38 + 27\,150.15 + 7\,624 \approx 120\,071.83$$

(8)炉子的安装功率 $P_安$。

$$P_安 = \frac{KQ_总}{3\,600}$$

式中 K——炉子功率储备系数,可取 $K = 1.4$。

则炉子安装功率为

$$P_安/\text{kW} = \frac{KQ_总}{3\,600} = \frac{1.4 \times 120\,071.83}{3\,600} \approx 47$$

为了缩短升温时间,取炉子功率为 55 kW。

7. 炉子热效率的计算

(1)正常工作时的效率。

$$\eta = \frac{Q_件}{Q_总} = \frac{64\,800.3}{120\,071.83} \approx 54\%$$

(2)保温阶段,关闭炉门时的效率。

$$\eta = \frac{Q_件}{Q_总 - (Q_辐 + Q_溢)} = \frac{64\,800.3}{120\,071.83 - (5\,249.38 + 27\,150.15)} \approx 74\%$$

8. 炉子空载功率 $P_空$

炉子空载功率 $P_空$ 为

$$P_空/\text{kW} = \frac{Q_散 + Q_他}{3\,600} = \frac{15\,248 + 7\,624}{3\,600} \approx 6.4$$

9. 空炉升温时间的计算

(1)炉墙的蓄热 $Q_{蓄墙}$。

$$V_{侧黏}/\text{m}^3 = 2 \times [1.624 \times (0.484 + 0.092\,7) \times 0.115] \approx 0.215$$

$$V_{前后黏}/\text{m}^3 = 2 \times [(0.692 + 0.115 \times 2) \times (0.484 + 0.927) \times 0.115] \approx 0.122$$

$$V_{侧纤}/\text{m}^3 = 2 \times [(1.624 + 0.115) \times (0.484 + 0.927) \times 0.065] \approx 0.13$$

$$V_{前后纤}/\text{m}^3 = 2 \times [(0.692 + 0.115 \times 2) \times (0.484 + 0.927) \times 0.065] \approx 0.069$$

$$V_{侧硅}/\text{m}^3 = 2 \times [1.624 \times (0.484 + 0.927) \times 0.115] \approx 0.215$$

$$V_{前后硅}/\text{m}^3 = 2 \times [0.692 + (0.115 + 0.065 + 0.115) \times 2] \times (0.484 + 0.927) \times 0.115 \approx 0.085$$

则炉墙的蓄热量为

$$Q_{蓄墙} = V_黏 \gamma_黏 (c'_黏 T'_1 - c_黏 T_0) + V_纤 \gamma_纤 (c'_纤 T'_2 - c_纤 T_0) + V_硅 \gamma_硅 (c'_硅 T'_3 - c_硅 T_0)$$

由表 2.1 查得

$$c'_{黏}/(kJ \cdot (kg \cdot K)^{-1}) = 0.769+0.26 \times 10^{-3} T_{黏平均} = 0.769+0.26 \times 10^{-3} \times [(950+797)/2+273] \approx 1.07$$

$$c_{黏} = 0.769+0.26 \times 10^{-3} T_{黏平均} = 0.769+0.26 \times 10^{-3} \times 293 \approx 0.845$$

$$\gamma_{黏} = 1.0 \text{ g/cm}^3 = 1.0 \times 10^3 \text{ kg/m}^3$$

查表 2.3 得

$$c'_{纤}/(kJ \cdot (kg \cdot K)^{-1}) = 0.734+0.28 \times 10^{-3} T_{纤平均} =$$
$$0.734+0.28 \times 10^{-3} \times [(797+526)/2+273] \approx 0.919$$

$$c_{纤}/(kJ \cdot (kg \cdot K)^{-1}) = 0.734+0.28 \times 10^{-3} T_{纤平均} = 0.734+0.28 \times 10^{-3} \times 293 \approx 0.82$$

$$\gamma_{纤} = 0.135 \text{ g/cm}^3 = 0.135 \times 10^3 \text{ kg/m}^3$$

查表 2.3 得

$$c'_{硅}/(kJ \cdot (kg \cdot K)^{-1}) = 0.679+0.58 \times 10^{-3} T_{硅平均} =$$
$$0.679+0.58 \times 10^{-3} \times [(526+73)/2+273] \approx 1.01$$

$$c_{硅}/(kJ \cdot (kg \cdot K)^{-1}) = 0.679+0.58 \times 10^{-3} T_{硅平均} = 0.679+0.58 \times 10^{-3} \times 293 \approx 0.849$$

$$\gamma_{硅} = 0.5 \text{ g/cm}^3 = 0.5 \times 10^3 \text{ kg/m}^3$$

$$Q_{蓄墙}/kJ = V_{黏}\gamma_{黏}(c'_{黏}T'_1 - c_{黏}T_0) + V_{纤}\gamma_{纤}(c'_{纤}T'_2 - c_{纤}T_0) + V_{硅}\gamma_{硅}(c'_{硅}T'_3 - c_{硅}T_0) =$$
$$0.337 \times 1.0 \times 10^3 \times (1.07 \times 1\ 147 - 0.845 \times 293) +$$
$$0.199 \times 0.135 \times 10^3 \times (0.919 \times 934.5 - 0.82 \times 293) +$$
$$0.3 \times 0.5 \times 10^3 \times (1.01 \times 572.5 - 0.849 \times 293) \approx$$
$$396\ 198$$

(2)炉顶的蓄热量 $Q_{蓄顶}$。

$$V_{顶黏}/m^3 = 2.214 \times 0.692 \times \frac{\pi}{3} \times 0.115 \approx 0.184$$

$$V_{顶纤}/m^3 = 2.214 \times 0.692 \times \frac{\pi}{3} \times 0.08 \approx 0.13$$

$$V_{顶珍珠}/m^3 = 2.214 \times 1.282 \times 0.115 \approx 0.326$$

查表 2.1 和表 2.3 并计算得到比热容和密度的具体数值如下(注:珍珠岩参数参照膨胀蛭石粉的)

$$c'_{黏}/(kJ \cdot (kg \cdot K)^{-1}) = 0.769+0.26 \times 10^{-3} T_{黏平均} =$$
$$0.769+0.26 \times 10^{-3} \times [(950+833)/2+273] \approx 1.07$$

$$c'_{纤}/(kJ \cdot (kg \cdot K)^{-1}) = 0.734+0.28 \times 10^{-3} T_{纤平均} = 0.734+0.28 \times 10^{-3} \times$$
$$[(833+585)/2+273] \approx 1.0$$

$$c_{珍珠} = 0.753\ 6 \text{ kJ} \cdot (kg \cdot K)^{-1}$$

$$\gamma_{珍珠} = 0.06 \text{ g} \cdot cm^{-3} = 0.06 \times 10^3 \text{ kg} \cdot m^{-3} = 60 \text{ kg} \cdot m^{-3}$$

$$Q_{蓄顶}/kJ = V_{顶黏}\gamma_{黏}(c'_{黏}T'_1 - c_{黏}T_0) + V_{顶纤}\gamma_{纤}(c'_{纤}T'_2 - c_{纤}T_0) + V_{顶珍珠}\gamma_{珍珠}(c'_{珍珠}T'_3 - c_{珍珠}T_0) =$$
$$0.184 \times 1.0 \times 10^3 \times (1.07 \times 1\ 164.5 - 0.845 \times 293) + 0.13 \times 0.135 \times 10^3 \times$$
$$(1.0 \times 982 - 0.82 \times 293) + 0.326 \times 60 \times 0.753\ 6 \times (594.5 - 293) \approx$$
$$201\ 172.9$$

(3)炉底的蓄热量 $Q_{底蓄}$。

$$V_{底黏}/m^3 = (2.214 \times 1.282 \times 0.067 \times 4) \approx 0.76$$
$$V_{底纤}/m^3 = (2.214 \times 1.282 \times 0.05) \approx 0.14$$
$$V_{底硅}/m^3 = (2.214 \times 1.282 \times 0.182) \approx 0.517$$

经查表 2.1、表 2.2、表 2.3 并计算得到各材料的比热容和密度如下

$$c'_{黏}/(kg \cdot (kg \cdot K)^{-1}) = 0.796 + 0.26 \times 10^{-3} T_{黏平均} =$$
$$0.796 + 0.26 \times 10^{-3} \times [(950+633)/2 + 273] \approx 1.07$$

$$c'_{纤}/(kJ \cdot (kg \cdot K)^{-1}) = 0.734 + 0.28 \times 10^{-3} T_{纤平均} =$$
$$0.734 + 0.28 \times 10^{-3} \times [(633+480)/2 + 273] \approx 0.966$$

$$c'_{硅}/(kJ \cdot (kg \cdot K)^{-1}) = 0.679 + 0.58 \times 10^{-3} t_{硅平均} =$$
$$0.679 + 0.58 \times 10^{-3} \times [(480+75)/2 + 273] \approx 0.998$$

$$\gamma_{硅} = 0.5 \text{ g} \cdot \text{cm}^{-3} = 0.5 \times 10^3 \text{ kg} \cdot \text{m}^{-3}$$

$$Q_{蓄底}/kg = V_{底黏}\gamma_{黏}(c'_{黏}T'_1 - c_{黏}T_0) + V_{底纤}\gamma_{纤}(c'_{纤}T'_2 - c_{纤}T_0) + V_{底硅}\gamma_{硅}(c'_{硅}T'_3 - c_{硅}T_0) =$$
$$0.76 \times 1.0 \times 10^3 \times (1.07 \times 1\,064.5 - 0.845 \times 293) + 0.14 \times 0.135 \times 10^3 \times$$
$$(0.965 \times 829.5 - 0.82 \times 293) + 0.517 \times 0.5 \times 10^3 \times (0.998 \times 550.2 - 0.849 \times 293) \approx$$
$$765\,718$$

(4)炉底板及炉底支砖(重质黏土砖)的蓄热量 Q_4。

根据附表 7 和附表 8 查得铸铁的比热容和密度分别为 $c_{铁} = 0.670 \text{ kJ} \cdot (\text{kg} \cdot \text{K})^{-1}$,$\gamma_{铁} = 7.57 \times 10^3 \text{ kg} \cdot \text{m}^{-3}$ 炉底板的长度取 1.4 m,宽度取 0.4 m,厚度为 20 mm。重质黏土砖采用三行,尺寸为 113 mm×65 mm×230 mm。密度为

$$\gamma = 2.1 \times 10^3 \text{ kg} \cdot \text{m}^{-3}$$

比热容为

$$c'_{重质}/(kJ \cdot (kg \cdot K)^{-1}) = 0.817 + 0.23 \times 10^{-3} T_m = 0.817 + 0.23 \times 10^{-3} \times (950+273) \approx 1.1$$
$$c_{重质}/(kJ \cdot (kg \cdot K)^{-1}) = 0.817 + 0.23 \times 10^{-3} T_m = 0.817 + 0.23 \times 10^{-3} \times 293 \approx 0.885$$

则

$$Q_4/kg = V_{铁}\gamma_{铁}c_{铁}\Delta t + V_{重质}\gamma_{重质}(c'_{重质}T_1 - c_{重质}T_0) =$$
$$0.02 \times 1.4 \times 0.4 \times 7.57 \times 10^3 \times 0.670 \times (1\,223-293) + 1.624 \times 0.065 \times 0.113 \times 2.1 \times$$
$$10^3 \times (1.1 \times 1\,223 - 0.885 \times 293) \times 3 \approx 121\,738.55$$

则炉子的空炉升温时间是

$$\tau_{升}/h = \frac{Q_{蓄}}{3\,600 P_{安}} = \frac{396\,198 + 201\,172.9 + 765\,718 + 121\,738.55}{3\,600 \times 80} \approx 7.5$$

对于一般周期作业的炉子来说,其空炉升温时间在 3~8 h 内均可,所以本炉子的设计符合要求。因为计算蓄热损失是在额定温度恒温条件下计算的,与实际蓄热损失相比要大,因此实际空炉升温时间要短一些。

8. 功率的分配与接线方法的确定

60 kW 功率平均分布在炉子的两侧墙和炉底,组成 YY 接线,供电电压为车间动力电网 380 V。

核算炉膛布置电热元件内壁表面负荷,对于周期作业炉内表面负荷应在 15～35 kW·m^{-2} 之间,常用为 20～25 kW·m^{-2} 之间。

布置电热元件的炉子内表面

$$A/\text{m}^2 = 2A_{侧} + A_{底} = 2 \times 1.624 \times 0.484 + 1.624 \times 0.692 \approx 2.7$$

表面负荷为

$$W/(\text{kW} \cdot \text{m}^{-2}) = \frac{P_{安}}{A} \approx \frac{55}{2.7} \approx 20.4 \text{ kW} \cdot \text{m}^{-2}$$

表面负荷在 15～35 kW·m^{-2} 范围内,符合设计要求。

9. 电热元件的选择与计算

由最高使用温度是 950℃,选用线材 0Cr25Al5 合金作电热元件,接线方式采用 YY。利用理论计算法计算电热元件的结构尺寸,其计算步骤如下:

(1) 求 950℃时电热元件的电阻率 ρ_t。

当炉温为 950℃时,电热元件温度为 1 100℃,由表 3.13 查得 0Cr25Al5 在 20℃时的电阻率 $\rho_{20} = 1.40$ Ω·mm^2/m,电阻温度系数 $\alpha = 4 \times 10^{-5}$℃$^{-1}$,则 1 100℃时电热元件的电阻率为

$$\rho_t/(\Omega \cdot \text{mm}^2 \cdot \text{m}^{-1}) = \rho_{20}(1 + \alpha t) = 1.40 \times (1 + 4 \times 10^{-5} \times 1\ 100) = 1.46$$

(2) 确定电热元件表面功率。

由表 3.15 查得,电热元件的表面负荷可以取 $W_{允} = 1.6$ kW·m^{-2}。

(3) 每组电热元件的功率。

由于采用 YY 接法,即三相双星形接法,每组电热元件的功率为

$$P_{组}/\text{kW} = \frac{55}{n} = \frac{55}{3 \times 2} \approx 9$$

(4) 每组电热元件端电压。

由于采用 YY 接法,车间动力电网端电压为 380 V,故每组电热元件端电压即为每相电压为

$$U_{组}/\text{V} = \frac{380}{\sqrt{3}} = 220$$

(5) 电热元件直径。

丝状电热元件的直径由式(3.30)得

$$d/\text{mm} = 34.3\sqrt[3]{P^2 \rho_t/(U_{组}^2 W_{允})} = 34.3\sqrt[3]{10^2 \times 1.46/(220^2 \times 1.6)} \approx 4.24$$

取 $d = 5$ mm。

(6) 每组电热元件长度和质量。

每组电热元件长度由下式得

$$L_{组}/\text{m} = 0.785 \times 10^{-3} \frac{U^2 d^2}{P \rho_t} = 0.785 \times 10^{-3} \times \frac{220^2 \times 5^2}{10 \times 1.46} \approx 65.1$$

每组电热元件的质量由式(3.31)得

$$G_{组} = \frac{\pi}{4} d^2 L_{组} \rho_{组}$$

式中,$\rho_{组}$由表3.13查得,$\rho_{组} = 7.1 \times 10^3$ kg/m³。

$$G_{组}/\text{kg} = \frac{\pi}{4} d^2 L_{组} \rho_{组} = \frac{3.14}{4} \times 5^2 \times 65.1 \times 7.1 \times 10^{-5} \approx 7.33$$

(7)电热元件总长度和总质量。

$$L_{总}/\text{m} = 6L_{组} = 6 \times 65.1 \approx 390.6$$

$$G_{总}/\text{kg} = 6G_{组} = 6 \times 7.33 \approx 44.98$$

(8)校核电热元件表面负荷。

$$W_{允}/(\text{kW} \cdot \text{cm}^{-2}) = \frac{P_{组}}{\pi d L_{组}} = \frac{9 \times 10^3}{3.14 \times 5 \times 65.1 \times 10} \approx 0.88$$

电热元件实际表面负荷小于允许值,设计合理。

(9)电热元件在炉膛内的布置。

根据炉膛高度为标准砖厚度的10倍,即为10层砖的高度,采用8层砖上铺设电热元件,为了与炉底折数相同,将6组电热元件每组分为8折,布置在炉膛两侧墙和炉底上,则有

$$L_{折}/\text{m} = \frac{L_{组}}{8} \approx \frac{65.1}{8} \approx 8.14$$

布置电热元件的炉壁长度

$$L'/\text{mm} = L - 50 = 1\,624 - 50 = 1\,574$$

丝状电热元件绕成螺旋状,当元件温度高于1 000 ℃,由表3.17可知,螺旋节径 $D = (4 \sim 6)d$,取

$$D/\text{mm} = 6d = 6 \times 5 = 30$$

螺旋体圈数 N 和螺距 h 分别为

$$N/\text{圈} = \frac{L_{折}}{\pi D} = \frac{8.14}{3.14 \times 30} \times 10^3 = 86$$

$$h/\text{mm} = \frac{L'}{N} = \frac{1\,574}{86} = 18$$

$$\frac{h}{d} = \frac{18}{5} = 3.6$$

按照规定,h/d应该在2~4范围内满足设计要求。

根据计算,选用YY接线方式,采用 $d = 5$ mm 的电热元件设计合理,并且质量最小,成本最低。电热元件节距在安装时可以适当调整,炉口部分可以适当增加功率。电热元件引出棒材料选用耐热不锈钢1Cr18Ni9Ti。

11.2 热处理盐浴炉的设计实例

11.2.1 设计技术要求

(1)用途。用于高碳钢、高合金钢分级预热、淬火加热、正火、调质等热处理工艺,适用于中小型零件、多品种、小批量生产。所处理工件中最大尺寸为长度 55 cm,宽度或厚度最大 30 cm。

(2)额定工作温度为 1 350 ℃。

(3)生产率为 50 kg/h,其中最长工件的尺寸为 0.3 m。

(4)生产方式。周期作业形式。

11.2.2 设计计算过程

1. 炉型的选择

根据给出的技术要求可以选择高温插入式电极盐浴炉。

2. 电极盐浴炉炉体结构设计

电极盐浴炉的炉体结构由耐火材料坩埚、炉胆、保温层、电极和炉壳等组成。坩埚可以采用重质耐火砖或高铝砖砌筑,也可以用耐火混凝土捣制成形。这里采用 LZ-55 型高铝砖,其厚度可以根据表 11.1 选择,选定为 250 mm。

由于坩埚易因热胀冷缩而开裂,所以外加炉胆围护加固,同时也可以防止盐液外漏。炉胆选用 10 mm 厚的低碳钢板焊接制成。

表 11.1 电极浴炉炉衬厚度

工作温度/℃	耐火层厚度/mm		保温层厚度/mm
	耐火混凝土	耐火砖	
150 ~ 650	150 ~ 180	180 ~ 200	100 ~ 150
650 ~ 1 000	160 ~ 230	180 ~ 230	120 ~ 160
1 000 ~ 1 350	180 ~ 250	220 ~ 270	140 ~ 200

保温层选用膨胀蛭石粉进行填充。炉壳侧壁用 3 mm 厚普通低碳钢板,炉底用 5 mm 厚钢板,炉架用不大于 5 号的角钢制造。

3. 浴槽尺寸的确定

(1)所需熔盐的体积。对于分批装料的周期盐浴炉,熔盐所具有的热量要保证工件装入后熔盐的温度下降在 10~20 ℃范围内。设计技术要求生产率为 $g=50$ kg·h^{-1}。一般对于工件经过预热的高温盐浴炉,其熔盐的质量可以根据经验公式 $G=(1~1.5)g$ 进行计算。取 $G=1.5g$,即

$$G/kg = 1.5g = 1.5 \times 50 = 75$$

根据熔盐的质量和熔盐在工作温度下的密度 γ_t kg·cm^{-3},可以计算出在工作温度下的熔盐的体积 V_t 为

$$V_t = G/\gamma_t$$

根据表 4.3 可知,选用熔盐为碱土金属氯化钡盐,其在工作温度下的密度是 2 970 kg/m³。

由此可以计算出所需熔盐的体积为

$$V_t/m^3 = \frac{G}{\gamma_t} = \frac{75}{2\ 970} = 0.025$$

$$0.025\ m^3 = 25\ 000\ cm^3$$

根据最大工件的尺寸可确定:熔盐的深度为最大工件尺寸加上工件距离熔盐上液面和底部的距离,这里选此距离为 100 mm,则可知熔盐的深度为 500 mm,则其横截面积为

$$f/cm^2 = 25\ 000/50 = 500$$

浴槽采用方形,则其边长为 223 mm。

(2)浴槽的体积 V。浴槽的横截面积与熔盐所占据的横截面积相同,其深度为熔盐深度加上熔盐距离浴槽上口边缘的尺寸,这一尺寸区 150 mm,则浴槽的深度为 650 mm。

4. 电极盐浴炉功率的确定

根据熔盐的体积按照经验公式进行确定:由表 4.4 查得每升熔盐所需功率为 $g_0 = 1.0$ kW/dm³。

$$P/kW = Vg_0 = 25 \times 1.0 = 25$$

为了有一定的功率储备,可以确定功率为 30 kW。

5. 电极的设计

(1)电极形状及其布置。电极形状选择棒状,单相连接方式,电极根数为 2 跟。

(2)电极尺寸的确定。为了保证电极的使用寿命,电极横截面的电流密度一般在 60 ~ 80 A/cm²。

电极横截面的电流为

$$I = fi$$

式中　f——电极横截面积,cm²;
　　　i——电极横街面积的电流密度,取 60 A/cm²。

又知

$$I/A = \frac{1\ 000P}{U}$$

式中　U——一对电极间的电压,在 5.5 ~ 17.5 V 范围内,这里取 $U = 15$ V。

由上面两个式子可知,电极的横截面积为

$$f/cm^2 = \frac{1\ 000P}{Ui}$$

设电极的直径为 d,所以又有

$$f/cm^2 = \frac{1}{4}\pi d^2$$

即

$$\frac{1}{4}\pi d^2 = \frac{1\ 000P}{Ui}$$

从而可得

$$d/cm = \sqrt{\frac{4 \times 1\ 000P}{\pi Ui}} = \sqrt{\frac{4 \times 1\ 000 \times 30}{3.14 \times 17 \times 60}} = 6$$

$$6 \text{ cm} = 60 \text{ mm}$$

电极的长度根据浴槽深度及电极距离槽底的距离来确定,取电极与槽底的距离为 100 mm,电极柄部与炉台的间隙取 50 mm,则电极工作部分长度为

$$650 \text{ mm} - 100 \text{ mm} = 550 \text{ mm}$$

电极柄部长度为炉墙厚度(250 mm)加上电极与炉内壁之间的间隙(取 50 mm)和电极柄部与炉台的间隙(取 50 mm)。即电极柄长度为

$$250 \text{ mm} + 50 \text{ mm} + 50 \text{ mm} = 350 \text{ mm}$$

电极柄的截面积取工作部分截面积的 1.25 倍,电极柄直径为 75 mm。

6. 变压器的选择

根据炉子的功率和电极布置方式选择,这里选择空气的干式变压器,型号为 ZUDG-50。

7. 选择排气装置

由式(4.12)可知,排气量的计算

$$V_{排} = 3\,600 f \cdot v_1$$

由表 4.11 可查得

$$v_1 = 1.2 \text{ m} \cdot \text{s}^{-1}$$

则有

$$V_{排}/\text{m}^3 = 3\,600 f \cdot v_1 = 3\,600 \times 500 \times 1.2 \times 10^{-4} = 216$$

排气罩出口直径

$$d = \sqrt{\frac{V}{900 \pi v_2}}$$

式中,排气口流速 $v_2 = 6 \sim 8$ m/s。这里取 $v_2 = 6$ m/s,则有

$$d/\text{m} = \sqrt{\frac{V}{900 \pi v_2}} = \sqrt{\frac{216}{900 \times 3.14 \times 6}} = 0.68$$

$$0.68 \text{ m} = 680 \text{ mm}$$

8. 电极盐炉启动装置

选用螺旋形金属启动电阻,其尺寸根据浴槽的尺寸制作。

附 录

附表1 碳素钢和低合金钢的热导率 W/(m·K)

温度/℃	碳素钢			低合金钢						
	0.05%~0.2%C	0.20%~0.5%C	0.6%~1.3%C	0.7%~1.1%Cr	1.2%~1.8%Mn	1.3%~1.6%Cr 1.0%~1.6%Si	1.1%~1.4%Si 1.1%~1.4%Mn	0.8%~1.3%Cr 0.15%~0.55%Mo	0.8%~1.1%Cr 0.1%~0.2%V	0.45%~0.9%Cr 1.0%~3.15%Ni
100	55.6	49.3	46.6	44.8	41.8	—	41.6	43.9	52.4	38.4
200	52.8	48.2	44.0	42.3	40.1	38.8	41.6	41.9	48.7	37.9
300	48.0	45.6	40.8	39.3	38.9	—	39.4	41.4	—	36.8
400	45.0	42.5	37.7	36.4	37.0	36.0	39.0	39.4	45.4	36.8
500	40.8	39.1	35.0	—	35.3	33.5	36.3	36.6	41.9	34.8
600	37.1	36.9	32.4	32.6	34.3	32.6	34.9	32.4	—	32.5
700	34.2	32.5	29.2	—	30.8	—	33.8	29.8	—	28.1
800	30.1	26.2	24.1	26.7	26.4	26.8	32.6	29.1	—	27.1
900	27.4	26.1	25.3	—	—	—	—	28.5	—	26.4
1 000	27.9	26.9	26.5	—	—	—	—	—	—	27.7
1 100	28.5	28.1	27.9	—	—	—	—	—	—	28.9
1 200	29.8	29.6	29.5	—	—	—	—	—	—	—

附表2 某些单一气体的平均比热容 kJ/(m³·K)

温度/℃	O_2	N_2	H_2	CO	CO_2	H_2O	H_2S	SO_2
0	1.305 9	1.298 7	1.276 6	1.299 2	1.599 8	1.494 3	1.507	1.733
100	1.312 6	1.300 4	1.290 8	1.301 7	1.700 3	1.505 2	1.532	1.813
200	1.335 2	1.303 8	1.297 1	1.307 1	1.787 3	1.522 3	1.562	1.888
300	1.356 1	1.310 9	1.299 2	1.316 7	1.862 7	1.542 4	1.595	1.955
400	1.377 5	1.320 5	1.302 1	1.328 9	1.929 7	1.565 4	1.633	2.018
500	1.398 0	1.332 2	1.305 0	1.342 7	1.988 7	1.589 7	1.671	2.068
600	1.416 8	1.345 2	1.308 0	1.357 4	2.041 1	1.614 8	1.708	2.114
700	1.434 5	1.358 6	1.312 1	1.372 0	2.088 4	1.641 2	1.746	2.152
800	1.449 9	1.371 7	1.316 8	1.386 2	2.131 1	1.668 0	1.784	2.181
900	1.464 5	1.384 6	1.322 6	1.399 6	2.169 2	1.695 6	1.817	2.215
1 000	1.477 5	1.397 1	1.328 9	1.412 6	2.203 5	1.722 9	1.851	2.236
1 100	1.489 2	1.408 9	1.336 0	1.424 8	2.234 6	1.750 1	1.884	2.261
1 200	1.500 6	1.420 2	1.343 1	1.436 1	2.263 9	1.776 9	1.909	2.278
1 300	1.510 6	1.430 6	1.351 1	1.446 5	2.289 8	1.808 2	—	—

附表3　某些单一气体的密度　　　　　　　　　　　　　　　　　　　kg·cm^{-3}

温度/℃	O_2	N_2	H_2	CO	CO_2
0	1.430 26	1.251 58	0.089 965	1.251 50	1.978 80
100	1.045 76	0.915 29	0.065 845	10.915 10	1.441 30
200	0.824 40	0.721 61	0.051 923	0.721 46	1.133 80
300	0.680 44	0.595 72	0.042 861	0.595 49	0.936 14
400	0.579 30	0.507 11	0.036 400	0.506 99	0.797 06
500	0.504 36	0.441 52	0.031 700	0.441 41	0.693 83
600	0.446 93	0.391 25	0.028 100	0.391 16	0.614 75
700	0.400 94	0.351 00	0.025 200	0.350 91	0.551 43
800	0.363 54	0.318 25	0.022 800	0.320 54	0.500 03
900	0.332 52	0.291 11	0.020 900	0.293 02	0.457 19
1 000	0.306 39	0.268 23	0.019 200	0.269 84	0.424 05

附表4　碳氢化合物气体的密度　　　　　　　　　　　　　　　　　　kg·m^{-3}

温度/℃	C_2H_6	C_3H_8	C_4H_{10}	C_5H_{12}
0	0.716 80	1.341 46	2.592 99	3.218 75
100	0.524 70	0.981 83	1.897 84	2.355 84
200	0.413 59	0.774 19	1.496 47	1.857 61
300	0.341 20	0.639 05	1.235 26	1.533 36
400	0.291 02	0.544 20	1.051 92	1.305 78
500	0.253 03	0.473 89	0.916 00	1.137 05
600	0.224 36	0.419 69	0.811 24	1.007 01
700	0.201 42	0.376 47	0.727 71	0.903 32
800	0.182 07	0.341 32	0.659 75	0.818 97
900	0.167 01	0.312 02	0.603 47	0.749 11
1 000	0.153 40	0.287 70	0.556 12	0.690 32

附表5　碳氢化合物的平均比热容　　　　　　　　　　　　　　　　kJ·(m^3·K)$^{-1}$

温度/℃	CH_4	C_2H_6	C_3H_8	C_4H_{10}	C_5H_{12}	C_2H_4	C_3H_6
0	1.550 0	2.209 8	3.048 4	4.128 4	5.127 4	1.826 8	2.676 6
100	1.642 1	2.494 9	3.509 8	4.705 4	5.835 4	2.062 0	3.048 4
200	1.758 8	2.774 6	3.956 3	5.256 4	6.515 4	2.282 6	3.379 2
300	1.886 2	3.044 2	4.369 1	5.772 2	7.135 5	2.495 3	3.705 7
400	2.015 5	3.308 4	4.759 6	6.267 1	7.740 9	2.685 8	4.004 7
500	2.140 3	3.552 5	5.093 7	6.689 1	8.256 3	2.863 3	4.283 1
600	2.260 9	3.777 8	6.432 2	7.114 9	8.783 1	3.025 8	4.538 9
700	2.376 8	3.986 3	6.723 6	7.485 1	9.231 5	3.169 8	4.776 5
800	2.494 1	4.180 9	6.988 7	7.808 3	9.625 5	3.308 0	4.991 3
900	2.602 5	4.362 0	6.231 5	8.114 4	9.991 8	3.431 5	5.191 0
1 000	2.699 2	4.529 3	6.461 4	8.404 1	10.344 8	3.547 1	5.372 3
1 100	2.786 3	4.683 8	6.677 8	8.678 8	10.679 4	3.655 5	5.540 2
1 200	2.862 9	4.825 5	6.881 7	8.938 4	10.996 7	3.752 6	5.697 2

附表6　干空气的某些物理常数

温度/℃	密度/(kg·m^{-3})	比热容/(kJ·(m^3·K)$^{-1}$)	温度/℃	密度/(kg·m^{-3})	比热容/(kJ·(m^3·K)$^{-1}$)
0	1.252	1.009	180	0.755	1.034
10	1.206	1.009	200	0.723	1.034
20	1.164	1.013	250	0.653	1.034
30	1.127	1.013	300	0.596	1.047
40	1.092	1.013	350	0.549	1.055
50	1.056	1.017	400	0.508	1.059
60	1.025	1.017	500	0.450	1.072
70	0.996	1.017	600	0.400	1.089
80	0.968	1.022	800	0.325	1.114
90	0.942	1.022	1 000	0.268	1.139
100	0.916	1.022	1 200	0.238	1.164
120	0.870	1.026	1 400	0.204	1.189
140	0.827	1.026	1 600	0.182	1.218
160	0.789	1.030	1 800	0.165	1.243

附表7　常用金属不同温度的比热容　　　　kJ·(kg·K)$^{-1}$

温度/℃	铝	铜	纯铁	钢 $w(C)\approx 0.3\%$	钢 $w(C)\approx 0.6\%$	钢 $w(C)\approx 0.8\%$	铸铁 $w(Mn)0.6\%$ $w(Si)1.5\%$ $w(C)3.7\%$	铸铁 $w(Mn)0.6\%$ $w(Si)1.5\%$ $w(C)4.2\%$	高合金钢 $w(Mn)0.25\%$ $w(Cr)12.9\%$ $w(C)0.13\%$
100	0.938	0.389	0.465	0.469	0.481	0.502	—	0.544	0.473
200	0.950	0.398	0.490	0.481	0.486	0.502	0.461	0.365	0.513
300	0.955	0.410	0.511	0.502	0.515	0.523	0.494	0.565	0.553
400	0.959	0.41	0.536	0.515	0.528	0.536	0.507	0.565	0.607
500	0.971	0.423	0.561	0.536	0.544	0.223	0.515	0.586	0.682
600	0.978	0.435	0.595	0.569	0.574	0.586	0.536	0.607	0.779
700	1.453	0.444	0.599	0.603	0.607	0.615	0.603	0.641	0.875
800	1.344	0.448	0.632	0.687	0.678	0.691	0.666	0.591	0.691
900	1.352	0.444	0.649	0.699	0.678	0.678	0.678	0.712	0.670
1 000	—	0.465	0.632	0.699	0.678	0.670	0.670	0.720	—
1 100		0.662	0.678	0.699	0.682	0.653	0.670	0.733	
1 200		0.689	0.678	0.703	0.682	0.653	0.871	0.909	
1 300		0.641	0.682	0.703	0.687	0.653	0.879	0.909	
1 400		0.628	0.691	0.703	0.687	0.653	0.883	0.913	
1 500		0.632	0.699						

附表8 热处理炉常用金属材料的密度和热导率

材料名称	密度 ρ /(kg·m^{-3})	热导率 λ/(W·(m·K)$^{-1}$) 温度									
		-100℃	0℃	100℃	200℃	300℃	400℃	600℃	800℃	1000℃	1200℃
纯铝	2 710	243	236	240	238	228	215				
铝合金(92Al-8Mg)	2 610	86	102	123	148						
铝合金(87Al-13Si)	2 660	139	158	173	176	180					
纯铜	8 930	421	401	393	389	384	379	366	352		
铝青铜(90Cu-10Al)	8 360		49	57	66						
青铜(89Cu-11Sn)	8 800		24	28.4	33.2						
黄铜(70Cu-30Zn)	8 440	90	106	131	143	145	148				
铜合金(60Cu-40Ni)	8 920	19	22.2	23.4							
黄金	19 300	331	318	313	310	305	300	287			
纯铁	7 870	96.7	83.5	72.1	63.6	56.5	50.3	39.4	29.6	29.4	31.6
灰铸铁 $w(C) \approx 3\%$	7 570		28.5	32.4	35.8	37.2	36.6	20.8	19.2		
碳钢 $w(C) \approx 0.5\%$	7 840		50.5	47.5	44.8	42.0	39.4	34.0	29.0		
碳钢 $w(C) \approx 1.0\%$	7 790		43.0	42.8	42.2	41.5	40.1	36.7	32.2		
碳钢 $w(C) \approx 1.5\%$	7 750		36.8	36.6	36.2	35.7	34.7	31.7	27.8		
铬钢 $w(Cr) \approx 5\%$	7 830		36.3	35.2	34.7	33.5	31.4	28.0	27.2	27.2	27.2
铬钢 $w(Cr) \approx 13\%$	7 740		26.5	27.0	27.0	27.0	27.6	28.0	29.0	29.0	
铬钢 $w(Cr) \approx 17\%$	7 710		22	22.2	22.6	22.6	23.3	24.0	24.8	25.5	
铬钢 $w(Cr) \approx 26\%$	7 650		22.6	23.8	25.5	27.2	28.5	31.8	35.1	38	
铬镍钢 $w(Cr)18\% \sim 20\%$, $w(Ni)8\% \sim 12\%$	7 820	12.2	14.7	16.6	18.0	19.4	20.8	23.5	26.3		
铬镍钢 $w(Cr)17\% \sim 19\%$, $w(Ni)9\% \sim 13\%$	7 830	11.8	14.3	16.1	17.5	18.8	20.2	22.8	25.5	28.2	30.9
镍钢 $w(Ni) \approx 1\%$	7 900	40.8	45.2	46.8	46.1	44.1	41.2	35.7			
镍钢 $w(Ni) \approx 3.5\%$	7 910	30.7	36.0	38.8	39.7	39.2	37.8				
镍钢 $w(Ni) \approx 25\%$	8 030										
镍钢 $w(Ni) \approx 35\%$	8 110	10.9	13.4	15.4	17.1	18.6	20.1	23.1			
镍钢 $w(Ni) \approx 44\%$	8 190		15.7	16.1	16.5	16.9	17.1	17.8	18.4		
镍钢 $w(Ni) \approx 50\%$	8 260	17.3	19.4	20.5	21.0	21.1	21.3	22.5			
锰钢 $w(Mn) \approx 12\% \sim 13\%$, $w(Ni) \approx 3\%$	7 800			14.8	16.0	17.1	18.3				
锰钢 $w(Mn) \approx 0.4\%$	7 860		51.0	50.0	47.0	43.5	35.5	27			

续表8

材料名称	密度 ρ /(kg·m^{-3})	热导率 λ/(W·(m·K))$^{-1}$								
		温度/℃								
		-100	0	100	200	300	400	600	800	1 000	1 200
钨钢 $w(W) \approx 5\% \sim 6\%$	8 070		18.4	19.7	21.0	22.3	23.6	24.9	26.3		
铅	11 340	37.2	35.5	34.3	32.8	31.5					
镁	1 730	160	157	154	152	150					
铝	9 590	146	139	135	131	127	123	116	109	103	93.7
镍	8 900	144	94	82.8	74.2	67.3	64.6	69.0	73.3	77.6	81.9
铂	21 450	73.3	71.5	71.6	72.0	72.8	73.6	76.6	80.0	84.2	88.9
银	10 500	421	431	428	422	407	399	384			
锡	7 310	75	75	68.2	63.2	60.9					
钛	4 500	23.3	22.4	20.7	19.9	19.5	19.4	19.9			
钨	19 350	204	182	166	153	142	134	125	119	114	110

附表9 热处理炉常用耐火制品的形状和尺寸

样品名称和形状		制品尺寸/mm					
		a	b	c			
直形砖		230	113	75			
		230	113	65			
		230	113	40			
		250	123	75			
		250	113	35			
		230	180	65			
厚楔形砖					c_1		
		230	113	75	65		
		230	113	65	55		
		230	113	65	45		
		230	171	75	55		
		230	171	65	55		
		230	171	65	45		
侧厚楔形砖					c_1		
		230	113	75	65		
		230	113	75	55		
		230	113	65	55		
		230	113	654	45		
宽度楔形砖					d		
		230	113	65	35		
		230	113	96	65		
		230	113	76	65		
		250	123	56	65		
拱脚砖					b_1	d	α
		135	113	230	56	7	60°
		135	113	345	56	37	60°
		135	113	230	33	55	45°
扇形阶梯砖		A	B	R	r		
		105	150	300	21		
		140	187	360	270		
		153	196	410	320		
		158	196	450	360		
		225	270	525	435		
		166	196	640	550		
		168	190.8	765	675		

续表9

名称	图示	参数
直形搁砖	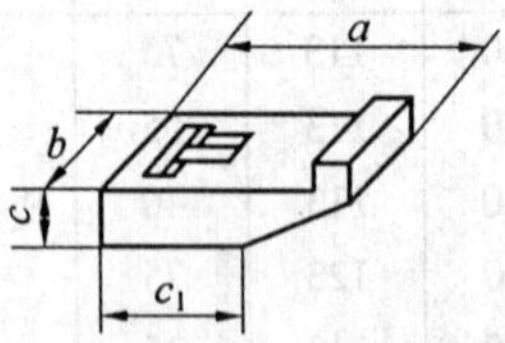	$a=110(180)$ 材料:高铝矾土 $b=50(90)$ 单件质量 ≈ 0.18 kg $c=20(35)$ $c_1=49.5(60)$
扇形搁砖	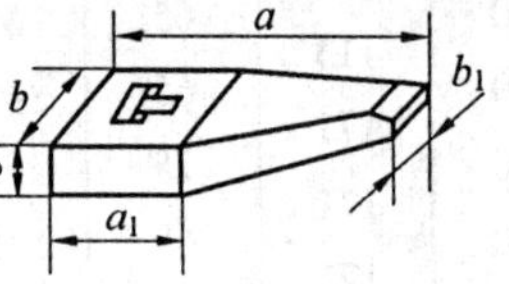	$a=110$ 材料:高铝矾土 $b=50$ 单件质量 ≈ 0.175 kg $b1=32$ $a_1=50$ $c=20$
炉底搁砖	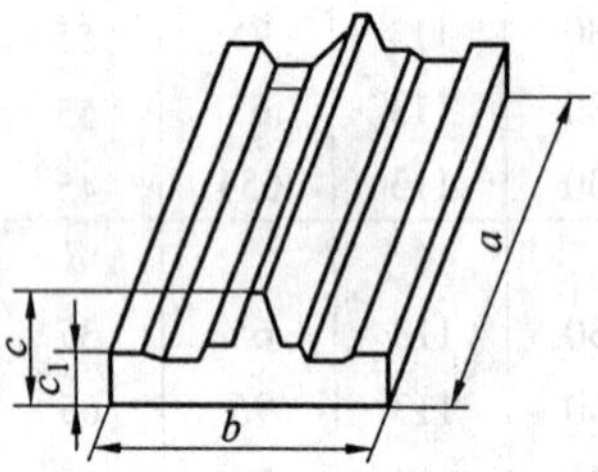	$a=150\pm3$ 材料:高铝矾土 $b=120\pm2$ 单件质量 ≈ 0.8 kg $c_1=20\pm1$ $c=40\pm1$
直形阶梯砖	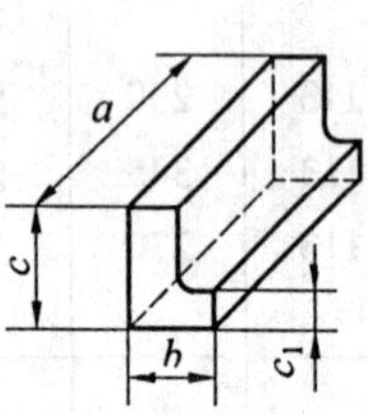	$a=230$ 材料:轻质耐火黏土 $b=113$ 单件质量 ≈ 1.8 kg $c=65$ $c_1=43$

参考文献

[1] 吴光英. 热处理炉进展[M]. 北京:国防工业出版社,1995.

[2] 臧尔寿. 热处理车间设备与设计[M]. 北京:冶金工业出版社,1995.

[3] 曾祥模. 热处理炉[M]. 西安:西北工业大学出版社,1989.

[4] 吴光治. 热处理炉进展[M]. 北京:国防工业出版社,1998.

[5] 吉泽升. 热处理炉[M]. 哈尔滨:哈尔滨工程大学出版社,2006.

[6] 陆兴. 热处理工程基础[M]. 北京:机械工业出版社,2007.

[7] 中国机械工程学会热处理专业学会《热处理手册》编委会. 热处理手册(第3卷)[M]. 北京:机械工业出版社,1994.

[8] 杨世铭. 传热学基础[M]. 北京:高等教育出版社,2002.

[9] 吴光英,吴光治. 新型热处理电炉[M]. 北京:国防工业出版社,1993.

[10] 潘天明. 工频和中频感应炉[M]. 北京:冶金工业出版社,1983.

[11] 徐宝亮. 新型热处理设备选型设计实用手册[M]. 北京:中国知识出版社,2005.

[12] 蔡乔方. 加热炉[M]. 北京:冶金工业出版社,1983.

[13] 葛霖. 筑炉手册[M]. 北京:冶金工业出版社,1994.

[14] 安装教材编写组. 安装钳工工艺学[M]. 北京:中国建筑工业出版社,1983.

[15] 孟繁杰,黄国靖. 热处理设备[M]. 北京:机械工业出版社,1988.

[16] 赵惠琴. 耐火纤维施工新技术[J]. 设备管理与维修,2004,(8):12.

[17] 刘欣,刘航. 电阻炉日常修理与维护[J]. 工业炉,2006,28(4):33.

[18] 刘欣. 普通热处理电阻炉的修理[J]. 中国设备工程,2005,(11):10.

[19] 刘宝生. 可控气氛热处理炉的运行和修理[J]. 设备管理与维修,1989,58(8):9.

[20] 张伟. 热处理炉的安装、调试与维修[M]. 北京:化学工业出版社,2007.

[21] 热处理设备及设计编写组. 热处理设备及设计[M]. 济南:山东人民出版社,1977.

[22] 中国机械工程学会热处理专业学会《热处理手册》编委会. 热处理手册(第3卷)[M]. 2版. 北京:机械工业出版社,1992.

[23] 《热处理设备选用手册》编写组. 热处理设备选用手册[M]. 北京:机械工业出版社,1989.

[24] 陈建民,吴建平. 热处理设计简明手册[M]. 北京:机械工业出版社,1993.

[25] 《热处理设备及设计》编写组. 热处理设备及设计[M]. 济南:山东人民出版社,1977.

[26] 刘孝曾. 热处理炉及车间设备[M]. 北京:机械工业出版,1985.